ב״ה

תשובה

ВОЗВРАЩЕНИЕ
К СЕБЕ

НА ПУТИ
К ВНУТРЕННЕЙ ТРАНСФОРМАЦИИ

Рабби Дов-Бер Пинсон

IYYUN PUBLISHING

Издательство IYYUN Publishing
232 Берген Стрит
Бруклин, Нью-Йорк 11217
http://iyyun.com/

Книги издательства IYYUN Publishing можно приобрести для использования в образовательных и коммерческих целях. Для получения информации обращайтесь по адресу: contact@IYYUN.com

Обложка и дизайн английского издания: Рохи Пинсон
Дизайн русского издания: Ривка Росин
Перевод с английского: Евгений Левин и Марина Карпова

ISBN 978-0-9852011-7-3

Reclaiming the Self: The Path of Teshuvah / DovBer Pinson
Пинсон, Дов-Бер, 1971. Возвращение к себе: на пути к внутренней трансформации
1. Иудаизм 2. Духовность 3. Помощь самому себе

ОГЛАВЛЕНИЕ

ПРЕДИСЛОВИЕ

Каждое поколение выражает и определяет себя иначе – в литературе и песнях, которые оно создает, технологиях, которые изобретает, войнах, которые ведет. Поэтому, даже если в прошлом, особенно в темные века, главным стимулом, побуждавшим людей вести нравственную духовную жизнь, был страх, в наше время будет гораздо разумнее говорить о любви и исправлении, интеграции и гармонии.

Тшува – одно из величайших откровений и даров Торы. Она дает надежду на лучшее настоящее, и придает силы выбрать более светлое будущее.

Но что такое тшува? Многие философские, психологические и даже мистические термины, став частью массовой культуры, приобрели совершенно новое значение, не имеющее ничего общего с первоначальным.

Тшува – одно из таких слов. В разговорной речи слово тшува обычно употребляют в качестве синонима английского *repentance* («раскаяние»), что предполагает связь с грехом. *Repentance*, происходящее от *repance* (покаяние, епитимья, исповедь) означает глубокое сожаление, чувство вины и стремления исправить свое поведение. Тшува, как будет показано ниже, означает совершенно иное. В результате столь неудачного перевода слово тшува приобрело значение, очень далекое от оригинального, утратило новизну и даже стало казаться устаревшим. Поэтому для того, чтобы осознать подлинные смысл и преобразующую силу тшувы, необходимо взглянуть на эту концепцию совершенно иначе. Нужно заново определить эту грандиозную доктрину, предложив совершенно новые паттерны ее обсуждения.

Подобно компьютеру, наш мозг, и, соответственно, человеческий язык тяготеют к бинарным системам. Для поддержания лингвистического гомеостаза необходимо преодоление когнитивных диссонансов, вызываемых взаимоисключающими концепциями и видимыми противоречиями. С точки зрения нормального восприятия, есть подъем, либо спуск, ноль или единица, но ни в коем случае то и другое одновременно. Иными словами, наш мозг оперирует дихотомиями и дуальностями, в рамках парадигмы или/или (исключенного третьего), известной еще со времен Аристотеля. Мы стремимся использовать такие парные термины, как хорошо и плохо, верно и неверно, белое и черное, силы света и силы тьмы. В соответствии с этой логикой, наша теология сводится к противостоянию добра и зла, как будто, в мире существует действительный паритет, или не независимое существование любого создания по отношению к Создателю. Мы воображаем себе могущественного верховного Владыку, который диктует нам, как можно и как нельзя поступать, и использует страх и и запугивание в качестве главных мотиваторов, грозя суровыми карами всякому, кто не исполнит Его волю. С такими умонастроениями выбор в пользу Бога, высшего источника всех благ, воспринимается едва ли не как меньшее из двух зол. Для того, чтобы получить достоверное представление о тшуве, необходимо отказаться от столь примитивной теологии.

Еще одним следствием бинарности, конечности и ограниченности нашего мозга является «изгнание» Бога в чисто трансцендентные, горние эмпиреи. Размышляя о Боге, наш мозг пытается понять и измерить то, что не поддается измерению. Когда же разум осознает, что Создатель неизмерим и бесконечен, тогда как все сотворенное конечно, он начинает рассматривать Всевышнего как не имеющего ничего общего с земными реалиями. Этот дуалистический подход затрудняет полноценное восприятие идеи тшувы.

С другой стороны, наш разум может помочь нам понять, что источником всего существующего является абсолютное и бесконечное единство Творца. В результате мы обретаем способность осознать божественное единство как включающее все существующее. Хотя Бог безусловно трансцендентен и превосходит наше понимание, Он так же проявляет Себя в имманентной земной реальности, и даже в человеческих мыслях. Бог превосходит и в тоже время объединяет все бинарные определения: конечное и бесконечное, имеющее форму и бесформенное, имманентное и трансцендентное. Проще говоря, унитарная природа Бога превосходит бесконечность и даже трансцендентность. Тшува – это движение к осознанию этого всеобъемлющего единства; движение к своему подлинному я и Источнику и Основе всего сущего.

Тшува – в гораздо большей степени перестройка сознания, нежели признание и исповедание прежних ошибок (хотя последнее, безусловно, является неотъемлемой частью процесса). Поэтому движущими силами тшувы могут стать все виды человеческой деятельности – физической, эмоциональной, умственной или духовной. Преодоление духовного зла и беспокойства, духовное очищение и избавление от эгоистических порывов и деструктивных вожделений – все это проявления тшувы. Диета и спортивные упражнения для восстановления здоровья и жизненных сил тоже может стать частью тшувы.

Осознание неотъемлемого единства Творца позволяет нам делать сознательный выбор между цельностью и фрагментарностью. Мы можем выбрать здоровое и полноценное, или, наоборот, разочарованное и слабое я; божественное присутствие или божественное сокрытие – пустоту, заполненную цельностью, или пустоту, наполненную пустотой. Объявив о намерении сделать тшуву, мы немедленно начинаем движение из мира фрагментарности и замешательства к большему единству и благополучию, к нашему подлинному я. Это процесс реинтеграции всех аспектов нашей личности, обретения своего сокровенного, чистого я, присущего нам с рождения. Это непорочное я остается неизменным на протяжении всей нашей жизни, однако время от времени оно остается сокрытым в силу внешних обстоятельств или нашей несознательности.

Тшува позволяет вновь проявиться исходной чистоте и непорочности нашего подлинного я. Когда тшува связана только с определенными изменениями, она неизбежно вступает в противоречие с существующей системой, противящейся любым переменам. Однако подлинная тшува – явление более высокого порядка: это не просто изменение, но подлинная трансформация. Это радикальная духовная перестройка, побочным продуктом которой оказываются некоторые внешние изменения, происходящие совершенно естественным образом. Тшува непосредственно меняет верующего изнутри, очищая и настраивая его убеждения.

Допустим, человек решил просто сменить диету, не слишком стремясь при этом к здоровому образу жизни. В этом случае новые пищевые привычки войдут в противоречия с естественным чувством голода, оставшимися прежними внутренними желаниями, и подсознательными оправданиями нездорового питания. В результате новая диета окажется шизофреническим предприятием, вызывающим внутреннее напряжение, противоречия, и самоподавление. Однако если решение есть более полезную пищу возникло в результате глубокого осознания многосторонней пользы здорового образа жизни, то оно будет естественным следствием общего мировоззрения и понимания. Это, в свою очередь, приведет к большей убежденности в необходимости диеты, и более гармоничным, лишенным противоречий взаимоотношениям между поступками и идеалами.

Личная трансформация так же имеет вселенское значение. Благодаря тшуве и воссоединению со своим подлинным я происходит исправление всего мироздания, которое из кажущего состояния фрагментарности и хаоса возвращается к примордиальному единству, обладающему ясно видимым предназначением. Каждый акт индивидуальной тшувы вдохновляет всеобщую тшуву. И наоборот, всеобщее движение к тшуве влияет на наши внутренние процессы. Один из мудрецов сказал: человек – маленькая вселенная, а вселенная – большой человек (*адам – олам катан, олам – адам гадоль*), Поэтому в каждой детали голографически отражается и воплощается целое, а исправление любой части идет на пользу всей системе.

Наша основная экзистенциальная задача состоит в том, чтобы наполнить свой мир любовью, гармонией, честностью, духовностью и чистотой. На самом деле все эти качества являются проявлениями нашего врожденного духовного состояния, поэтому нам нужно просто найти в своей душе то, что присутствует там изначально.

Есть еще много людей, ведущих недостойную жизнь, которых можно пронять только суровыми обличительными речами. Не меньше и тех, кто так и не смог отказаться от детских представлений о Боге, даже достигнув при этом глубокого понимания многих других предметов, интеллектуальных, эмоциональных и даже духовных. Лишь по отношению к Богу они упрямо придерживаются примитивных представлений, возникших в раннем детстве. По крайней мере на подсознательном уровне они представляют Бога древним стариком с длинной белоснежной бородой, с чемоданчиком подарков в одной руке и плеткой в другой. Тот, кто поступает правильно, получает подарок, того, кто грешит, ждет наказание. Именно из-за подобных представлений многие люди отказываются верить в Бога. И действительно, столь ограниченные и бесхитростные идеи глупы, и не заслуживают того, чтобы в них верить. Просто следует помнить, что бога, в которого вы не можете или не хотите поверить, на самом деле не существует.

Не имеет значения, могут ли эти устаревшие взгляды могут принести определенную пользу даже сегодня. Тора стремится к тому, чтобы наполнить мир чувством свободы, зрелости и ответственности. Для этого нам нужно непрерывно искать истинного и живого Бога, который дарует нам жизнь и вдохновляет подняться над собой, измениться к лучшему, чтобы с каждым днем в нашей жизни становилось больше любви, гармонии и света. Тора не отрицает, что некоторых людей, по крайней мере на первых этапах их личного роста, можно заставить поступать правильно только страхом. Однако в любом случае духовное развитие позволяет постепенно достичь духовной зрелости, когда мы гораздо реже чувствуем страх, свою ничтожность и беспомощность; на этом этапе нас гораздо труднее запугать и манипулировать. Вместе с тем со зрелостью приходит осознание своих возможностей, позволяющих реализовать свое уникальное жизненное предназначение.

Многие из нас живут, испытывая постоянное чувство неудовлетворенности; наши мысли нередко заняты исключительно вопросами выживания. Подобное беспокойство частично связано с жизнью в капиталистическом обществе, постоянно соблазняющем и возбуждающем наши желания своей рекламой, в то время как промышленность создает ложное ощущение дефицита и нехватки. Одна из основных задач Торы состоит в том, чтобы избавить нас от этого беспокойства, вернув нам ощущение безопасности, самодостаточности, любви и веры. Выражением этой свободы служит библейское учение о благотворительности, юбилейном годе, приношении первинок, и т.д. Тшува – ключ, включающий способность воплотить в жизнь эти идеалы Торы, и вернуть себе ощущение материального, эмоционального и духовного благополучия.

ГЛАВА 1

ЖИТЬ
В НАСТОЯЩЕМ

Согласно завещанию знаменитого хасидского учителя рабби Моше из Кобрина, жившего в начале XIX века, реб Мендель из Коцка обратился к его ученикам, и попросил их восхвалить своего учителя, указав, в чем заключались уникальные достоинства этого человека. Ученики ответили: «Не было ни одной жизненной области, в которой он не достиг бы совершенства. Однако главное его достоинство заключалось в следующем: что бы он ни делал, он целиком и полностью был в настоящем». В этом состояло подлинное величие реб Моше: важным для него было именно то, чем он был занят в эту минуту. Где бы он ни был – он был там целиком и полностью.

В соответствии с человеческой природой, то, что мы приобретаем легко и без усилий, мы ценим гораздо меньше чем то, что приобрели тяжелым трудом. «Лучше иметь одну заработанную монету, чем 99 подаренных» (Бава Меция 38а). Это справедливо в отношении не только вещей, но и времени. За исключением каких-то судьбоносных моментов, настоящее кажется нам куда менее волнующим и важным, чем прошлое или будущее.

Мы смотрим назад или вперед, тогда как самая важная часть нашей жизни, настоящее, кажется нам не столь привлекательным. Погружаясь в мыслях в прошлое или устремившись в будущее, мы не замечаем того, что находится у нас под носом. Настоящее – последнее место, где хочет оказаться наш разум, предпочитающий странствовать в воображаемом прошлом или будущем, которые представляются ему куда более интересными, чем мимолетное настоящее.

Когда человек не удовлетворен своей теперешней жизнью, он находит отдохновение, вспоминая прошлую жизнь, какой интересной и увлекательной она была. Или же он устремляется в будущее, мечтая, какой интересной станет его жизнь. Слишком занятые планированием своего будущего, мы забываем о месте, где находимся здесь и сейчас.

Ностальгическое «какие были времена» – повсеместная жалоба уставшего духом. Подобные декларации свидетельствуют о нежелании решать сегодняшние проблемы. Это справедливо и в отношении размышлений о будущем – о том, что будет, когда мы состаримся, или даже вовсе прекратим свое материальное существование. Постоянные мысли о будущем – следствие недовольства нынешней жизнью. Если происходящее здесь и сейчас действительно важно и значимо, то человеку не нужно никуда обращаться за подтверждением и доказательствами.

Предназначение заповеди – сфокусировать наше внимание на происходящем здесь и сейчас, чтобы мы в полной мере осознавали и ощущали происходящее. Заповедь так же существует ради того, чтобы зафиксировать нас в настоящем, и дать нам возможность освятить это настоящее. Значительная часть современных заповедей связана с повседневной деятельностью: как и где мы едим, спим, или занимаемся делами. Фактически, Тора – не что иное, как всеобъемлющий божественный план как нам прожить свою земную жизнь достойно и духовно. Тора стремится научить нас, как благородно и полноценно прожить свою жизнь, наполнив ее состраданием к ближним и осознанием Творца; заповедь одновременно служит нам приглашением и инструкцией, как это сделать.

Тора охватывает все сферы нашей жизни, от благородных и возвышенных поступков по отношению к другим людям, до мелочей вроде завязывания шнурков. Ее задача состоит в том, чтобы превратить повседневное в экстраординарное, обыденное в чудесное, повседневное в неповторимое.

Человек не должен жить и исполнять заповеди, испытывая ностальгию, или ожидая получить в будущем награду и избежать наказания. Напротив, предназначение заповеди – дать человеку укорениться в непосредственном опыте, заставив его сконцентрироваться на том самом мгновении, когда исполняющий заповедь соединяется с Тем, кто ее установил. Основной религиозный опыт связан со «здесь и сейчас» и помогает в полной мере осознать настоящий момент, чтобы мы могли прожить жизнь, полную смысла и ощущения божественного присутствия. Этот опыт позволит нам преобразовать заурядный, на первый взгляд поступок, совершенный в самый ординарный момент, в священное деяние, наполненное глубочайшим смыслом.

В шестнадцатом веке некому еврею, брошенному в тюрьму, было сделано необычное предложение: один день в году он мог вести себя, как свободный человек, и исполнять любые заповеди Торы. Это поставило его перед трудным выбором: будучи правоверным евреем, он никак не мог решить, какой день выбрать, чтобы исполнить максимальное число заповедей, с учетом как их количества, так и «качества». Должен ли он выбрать ближайший будний день, или же дождаться субботы, чтобы произнести кидуш и дополнительную молитву Мусаф? Или лучше подождать Новолетия или Судного дня? Не зная, что предпринять, он написал ведущим раввинам своего времени, попросив у них совета. И вскоре р. Давид бен Зимра (Радбаз), один из ведущих средневековых галахистов, ответил, что он должен воспользоваться первой же возможностью, независимо от того, будет это будний день, суббота или праздник. Неважно, писал Радбаз, какой день на календаре – важно воспользоваться первой же возможностью, чтобы исполнить заповедь.

Согласно Торе, самое важное, самое ценное время – настоящее, то есть тот самый момент, в котором мы пребываем здесь и сейчас. Вернуться в настоящее означает установить контакт с подлинной жизнью и ее Творцом. Одно из имен Всевышнего – а-Маком («Место»). Из этого мы учим, что «здесь и сейчас» обладает наибольшим потенциалом с точки зрения духовного роста и совершенствования.

Тетраграмматон, или непроизносимое имя Всевышнего (на письме его принято обозначать как *а-Шем* – «Имя») состоит из четырех еврейских букв: юд, хей, вав и хей. Из этих букв можно составить слова *хая* («было»), *хове* (есть) и *ихье* (будет), символизирующие прошлое, настоящее и будущее. Таким образом, это Имя указывает на бесконечность, включающую в себя прошлое, настоящее и будущее. Однако где проявляется эта бесконечность? В настоящем – *хове!* Это имя также можно прочесть как *юд, хове,* то есть юд в настоящем. Буква юд – точка, олицетворяющая начало, содержащее в себе все будущие слова и звуки. Когда эта буква находится в начале слова, это подразумевает непрерывность и цельность. По этой причине каждая еврейская буква начинается маленьком юдом – точкой, из которой выходят горизонтальные и вертикальные линии, постепенно приобретающие очертания разных литер. Таким образом, *юд, хове* – это декларация настоящего, своего рода вечное «Здесь и Сейчас»

Числовое значение (гематрия) букв, составляющих имя *а-Шем*: юд = 10; хей = 5; вав = 6; хей = 5, – итого 26. Полная гематрия этого Имени: $(10{\times}10) + (5{\times}5) + (6{\times}6) + (5{\times}5) = 186$. Такую же гематрию имеет слово *а-Маком* – вечное здесь и сейчас включает все себя все прошлое и все будущее. Бесконечное бытие, где прошлое, настоящее и будущее едины, проявляется в *хове* – в этот непосредственный момент и в этой точке пространства, прямо здесь, прямо сейчас!

В средние века еврейские мыслители непрерывно задавались вопросом: «Почему в Торе нет никаких явных упоминаний о загробной жизни?». И действительно, во всем Пятикнижии нет ни одной фразы, явно свидетельствующей об этом. В Письменной Торе нет никаких непосредственных упоминаний о рае и аде. Один из ведущих еврейских мыслителей Испании пятнадцатого века, дон Ицхак Абрабанель, предложил очень простой и изящный ответ. По его мнению, в Торе ничего не сказано о Мире Грядущем, чтобы лишний раз подчеркнуть важность нынешнего мира, где мы живем и действуем. Награда, ожидающая нас в будущем, не может быть главным фактором, определяющим наше сегодняшнее поведение. Когда мы говорим о жизни, релевантна только наша нынешняя жизнь, такая, какова она здесь и сейчас.

Мы не должны совершать добрые дела и благородные поступки, чтобы удостоиться награды в загробной жизни, или тратить жизнь на то, чтобы исправить ошибки, совершенные в прежних воплощениях. То, что происходило в прошлых жизнях или произойдет в будущем, часто не слишком важно для нашего душевного и духовного состояния. То, что происходит здесь и сейчас, всегда имеет огромное, судьбоносное значение! Уделять внимание настоящему или будущему означает напрасно потратить время и упустить неповторимую возможность жить в настоящем, сделав каждый миг единственным и неповторимым.

Тшува имеет непосредственное отношение именно к этому архиважному измерению – к настоящему. Тшува позволяет перестроить наше здесь и сейчас, тем самым изменив и прошлое, и будущее. Именно настоящее – независящее как от прежних поступков и прошлого опыта, так и от того, что случится завтра – дает нам возможность сделать тшуву. Тшува – разговор о том, что происходит здесь и сейчас. Только оказавшись целиком и полностью в настоящем, человек может родиться заново, и прямо сейчас. В противном случае он станет пленником заданного образа, и будет неспособен хоть что-нибудь изменить.

Парадоксальность настоящего заключается в следующем: с одной стороны, все, что существует, существует здесь и сейчас; с другой стороны, такой вещи, как «здесь и сейчас», не существует. Настоящее столь мимолетно, что его невозможно почувствовать, хотя только оно одно действительно существует.

С точки зрения холодной логики, невозможно оказаться в прошлом (или будущем), даже если бы это было возможно теоретически, поскольку стоит нам там оказаться, как оно немедленно станет настоящим. Соответственно, ни прошлого, ни будущего нет, они существуют лишь в памяти или воображении. Единственное время, которое действительно существует – настоящее; никто не в силах его покинуть.

«Здесь и сейчас» – тот контекст, в котором зарождается, стремительно течет и меняется и, наконец, заканчивается наша жизнь. Что бы не случалось в нашей жизни, какие бы изменения не происходили – мы неизменно остаемся в настоящем; это – единственная константа в нашей жизни. Настоящее не является тем действом, за которым нам следует гнаться. Напротив, оно – первопричина действий, которые затем воспоследуют.

Природа отношений нашего эгоистического «*еш*»[1] со временем соответствует прошлому, переживающему настоящее. Другими словами, наше прошлое, наше «я» идентифицируется с переживанием данного момента. Впрочем, переживания не идентичны переживающему их, и наша личность не сводится к нашему «эго». Наше *еш* развивается на основе нашего «*эйн*»[2], осознания нашего «ничто». *Эйн* – это глубочайший уровень личности, хотя за *еш* и *эйн* стоит сама личность. Мы касаемся нашего глубочайшего *эйн*, когда мы полностью пребываем в настоящем моменте, не имеющем формы.

Еш – опыт, который возникает на фоне *эйн*, то есть неподвижности, покоя. *Эйн* – глубочайший уровень личности (хотя существует еще один, высший уровень, находящийся глубже *еш* и *эйн*). Проявлением контакта с нашей глубинным *эйн*-идентичностью является способность полностью присутствовать в когда-либо разворачивающемся бесформенном моменте.

Поясним, что мы имеем в виду. Существует два способа существования в настоящем. Мы можем быть *еш*, то есть формой, проявлением, содержанием, ощущением момента; или же мы можем быть *эйн* – бесформенным, непроявившимся, бессодержательным субъектом. В первом случае пребывать в настоящем гораздо лучше, чем вспоминать о прошлом или мечтать о будущем. Однако в этом случае происходит всего лишь замена одной формы на другую, то есть прошлого (или будущего) на настоящее, одного *еш* на другое *еш*, одной эго-реальности на другую эго-реальность, одного конечного опыта на другой. Чтобы действительно пребывать в настоящем моменте, заключающем в себе Вечность, и содержащем все времена и все формы, необходимо жить в бесформенном моменте, *эйн*, то есть жить жизнью, обладающей потенциалом совершить все, что угодно.

В переводе на практический язык, для того, чтобы совершить тшуву (или, лучше сказать, приступить к тшуве), необходимо полностью отстраниться от прошлого или наших представлений о неизбежном

---

[1] См. Приложение 1.

[2] См. там же.

будущем и полностью сосредоточиться на настоящем. Тот, кто желает ступить на путь тшувы, должен целиком и полностью находиться в вечном «здесь и сейчас», содержащем в себе и прошлое, и будущее. Разумеется, мысль о том, что я наказан за прошлые грехи, или что меня ждет беспросветное будущее, может зародить в душе мысль о тшуве. Однако для того, чтобы что-то сделать, необходимо отречься от мрачного прошлого, забыть о светлом будущем, и полностью погрузиться в *эйн*/бесформенное настоящее.

Когда наша одежда заляпана грязью, лучше подождать, пока грязь засохнет, и только потом пробовать ее отскрести. Аналогичным образом, говорил рабби Шалом Шахна из Погребище, когда человек задумывается о жизни и осознает свои прежние прегрешения, его первое и естественное желание – немедленно исправить содеянное. Однако это далеко не самый мудрый подход – когда жар еще не остыл, любое действие, даже предпринятое с наилучшими намерениями, может лишь принести дополнительный вред, который так же нужно будет исправлять. Поэтому во многих случаях лучший образ действий – совершенно забыть о прошлом, и думать только о настоящем; прежние ошибки можно будет исправить и позже.

Каждое мгновение может быть использовано для духовного роста и продвижения. Тшува дает нам возможность освободиться от оков прошлого, порвать квази-автоматическую цепь причинности, и тем самым избежать будущего, которое кажется неизбежным. Более того: в тот момент, когда мы решили жить в настоящем и смогли избавиться от ветхого багажа предвзятых мнений и представлений, наша жизнь, наше самоощущение и наше подлинное я станут куда приятнее и в наших глазах, и в глазах окружающих.

Все, что у нас есть, это настоящее; прошлое принадлежит истории, а будущее еще не наступило. Настоящее всегда с нами; это дар, который открывает перед нами новые возможности, и дает нам надежду на обновление.

РЕЗЮМЕ: ГЛАВА 1
БЫТЬ В НАСТОЯЩЕМ

Следует научиться сосредотачиваться на настоящем. Постоянно думать о прошлом или будущем означает красть у настоящего. Наша жизнь протекает в настоящем. Прошлое принадлежит воспоминаниям, будущее существует только в воображении. Единственной подлинной жизнью является вечное бесформенное настоящее.

ПРАКТИКА

КАВАНА / НАМЕРЕНИЕ

Для того, чтобы оставаться в настоящем, следует научиться внимательности. Прежде, чем произнести слово, совершить поступок или сознательно приступить к обдумыванию какой-либо проблемы – остановитесь и будьте внимательны к тому, что делаете.

Возьмем самое простое действие - выпить стакан воды. Прежде, чем произнести благословение, сделайте паузу, чтобы в полной мере ощутить благодарность. Когда к вам обращаются - полностью сосредоточьтесь на собеседнике, совершенно не обращая внимания на посторонние мысли (например, о том, кого он вам напоминает). Наконец, если вам задали разумный вопрос - не спешите отвечать прежде, чем дослушаете его до конца, и обдумайте свой ответ.

ГЛАВА 2

ЖИЗНЬ С ПОСТОЯННЫМ ОБНОВЛЕНИЕМ

В каждый момент времени во всех творениях присутствует сила обновления (*коах а-итхадшут*), то есть способность перейти от небытия (*эйн*) к бытию (*еш*). С момента рождения в нас заложена способность к незамедлительному обновлению.

Избавившись от груза прежнего опыта, целиком принадлежащего миру *еш*, мы оказываемся в море *эйн*, то есть в бесформенном настоящем. Простое размышление о процессе дыхания позволит нам лучше осознать идею непрерывного творения. С каждым выдохом мы избавляемся от старого *еш*, с каждым вдохом – наполняем себя заново, обновляя содержимое своих легких. Размышление о дыхании, вдохах и выдохах позволяет нам увидеть новую живительную силу, осуществляющую непрерывное творение, а так же – уникальную возможность измениться прямо здесь и сейчас, в эту самую секунду.

Поскольку и *еш*, и *эйн* являются отражениями Сущности, которая одновременно превосходит их и включает их в себя, они служат важными элементами процесса тшувы. С точки зрения *эйн*, каждое мгновение является новым: не существует ничего древнее, есть только здесь и сейчас, поэтому в любой момент можно начать сначала. Однако если не помнить о *еш, когда* время линейно и течет из прошлого в настоящее, а настоящее содержит в себе будущее, мы не можем нести ответственность за свои прежние поступки – о какой ответственности можно говорить, если прошлого не существует? Таким образом, *еш* предполагает ответственность за свои поступки, тогда как *эйн* – способность менять. *Еш* и *эйн* дополняют друг друга: взятое самое по себе, первое предполагает жесткость, лишенную способности к действительному изменению, тогда как второе – свободу выбора в отсутствии поступков, за которые следует отвечать.

Тшува – пробуждение, позволяющее увидеть течение жизни. Когда мы поймем, что этот поток непрерывно течет из *эйн* к *еш*, мы поймем, что в жизни нет и не может быть повторений, неизбежности и предсказуемости. В начале своей книги пророк Иехезкиль описывает видение, которое он увидел, находясь в изгнании, на берегу реки Квар (что в переводе с иврита означает «уже»). Таким образом, Тора связывает изгнание с идеей «уже», «сделано», «необратимо». Тот, кто «уже», то есть заранее знает, не сможет научиться духовному росту. В этом случае нет возможности отбросить привычные шаблоны прошлого и начать жизнь с чистого листа. Напротив, если мыслить в категориях Избавления, никакого «уже» нет и быть не может; нет ничего древнего, любой опыт кажется захватывающим и новым. *Квар*/уже – категория изгнания и связанных с ним ограничений и неподвижности, тогда как «новое» – необходимое условие свободы, открытости и тшувы. Тем не менее, следует помнить, что *Квар* так же нуждается в трансформации, когда человек осознает, что его тшува «уже» принята.

Маленькие дети живут с постоянным ощущением чуда – все в жизни кажется им новым, интересным и неизведанным. В юности время течет гораздо медленнее, чем в старости. Это связано с тем, что в молодости ничего не кажется нам привычным. Жизнь кажется полнее, каждый день полон новых ощущений, глубоко и надолго врезающихся в память. Маленькие дети постоянно находятся в состоянии изумления и трепета. С возрастом жизнь становится все более рутинной, все больше ощущений попадает в категорию «уже», а время, кажется, ускоряется. Между тем, запрещено стареть, запрещено впадать в спячку! Ничего нельзя делать только потому, что «так заведено»! Ничто не должно казаться лишенным новизны, поскольку каждая вещь ежесекундно творится заново!

С тшувой приходит возможность снова, как в детстве, жить полной жизнью, преисполненной волнения, энергии, ожидания и надежды. Тора обещает нам *орех ямим*. Обычно это переводится как «долголетие», однако это можно перевести как «насыщенная, полноценная, жизнь», как сказано: «Авраам был уже стар и в летах (*ба-ямим*), Господь благословил Авраама всем» (Берешит, 24:1). Авраам был «стар», поскольку достиг духовной зрелости; каждый новый день был наполнен совершенно новым опытом. Жизнь Авраама была полноценной жизнью, каждый ее день – насыщенным днем, непохожим на все предыдущие и полным свежих впечатлений и ощущений.

«Ибо заповедь сия, которую я заповедую тебе *сегодня*, не недоступна для тебя и не далека» (Дварим, 30:11). По мнению Рамбана и многих других классических комментаторов, заповедь, о которой идет речь – *тшува*; когда речь идет о тшуве, важнейшим элементом является именно «сегодня». Из этого стиха так же следует не только то, что заповеди следует исполнять так, как будто они были даны нам только сегодня (Сифри), но и, что гораздо важнее – что мы должны стремиться узреть удивительную возможность обновления, существующую в каждый конкретный момент времени.

Carpe diem («наслаждайся моментом») – вот девиз того, кто помышляет о тшуве. В каждый конкретный момент, уже не связанный с прошлым, но еще не ставший будущим, у нас есть уникальная возможность начать с чистого листа. Тшува помогает нам осознать, что в каждое мгновение происходит полное обновление мироздания – *итхадшут а-брия*. С философской точки зрения прошлого не существует. Соответственно, нет ничего, что ограничивало бы наши возможности в настоящем.

Как-то в кабинет рабби Ашера из Столина, известного хасидского мудреца девятнадцатого столетия, с громким плачем вошел юноша. «Я искренне хочу изменить свое поведение», – сказала он, – «но у меня ничего не получается. Я совершил грех, о котором сказано, что тшува его не искупает, а совершивший его навсегда теряет свой удел в Мире Грядущем». Цадик заглянул в душу юноши, и ответил: «Молодой человек, не понимаю, зачем Вы так волнуетесь? Делайте то, что Вы должны делать. Что же касается удела в Мире Грядущем, то это спорный вопрос, поскольку мудрецы говорили: «Один час раскаяния и добрых дел в этом мире стоит больше, вся наша жизнь в мире грядущем» (Авот 4:17). Смысл жизни – сама жизнь, а не то, что будет после.

Правильная самооценка в настоящем неизбежно порождает желание совершить более полную тшуву. Простое пробуждение навстречу новому дню свидетельствует об огромных возможностях для личного роста и совершенствования. Ежедневно мы обогащаем свой внутренний мир благодаря новому, неповторимому опыту, который делает нас мудрее, и многократно усиливает наши духовные способности. Тшува – это правильная оценка нашего нынешнего духовного состояния, и, соответственно, тех шагов, которые необходимо предпринять дальше. Вчерашние достижения остались в прошлом, а сегодня наступил новый день, несущий возможности дальнейшего роста и новых впечатлений. Тшува – нечто гораздо большее, чем просто исправление и/или очищение прежнего опыта или поступков; тшува – это прежде всего возможность понять настоящее, увидев в нем приглашение начать заново, с чистого листа.

Тшува – это не просто изменение, поскольку изменить можно только то, что уже существует. Если мы живем и действуем здесь и сейчас, прошлое утрачивает свою власть над нами. Если в прошлом есть темное пятно, человек теряет способность радоваться жизни. Подлинная радость невозможна, если все время думать о мрачном прошлом. Забывчивость порой бывает полезной – она позволяет нам снова жить жизнью, полной радости и уверенности в себе. Рабби Нахман из Брацлава говорил: «Все думают, что забывчивость – это недостаток. А мне кажется, что это достоинство. Слово *симха* (радость) содержит буквы, образующие слово *эмха* (стереть). Если мы сможем забыть обиды, причиненные нам или другим людям, это сделает нашу нынешнюю жизнь гораздо более счастливой. Сначала нужно стереть и забыть. И только потом, когда мы достигнем здорового, устойчивого душевного состояния, и сможем исправить ошибки, совершенные в прошлом».

Обычно мы считаем, что тшува связана с исправлением, вроде ремонта испортившейся трубы, когда мы пытаемся починить то, что сломалось. В какой-то степени искупление является именно этим – исправлением того, что прежде было испорчено. На этом уровне тшува напоминает операцию на пораженном органе. Однако во многих случаях ее скорее следует сравнивать с косметической хирургией.

Многие люди ощущают себя моложе своего биологического возраста. Отражение в зеркале не соответствует их внутреннему самоощущению, и потому они прибегают к косметической хирургии. Им кажется – и они, безусловно, правы! – что их внешность не соответствует их внутреннему я. Им хочется, чтобы их внутреннее самоощущение нашло свое отражение в их внешнем облике, видимом окружающим. Подобное самовосприятие возможно и в духовном плане.

Общество воспринимает наше внешнее поведение и манеры как отражение нашего подлинного я. Однако если приглядеться, то можно увидеть, что наше внешнее поведение не соответствует нашему самоощущению. Внешняя проекция не совпадает с внутренним я; поступки не соответствуют глубинной духовной сущности. И в какой-то момент мы решаем изменить свою жизнь, чтобы наши поступки были достойны нашей души. В этом случае тшува подобна косметической операции, меняющей то, что видят окружающий, дабы внешний облик и поступки соответствовали внутреннему самоощущению.

В своем высшем проявлении тшува не имеет практически ничего общего с исправлением или изменением. Максимум, она связано с облагораживанием всей системы, а не отдельных ее элементов; с восстановлением цельности, к чему стремятся даже величайшие люди. Если, вслед за Торой, мы уподобим тшуву исцелению, то тогда наилучшей метафорой будет рождение. Сделавший тшуву подобен человеку, родившемуся заново.

Тшува всегда связана с перерождением, даже когда оно связано с решительными шагами по исправлению и очищению прошлого, полного гнили и заслуживающего глубокого сожаления. Любое безнравственное поведение разрушает личность, оскверняет душу, и в буквальном смысле разрушает тело.

Всякое безнравственное поведение разрушает целостность, затмевает душу и буквально ослабляет тело. Тора называет грех словом *авон* (аин, вав, нун). У каждое еврейской буквы есть числовое значение; если написать название каждой из этих трех букв (аий – айн, юд, нун, и т.д.), и сложить получившиеся гематрии, то получится 248. Согласно Талмуду, человеческое тело состоит из 248 органов. Каждый проступок, отдаляющий нас от нашего благородного внутреннего я, делает тело слабее, и заставляет его почувствовать приближение смерти. В свою очередь, исполняя заповедь тшувы, входящую в число 248 заповедей-предписаний, мы обновляем, оживляем и возрождение все мироздание.

Тшува – акт творения и обновления. Поэтому тому, кто встал на путь тшувы, предлагают сменить имя, тем самым отказавшись от идентичности, связанной с прошлым. С момента тшувы человек становится совершенно новой личностью. В свою очередь, это полностью меняет всю внутреннюю динамику, давая человеку возможность жить полноценной жизнью.

Современная медицина считает, что для того, чтобы лекарство подействовало, пациент должен верить в его эффективность. Если, сознательно или бессознательно, он не верит в полезность лекарства, лечение ничего не даст. Именно с этим, в частности, связан эффект плацебо. Аналогичным образом разум и сердце играют важную роль в процессе тшувы. Тот, кто действительно желает исцелиться и начать жизнь с чистого листа, должен верить в силу тшувы, в то, что оно способно привести к исцелению и восстановлению распавшейся, сокрушенной личности.

В английском языке глагол «лечить» (to heal) происходит от слова, означавшего «сделать целым». Основной задачей тшувы является восстановление цельности личности, и приведение внешнего облика в соответствие с нашим внутренним цельным я. Совершив тшуву, мы получаем возможность жить и действовать в единстве и гармонии с нашей душой – наиболее глубоким и подлинным проявлением нашего я.

РЕЗЮМЕ: ГЛАВА 2
ЖИТЬ С ПОСТОЯННЫМ ЧУВСТВОМ ОБНОВЛЕНИЯ

Никакой духовный рост, никакое изменение и движение невозможны, если мы рассматриваем настоящее как неизбежное следствие нашего прошлого. Не может быть подлинной свободы, если наше настоящее от начала и до конца является порождением наших прежних поступков. Истина состоит в том, что мироздание каждое мгновение творится заново; несмотря на непрерывность и преемственность, это совершенно новая реальность. Соответственно, наша жизнь каждое мгновение начинается заново. Живя в постоянном трепете, мы можем воспользоваться уникальной возможностью, предоставляемой каждым мгновением, и в любой момент начать жизнь с чистого листа.

ПРАКТИКА
ДЫХАНИЕ

Попробуйте задуматься о процессе дыхания. С каждым вдохом вы избавляетесь от старого и оказываетесь в состоянии *эйн*; с каждым вздохом вы наполняете легкие новой живительной божественной силой - *еш* снова возрождается к новой жизни. Попробуйте дышать осознанно, осознавая при этом свое постоянное обновление. Осознание этого позволит вам увидеть неповторимую возможность начать свою жизнь заново. Каждый день уделяйте несколько минут этой практике. Лучше всего заниматься этим перед утренней молитвой, сразу после пробуждения, или просто прогуливаясь на свежем воздухе.

ГЛАВА 3

МИР БЕСКОНЕЧНЫХ ВОЗМОЖНОСТЕЙ

По словам наших мудрецов, тшува была создана еще до сотворения мира (Псахим 54а). Из этого вытекают два вывода: во-первых, тшува неподвластна времени и его законам; а во-вторых, тшува прочно вплетена в ткань бытия. Тшува – основание мироздания. Она является неотъемлемым компонентом окружающей действительности, живительной и объединяющей силой, заключенной в каждом атоме, в каждом моменте и каждом помысле; силой, возвращающей мироздание к его божественному источнику.

Тшува – всепоглощающая страсть и самое сокровенное желание всего сотворенного. В определенном смысле все мироздание постоянно находится в процессе тшувы, пытаясь вернуться к своему подлинному я и его Источнику, подобно тому, как растения поворачиваются к солнцу, в то время как их корни тянутся к источнику воды. Все жизненные формы стремятся к исправлению; они постоянно находятся в процессе тшувы.

В Зогаре, главной книге Каббалы, сказано, что прежде, чем сотворить мир, Всевышний задумал идею тшувы, а затем, обращаясь к тшуве, произнес: «Скоро я собираюсь создать смертных из плоти и крови. Я пойду на это с одним условием: когда, после всех своих беззаконий, они обратятся к тебе, ты должна будешь простить им все беззакония» (Зогар 3:69b).

Людям свойственно ошибаться. «Нет человека праведного на земле, который делал бы добро и не грешил бы» (Когелет, 7:20), писал царь Шломо, мудрейший из людей. Однако даже если это так, не надо опускать руки, поскольку всегда остается возможность все исправить. То, что произошло вчера, ни коим образом не предопределяет, что должно произойти сегодня; а то, что случилось сегодня, не указывает на то, что произойдет завтра. Будущее не является неизбежным следствием прошлого, течение времени не линейно. Будущее – это не явное проявление того, что неявно существовало уже в прошлом. На духовном и эмоциональном уровне всегда остается надежда начать сначала.

Возможность исправить свое нынешнее поведение реальна и доступна в любое время. Без этой гарантии жизнь стала бы постылой и безнадежной. Если нет никакого способа освободиться от прошлого, нас раздавит груз прежних ошибок. Не имея возможности освободиться, мы обречены вечно крутиться, как белка, в колесе неизбежных причинно-следственных связей, находясь в бесконечном движении и ни на йоту не продвигаясь вперед. Решив, что выхода нет, мы будем все глубже и глубже погружаться в пучину неизбежности. Если все, что мы делаем, намертво вплетено в ткань нашей жизни, и мы не можем даже мечтать об освобождении – мы обречены на глубочайшее отчаяние, лишающее всякого желания жить. Если бы не надежда, что мы можем изменить свою жизнь к лучшему, наше жизнь превратиться в бесконечное сползание в полную безнадежность. И наоборот, мир, где есть тшува – это мир, полный жизненных сил и оптимизма, мир бесконечных возможностей. Независимо от того, что происходит сегодня и было вчера, мы всегда сможем сменить свой жизненный курс, преодолев любые препятствия.

Тшува дает нам свободу омоложения, возможность начать с чистого листа. Динамика внутренней трансформации служит необходимым условием духовного роста и благополучия. Рабби Шнеур-Залман из Ляд, известный как Альтер Ребе,[3] учил, что душа спускается в мир

---

[3] Р. Шнеур Залман – (1745, Лиозно, Речь Посполита — 1813, село Пены, Слободско-Украинской губернии, Российская империя) — раввин, каббалист, основатель хасидского движения Хабад, первый Любавический Ребе.

и облекается плотью только ради того, чтобы человек имел возможность духовного роста и исправления.

Тшува – необходимое условие эмоционального и духовного благополучия и выживания. Чтобы нагляднее объяснить эту идею, мудрецы говорили, что мир был сотворен буквой хей (Менахот 29б). На личном уровне хей (ה) олицетворяет наше место в процессе постоянного творения и обновления. Графически буква хей состоит из трех линий: целая вертикальная линия справа соединяется сверху с целой горизонтальной линией. Более короткая вертикальная линия слева не доходит до горизонтальной, оставляя небольшой зазор, подобный проходу. Снизу буква открыта, указывая, что человек может упасть вниз и вовсе выпасть из хей. Однако зазор слева в верху указывает, что даже когда ты упал, всегда есть возможность подняться, снова войти в хей, и вновь стать участником непрерывного обновления жизни. Зазор буквы хей так же напоминает окно. Это указывает, что существует выход «наружу», и что мы можем вырваться из своей ограниченности.

Другая буква еврейского алфавита, хет (ח), похожа на хей тем, что открыта снизу. Главное различие между двумя этими литерами заключается в том, что у хет нет зазора, через которое внутрь может проникнуть что-то новое. Непроницаемые стены хет как будто запирают человека в ловушку, из которой есть только один выход – вниз. Интересно отметить, что на иврите слово *хет* означает «грех», «оплошность». Порой нам кажется, что прежние грехи и ошибки окружают нас, подобно решеткам клетки. Однако тшува превращает хет в хей. В результате мы можем вырваться из темницы прошлого, и очутиться на бескрайних, вечно новых просторах настоящего. Когда человек сбился с пути, лучший способ вернуться – выбрать совершенно новое направление. Стремясь к трансформации и реинтеграции, иногда нужно начать с того, чтобы сменить направление, не занимаясь непосредственно проблемой, из-за которой мы отклонились от заданного курса. Чтобы двигаться дальше, нужно сосредоточиться на чем-то другом, иногда прямо противоположном.

К примеру, человеку, страдающему эмоциональной депрессией (не путать с клинической депрессией, которую нужно лечить совершенно иными методами), нужно отвлечься на что-нибудь совсем постороннее. Изучив труды известных людей, страдавших депрессией, мы часто видим, что за этим стоит излишнее внимание к своему эго. К примеру, один знаменитый американский писатель[4] говорил: «Я стал пленником самого себя, заключил себя в темницу, и не могу найти ключ, чтобы выйти наружу». В одном единственном предложении автор упомянул себя целых пять раз! В подобной ситуации спасение состоит в том, чтобы переключить свое внимание на кого-то другого, научив себе сопереживанию. Тшува, среди прочего, подразумевает преобразование эгоцентризма в заботу об окружающих, и в конечном счете – в теоцентризм, сосредоточенный на трансцендентной реальности.

Если нам удалось перенаправить свое внимание на других, это дает ощущение своей полезности и необходимости. Это – ключ от дверей темницы собственного эго, и в то же время – возможность открыть заново свое подлинное я. Даже самое слабое чувство, возникающее, когда мы даем другому, становится источником подлинного счастья. Это – путь к своему подлинному я, дорога домой, ведущая в прямо противоположную сторону, чем шлях, по которому ты ушел.

Мидраш рассказывает, что после того, как Каин жестоко убил своего брата, он был вызван в Небесный трибунал. После короткого разбирательства был оглашен приговор, обрекающий Каина на вечные скитания: «Ты будешь изгнанником и скитальцем на земле» (Берешит, 4:12). Осознав тяжесть совершенного преступления, и согласившись с приговором, Каин попросил суд о снисхождении: «Наказание мое больше, нежели можно снести» (там же, 13). Естественно, суд смягчил приговор.

Покинув трибунал с чувством глубокого облегчения, Каин встретил своего отца, Адама. Увидев сына в приподнятом настроении, Адам, естественно, спросил Каина, в чем дело. Когда Каин рассказал ему, какие последствия имела его искренняя просьба о прощении, Адам начал рвать на себе волосы, воскликнув при этом: «Столь велика

---

[4] Натаниэль Готорн (4 июля 1804, Сейлем, Массачусетс -19 мая 1864, Плимут, Нью-Гэмпшир) — один из первых и наиболее общепризнанных мастеров американской литературы.

сила тшувы – а я этого не знал». Затем, охваченный святым духом, он начал петь, и сочинил текст, ставший впоследствии 92 псалмом:

Псалом. Песнь на день субботний. Благо есть славить Господа и петь имени Твоему, Всевышний, возвещать утром милость Твою и истину Твою в ночи, на десятиструнном и псалтири, с песнью на гуслях. Ибо Ты возвеселил меня, Господи, творением Твоим: я восхищаюсь делами рук Твоих. Как велики дела Твои, Господи! дивно глубоки помышления Твои! Человек несмысленный не знает, и невежда не разумеет того.

Почему в этот момент Адам запел именно о субботе? Какая связь между субботой и тшувой? И суббота, и тшува освобождают нас от привычного и повседневного. Суббота – своего рода временное убежище. Как бы мы ни были загружены в течение недели, существует оазис священного времени, где можно остановиться и передохнуть. Шаббат – время, когда можно сбросить бремя привычного поведения. Это справедливо и в отношении тшувы. Для тех, кто слишком удалился от своего подлинного я, тшува – островок безопасности, позволяющий найти свою душу и перестроить свою жизнь.

В иврите слово *шабат* (суббота) состоит из трех букв – шин, бет и тав. Те же самые буквы образуют слово *ташев* – «вернись», имеющее тот же корень, что и слово тшува. Если бы не суббота, мы бы трудились, не зная отдыха, в конечном счете превратившись в рабов своей работы и своего имущества. Прервав ненадолго погоню за материальным, отказавшись от творческой деятельности, мы вспоминаем о духовном – о самом главном, об интегральной основе своей личности. Наступает суббота, и мы начинаем просто существовать, вместо того, чтобы непрерывно действовать, освобождаясь от естественных материалистических забот. Это неизменное и повторяющееся возвращение к духовности меняет нашу жизнь.

Тшува и суббота являются катапультами, позволяющими нам ненадолго покинуть линейную траекторию *еш*-сознания, и погрузиться в бесконечный покой *эйн*-сознания. Суббота и тшува подобны микве – бассейну для ритуальных омовений, из которого человек выходит изменившимся и обновленным. Суббота – миква времени, а тшува – миква разума, сердца и души.

Существуют и более глубокие параллели между субботой и тшувой. Суббота – завершение шести дней тяжелых трудов, погружение в расслабляющее, идеальное состояние покоя. Это духовная вершина предшествующей недели, и основа следующей шестидневки – «луч света, освещающий наступающую неделю (Зогар, 2:63б). Кроме того, если не рассматривать неделю линейно, как отрезок времени, начинающийся в воскресенье и заканчивающийся в седьмой день, субботу можно считать серединой недели. В этом случае среда, четверг и пятница предшествуют, а воскресенье, понедельник и вторник – следуют за субботой (Псахим 106а). В этом случае суббота оказывается переломным моментом недели, «ветвящейся» в обе стороны: три дня до, три дня после, и центральная ось-суббота. Таким образом, суббота, подобно тшуве, одновременно охватывает и прошлое, и будущее; это достойное завершение менее достойного прошлого, и не менее достойное начало пути в бесконечное будущее.

Подобно субботе, тшува – это глубокое ощущение собственной сущности и самости, радикально меняющее проекцию нашего я во внешний мир в мыслях словах и поступках. Когда нееврейские философы узнали, что раз в неделю евреи отдыхают, многие из них сочли это проявлением лености. Римский философ Сенека полагал, что ничего не делать каждый седьмой день означает лишать себя седьмой части жизни. Другие считали, что если посвятить один день недели отдыху, то в результате тело и разум станут пассивными, ленивыми и вялыми. Напротив, живший в I веке н.э. еврейский философ Филон Александрийский утверждал, что предназначение субботы – освободить людей от тяжелой работы, чтобы они могли набрать сил, и лучше трудиться всю следующую неделю.[5] Ошибка Филона была связана с тем, что он рассматривал субботу и ее предназначение с позиций греческого эллинистического мировоззрения, согласно которому

---

[5] «В Субботу запретила Тора всякую работу, но не для того, чтобы привить человеку легкомыслие... а чтобы снять напряжение от повседневного тяжелого и непрекращающегося труда, укрепить и обновить его силы путем регулярного отдыха» (Филон Александрийский, «О законах»).

отдых необходим только ради последующей работы. Очевидно, что подобное материалистическое, рабское мировоззрение не видит самостоятельной ценности в покое, наслаждении или духовном росте; рост производительности труда является для него единственной ценностью.

Очевидно, что идея субботы гораздо глубже, чем отдых ради последующей работы. Суббота превозмогает ритмичное движение времени, наполняя его благословением и духовностью. Суббота позволяет нам отложить материалистическую деятельность, и уделить больше внимания интеллектуальным и духовных материям, а также взаимоотношениям в семье, с родными и близкими. Духовным наслаждениям субботы следует предаваться, не ожидая «результата», поскольку «награда за заповедь – сама заповедь» (Авот 4:2). Вместе с тем, соблюдение субботы безусловно приносит определенные плоды: оно не только ничего не отнимает, но и открывает перед нами принципиально новые возможности.

Только если человек живет, не задумываясь, прошлое оказывается неизбежной прелюдией к настоящему, а настоящее – всего лишь подготовкой к будущему. Тшува – источник благословения, охватывающего и прошлое, и настоящее и будущее. Хотя может показаться, что процесс тшувы ограничивает нашу деятельность, это делается только для того, чтобы открыть нам множество новых духовных возможностей. Мы больше не заперты в мире своих ошибок. Вечное настоящее, в которое мы попадаем, позволяет забыть о прочих «отрезках» линейного времени, даруя нам возможность в любой ежесекундного обновления.

РЕЗЮМЕ: ГЛАВА 3

БУДЬ ОПТИМИСТОМ,
НИКОГДА НЕ ОТЧАИВАЙСЯ

Никогда нет причины опускать руки. Каким бы тяжелым не было наше прошлое, каждый новый день дарует возможность все изменить. Ваши вчерашние поступки ничего не говорят о том, каким вы будете и что вы сделаете сегодня. Тшува - основа мироздания, ежесекундная возможность начать с чистого листа. Всевышний всегда с вами, даже если вам кажется, что вы в ловушке и бессильны что-либо предпринять. Даже в самой непроглядной тьме есть Свет. Никогда не сдавайтесь!

ПРАКТИКА

Когда вы ощущаете груз прежних ошибок, подумайте о том, что если вы смогли упасть, то сможете и подняться. Если у вас есть силы разрушить, то найдутся и силы починить. Воспользуйтесь этой силой изменить свою жизнь. Примите твердое решение никогда не сдаваться.

Если вы страдаете от одиночества и покинутости и не можете представить, что ваша жизнь может измениться к лучшему, задумайтесь о том, что вы оказались в этом мире совсем не случайно. Вы - единственный и неповторимый. В вашей жизни есть предназначение. Всевышний всегда с вами!

ГЛАВА 4

ПРИРОДА
ОТКЛОНЕНИЯ

режде, чем возникает необходимость вернуться, происходит
ошибка, отклонение, внутренний сбой человеческой личности. Поэтому для того, чтобы научиться лечить, прежде необходимо понять природу болезни. Почему определенные поступки
и состояния души требуют совершить тшуву?

Заповедь (*мицва*) – действие, связывающее исполнителя с его Источником. Исполнение заповеди позволяет нам соответствовать на-
мерению Творца и цели нашего собственного существования. Эта
цель состоит в том, чтобы непрерывно восстанавливать и демонстри-
ровать свою внутреннюю цельность, свою близость к Создателю. Соответственно, действие, которое не ведет к духовному росту и про-
явлению врожденной связи со своим божественным я, может направить нас в прямо противоположном направлении, приводя к разрыву
и отчуждению.

Таким образом, прегрешение – это «антизаповедь», когда невер-
ное восприятие реальности вынуждает человека отклониться от иде-
ального жизненного курса. В Торе грех часто называют словом *хет*.
Оно происходит от глагола, означающего «промахнуться». Таким образом, грешить означает промахнуться, сбиться с пути. В английском
слово sin (грех) так же происходит от латинского absentia, означаю-
щее отсутствие или промах.

Результатом любого действия (или бездействия) будет одно из двух, приближение к Источнику или удаление от него, укрепление связи или отчуждение, созидание или разрушение. Корень еврейского слова *бхира* (выбор) состоит из трех букв, бет, хет и рейш. Эти же буквы мы видим в словах *хавер* (друг, товарищ) и *харав* (разрушать). Каждый сделанный нами выбор укрепляет или, наоборот, разрушает дружескую связь. Если человек утрачивает внутреннюю цельность, он удаляется и утрачивает связь с Источником Жизни. Одновременно он утрачивает связь с окружающими и даже самим собой. Нарушение связи с Источником приводит к нарушению связи и фрагментации на всех уровнях бытия.

Несмотря на то, что грехи бывают разной степени тяжести, от достаточно невинных до совершенно чудовищных, что все они являются следствием временного впадения в ересь (Мидраш Раба). Прегрешение служит симптомом внутреннего барьера, неверной предпосылки, что Творец не интересуется сотворенным, или даже – что Творец не существует. Такое мировоззрение способствует тому, что желание отделиться временно берет верх, и связь с Источником временно утрачивается. Когда мы забываем свое подлинное я мы воображаем, что полностью независимы и самостоятельны. Недостойное поведение – следствие именно этой предпосылки.

Разумеется, Всевышний присутствует везде и всегда. Однако, как говорил Коцкий ребе[6], мы, люди, ощущаем божественное присутствие только там, куда мы сами Его впускаем. Когда поведение человека становится несовместимым с божественным присутствием, тем самым он воздвигает воображаемую преграду, «мешающую Всевышнему» войти и быть увиденным. В результате ощущение полной независимости от Всевышнего только усиливается.

[6] Коцкий ребе – р. Менахем-Мендель из Коцка (1787, Билгорай, ныне Люблинское воеводство, Польша, – 1859, Коцк) – хасидский мыслитель, один из лидеров польского хасидизма. Р.Менахем Мендл требовал постоянного напряжения душевных сил и непримиримой борьбы с эгоцентричной, по его мнению, любовью к миру. Предъявляя повышенные духовные требования к членам своей общины, р.Менахем Мендл внес в хасидизм ранее чуждые ему элементы аскетизма и элитарности. Не отвергая мирской жизни, Коцкий ребе призывал, однако, пренебречь ее заботами и посвятить себя целиком поискам истины.

В результате недостойного поведения человек утрачивает смысл жизни; «он утрачивает и разум, и мудрость» (Раши на Йома 39а). Постоянно совершать недостойные поступки означает действовать в состоянии полной беспомощности. Проблема, однако, в том, что эту беспомощность трудно почувствовать или осознать. Напротив, есть множество документальных свидетельств, когда величайший преступник ощущал себя практически всесильным. Человек, всю жизнь страдавший от подчинения, собственной незначительности и беспомощности, нередко утверждает себя с помощью насилия и других преступных деяний.

Следует четко различать подлинную силу и насилие. Многие используют эти понятия в качестве взаимозаменяемых синонимов, между тем, речь идет о двух совершенно разных вещах. Сила – следствие глубокой внутренней цельности и связи с Источником всех существующих сил. Напротив, насилие свидетельствует о беспомощности и нерешенных проблемах. Требования служить, подчиняться и уважать обычно свидетельствуют о крайне низкой самооценке. Страстное желание, чтобы тебя заметили и полюбили, может быть психологической защитой, компенсирующей нехватку здоровой любви к себе.

Более мягкие формы насилия включают убеждение или даже поощрение и награду за «правильное» поведение. Потребность в насилии вызывает стремление приумножать богатство и влияние. Во всех случаях базовое желание доминировать совершенно одинаково: человек хочет, чтобы другие исполняли его желания, соглашались с его идеями и ценили их, давали почувствовать себя комфортно. Использование силы неизбежно носит насильственный, безличностный, слепой и невротичный характер. Оно порождает такие черты характера, как нетерпимость и грубость. Слабый человек постоянно ощущает потребность в контроле, которую он демонстрирует всем своим поведением; он стремиться приобрести как можно больше денег и влияние, и все время боится их утратить. Его жизнь – постоянное стремление доминировать и навязывать другим свою волю.

Напротив, действительно сильный человек подражает Всевышнему прежде всего в том, что проявляет терпимость к поразительному разнообразию сотворенного мира. Он использует свою силу не против других, но для других. Бесконечный Творец создал пустое пространство благодаря непознаваемому и парадоксальному цимцуму («сокращению», «сжатию»). Это дало возможность возникнуть конечному миру, во всем его бесконечном многообразии. Тот, кто подражает Творцу, тоже дозволяет, терпит, а иногда даже поощряет многообразие. Сотворенный мир был задуман независимым и основанным на взаимопомощи – каждый из сотворенных по мере сил участвует в вселенской симфонии исполнения воли Творца.

Искра божественной силы в щебетании птиц, шуме океанских волн, тихо опадающей листве позволяет всем этим звукам слиться в космической гармонии; сила вливается в силу. И наоборот, когда человек использует против окружающих эгоистическую силу, он выбивается из этого величественного хора. Звуки, которые он издает, не гармонируют с общим строем произведения; он отрывается от могущественного единства мироздания.

Практически все люди, кто в большей, кто в меньшей степени, действуют не в унисон с главной силой, действующей в этом мире, то есть с божественной волей. Известная поговорка гласит, что легче всего плыть по течению. Прегрешение – это попытка плыть против течения. Это не «ошибка» в смысле нарушения предписаний человеческих институтов, обладающих властью – это именно попытка переть против рожна, плыть против течения, плевать против ветра. Когда корабль сбивается с курса, необходимо принять меры, чтобы исправить ситуацию, иначе судно затеряется в океане. Когда человек забывает свое предназначение и замысел Творца, и отказывается вернуться на путь истинный, он теряет разум и продолжает грешить вопреки собственным желаниям и своей природе.

Намек на раскаяния мы находим в библейском законе о воровстве: «Если мужчина или женщина сделает какой-либо грех против человека, и чрез это сделает преступление против Господа, и виновна будет душа та, то пусть исповедаются во грехе своем, который они сделали, и возвратят сполна то, в чем виновны, и прибавят к тому пятую часть и отдадут тому, против кого согрешили» (Бемидбар, 5:6-7). Кража – это не просто преступление против Всевышнего и владельца украденного имущества – вор так же грабит самого себя, теряя возможность быть таким, каков он есть или мог бы стать. Тот, кто грешит, говорил рабби Арье-Лейб из Гуры-Кальварии[7], утрачивает свой истинный потенциал и свои сокровенные способности.

До тех пор, пока внутренняя цельность остается ненарушенной, практически все люди хотя бы изредка испытывают муки совести из-за того, что сбились с пути. Честное нелицеприятное сравнение того, кто мы есть и чего мы достигли, и того, чего мы могли достигнуть, если бы жили правильно, периодически вызывает определенное волнение в нашей душе. В том, кто прислушивается к этому внутреннему беспокойству, может даже возникнуть желание изменить свою жизнь, однако чаще всего побеждает привычка. Даже если на интеллектуальном уровне мысль о переменах и вызывает определенный интерес, его эго, это ложное понимание собственной идентичности, оказывает упорное сопротивление.

«Всякий путь человека прям в глазах его» (Мишлей, 21:2). У грешника всегда есть оправдание всем своим поступкам – у него не было выбора, нужно было для сохранения жизни, является последствием травмы, и т.д. Даже самые закоренелые преступники всегда находят оправдание своим действиям. Как и всем прочим живым существам, людям присущ сильнейший инстинкт самосохранения. Однако поскольку наше мышление субъективно, мы часто неверно оцениваем окружающую действительность и объективные причины своих поступков. Не случайно современные средства массовой информации полны примерами людей, оправдывающих свои действия, более чем сомнительные с нравственной точки зрения.

«Человек не согрешит, если им не овладеет дух глупости» (Сота 3а). Безрассудное поведение становится возможным в том случае, когда мы учитываем последствий своих действий. Безответственность – проявление глупости. Говоря языком Талмуда, «глупец – тот, кто теряет то, что ему дают» (Хагига 4а). Духовное отчуждение порождает

---

[7] Рабби Арье-Лейб (Иегуда Арье-Лейб) Альтер (1847–1905) – второй глава гурских хасидов (движения, основанного его дедом, рабби Ицхаком-Меиром Альтером); автор книги Сфат эмет («Язык истины»), одного из самых известных хасидских комментариев на Тору.

небрежение, коренящееся в ограниченности, заставляющей думать не дальше завтрашнего дня, не задумываясь ни о подлинных мотивах, ни, тем более, о долговременных последствиях своих действий. В иврите слово *авера* (прегрешение) буквально означает переход границы, когда человек попадает на запрещенную территорию, оказываясь там, где ему быть не следует. Это естественное следствие отчужденности и отдаления от своего подлинного я.

Суровое наказание, полагающееся, согласно Торе, за некоторые грехи, можно считать физическими и психологическими последствиями этих вредных действий и помыслов. К примеру, коллективное и индивидуальное изгнание является духовным следствием извращенного образа жизни. При этом, писал рабби Хаим из Воложина[8], их прегрешения оказываются для изгнанников самым тяжким наказанием; преступление изначально содержало в себе наказание.

Слово *авера* состоит из тех же букв, что и слово *арева* («сладкий», «приятный»). Эгоистические наслаждения на мгновение могут показаться сладкими и приятными, однако они оставляют горькое послевкусие. Напротив, когда тот, кто достиг высокого духовного уровня, получает удовольствие от разрешенного действия, это ощущение наполнено первозданной радостью и полнотой. В отсутствии исходной зависимости не возникает ни горького послевкусия, ни последующей зависимости, толкающей на поиск все новых и новых наслаждений.

Самое тяжелое последствие греха – духовное удушье, постепенно сокрушающее человека. Если он не сделает тшуву, его все больше охватывает ощущение пустоты и бессмысленности происходящего, заставляющее все больше закрываться от живительного «кислорода» духовности. Каждый недостойный поступок порождает следующее прегрешение. Грех часто имеет «волновую природу», заставляя человека снова и снова наступать на те же грабли. Поэтому, говорит мидраш, нужно переживать не из-за самого греха, но из-за того, что он

---

[8] Хаим из Воложина (1749, Воложин – 1821, Воложин) – ведущий ученик Виленского гаона, основатель и первый глава знаменитой Воложинской иешивы, один из крупнейших раввинов своего времени. Рабби Хаиму из Воложина принадлежит заслуга установления мирных отношений между митнагдим и хасидами, с лидерами которых он неоднократно встречался.

стал первым камушком, породившим лавину последующих прегрешений, которая влечет человека вниз по наклонной плоскости глупости и духовного удушья. Поэтому человек, согласившийся пожертвовать внутренней цельностью, безумен, поскольку тем самым готовит почву для возникновения вредной привычки. Вредная привычка ведет к сужению кругозора, делая человека нечувствительным к добру. Окружающая действительность начинает казаться чем дальше, тем более опасной и угрожающей. В результате жизнь превращается в эгоцентричное выживание.

В конечном итоге подобный образ жизни порабощает: когда жизнь вошла в привычную накатанную колею, из нее очень трудно вырваться. Первый закон Ньютона гласит, что тела, находящиеся в покое, остаются в покое, тогда как тела, находящиеся в движение, продолжают двигаться в заданном направление, пока не будут остановлены другой силой.

Со временем вредные привычки накапливаются. Выполненное желание не становится подавленным желанием. Напротив, эмпирический опыт свидетельствует, что удовлетворение эгоистических желаний лишь вызывает все новые и новые желания, заставляя вечно гнаться за все новыми более острыми наслаждениями.

В мире причинно-следственных связей каждый поступок, достойный или недостойный, имеет следствие. Согласно законам природы, любая вибрация порождает волновой эффект, который ощущается во всей вселенной; рождается эхо, слышимое или неслышимое. Соответственно, если был совершен проступок, удержать расходящиеся волны негатива практически невозможно. На более глубоком уровне волны, вызванные нашими действиями, влияют на то, как мы воспринимаем сами себя, как нас воспринимают окружающие, и, в конечном итоге – как они будут строить отношения с нами. Проявления гнева и раздражения создают вокруг человека отрицательную ауру, побуждая окружающих реагировать столь же недостойным образом. Человека, который все время злится, окружающие любить не будут, и в итоге он начнет испытывать ненависть к самому себе. И наоборот, когда мы предпочитаем видеть в других их достоинства, и испускаем «волны» доброты и сочувствия, то в результате мы получаем доброжелательную атмосферу, безопасное пространство, любовь и взаимную приязнь. Образ реальности, который мы проецируем вовне, становится для нас самой реальностью.

Десять заповедей – которые правильнее называть «десять речений» – начинаются словами «Я Господь, Бог твой, который вывел тебя из земли Египетской, из дома рабства», и заканчиваются словами «Не домогайся дома ближнего твоего; не домогайся жены ближнего твоего, ни раба его, ни рабыни его, ни быка его, ни осла его, ничего, что у ближнего твоего» (Шмот, 20:1, 14). Эти заповеди тесно связаны: не возжелай чужого, говорил реб Михл из Злочева[9] – не столько требование, сколько результат скрупулезного исполнение первых девяти заповедей. Поскольку в противном случае – как можно было бы требовать контролировать свои желания?

Связь между первой и десятой заповедями Декалога действительно очевидна: когда человек не осознает присутствия Всевышнего, ни в чем не знающего недостатка, возникает пустота и страстное желание ее заполнить. Человек будет искать ложное удовлетворение, мечтая о новых вещах и новых ощущениях. С другой стороны, если мы почувствуем присутствие Всевышнего в своей жизни, то возникшее в результате чувство глубокого удовлетворения и цельности легко подавит любые завистливые чувства.

Когда человек приобретает ради приобретательства, его счастье зависит от владения вещами. Фактически не он, а они им владеют. Источником подлинного счастья может стать лишь осознание, *кто* мы есть, а не *что у нас* есть. Проще говоря, нужно жить цельной жизнью, оставаясь в мире со своим подлинным я, и соотнося свои поступки с его внутренними указаниями.

---

[9] Рабби Иехиэль Михл из Злочова (Маггид из Злочова), (1725—1785)- один из учеников основателя хасидизма Исраэля Бешта, выдающийся лидер раннего галицийского хасидизма.

РЕЗЮМЕ: ГЛАВА 4
ВОЗЬМИ УПРАВЛЕНИЕ НА СЕБЯ

Заповедь (*мицва*) - действие, обеспечивающее связь с Источником Жизни; грех (*хет*) - промах, разрыв со своим подлинным я, с другими людьми и божественным Источником Силы. Как только человек соглашается пожертвовать своей внутренней цельностью, возникает опасность появления вредных привычек, от которых будет очень трудно избавиться. Недостойные поступки постепенно разрушают цельность человеческой личности, сужают его кругозор, и делают его нечувствительным к добру.

Только когда мы оглядимся вокруг и почувствуем истинную красоту жизни, мы сможем начать учиться властвовать собою, следуя путем тшувы.

ПРАКТИКА

КОНТРОЛИРУЙ ТО, ЧТО ПОТРЕБЛЯЕШЬ

Определенные мысли, слова и действия порождают такие же мысли, слова и действия. Поэтому для того, чтобы научиться сдерживать свои инстинкты и желания, нам нужно сначала восстановить контроль своего подлинного я на самых глубоких уровнях нашей души, где коренятся наши привычки.

Рутину отчуждения, стоящую за нашими помыслами и действия, можно преодолеть с помощью образов и звуков окружающего мира, которые мы чаще всего воспринимаем совершенно бессознательно. Поэтому один из лучших способов наполнить свое подсознание позитивом - тщательно следить за тем, что мы видим, слышим и ощущаем. Иначе говоря, следует оберегать глаза и уши от нежелательных и вредных образов и звуков.

Положительные и святые образы и звуки - это те образы и звуки, которые помогают глубже прочувствовать связь со своим подлинным я, другими людьми, и, наконец, Всевышним. Напротив, вредные звуки и образы сеют семена отчуждения, раздоров, отчуждения между людьми, и безразличия к присутствию Создателя.

Остановитесь и подумайте, какое внутреннее влияние оказывают на нас информация и образы, которые мы черпаем из СМИ, будь то газеты, Интернет, реклама, книги или музыка. Проделайте несколько мысленных экспериментов, чтобы минимизировать их вредное влияние.

ГЛАВА 5

ЭГО И ТРАНСЦЕНДЕНТНОСТЬ.
КТО МЫ НА САМОМ ДЕЛЕ

Каждому из нас присуща определенная мера безумия, называемая эго, которая, ради сиюминутного удовольствия, все время загоняет нас в неприятные ситуации. На языке Гемары эту движущую силу называют *руах штут* – дух глупости. Действуя под именем *пируд* (разделение), это кратковременное безумие овладевает нашим сознанием, и оставляет там глубокий след: убежденность, что человек является совсем не тем, кто он есть на самом деле, и желание действовать в соответствии с этим ложным самовосприятием.

По своей природе глупость – отклонение от нормы. Клоун вызывает смех своим дурацким костюмом, манерами и поведением, отклоняющимися от того, что кажется нам нормальным; его поведение мы называем дурацким. Глупость – поступок, отклоняющийся от нормы. Нарушение заповеди Тора обычно называет *кери*, что можно перевести как ненамеренный поступок (см. напр. Ваикра, 26:21). *Кери* – неожиданное или ненормальное поведение человека, отклонение от общепринятых жизненных норм.

Приравнивая недостойный поступок к глупости, мудрецы намекают, что грех – отклонение от своего подлинного я. Еврейское слово *авера* (прегрешение) происходит от корня *авар*, означающего «перейти на другую сторону». Совершая грех, человек переходит на другую сторону, пересекая некую внутреннюю границу. Недостойный поступок противоестественен, он противоречит нашему подлинному внутреннему я, божественной искре, которая есть в каждой душе.

Готовность подчиниться эго, этому маленькому я, глубоко вплетена в ткань человеческой мотивации. Если человек не живет по принципы выживания, все его поведенческие реакции направляются эго – ложным поверхностным я, считающим жизнь своим продолжением. Если же, напротив, в основе нашей жизни лежит самоотречение, то тогда наши превентивные действия связаны с Бесконечной Силой. Как уже было сказано, подобные поступки не только идут на пользу тому, кто их совершает, но также оказывают положительное влияние на все мироздание. Выбор, жить в соответствии с трансцендентным или эгоистическим подходом, принадлежит нам.

Согласно традиции, существуют две силы, называемые *йецер а-тов* и *йецер а-ра* – доброе и дурное начало (Брахот 61а). Доброе начало – наше трансцендентное я; злое начало – эгоистичное я; иными словами речь идет о противостоянии самоотречения и эгоизма. Слово *йецер* происходит от корня *яцар*, означающего «придавать форму». Человек, существо, которое постоянно формирует себя посредством выбора, который он непрерывно осуществляет на интеллектуальном, эмоциональном и деятельном уровне.

Говоря о сотворении мира, Тора пишет, что Всевышнему понравилось дело его рук: «И увидел Бог все, что Он создал, и вот, хорошо весьма» (Берешит, 1:31). По мнению мудрецов, «хорошо весьма» относится к дурному началу. Именно эгоистические желания побуждают человека строить дом, жениться, растить детей... Когда осадок осел на дно и не смешивается с напитком, он становится идеальным консервантом для изысканного вина. Аналогичным образом, писал Виленский гаон, когда дурное начало находится внизу, в подчиненном положении, оно служит делу заселения мира. Таким образом, в то время, как на эго возложена задача сохранения и поддержание нашего существования, более глубокое должно, по мере взросления и возмужания, использовать и регулировать дурное начало, удерживая его под своим контролем. В конечном итоге, наша цель – сделать эго менее материальным и более духовным, превратив его в послушный инструмент трансцендентного.

Если же все происходит наоборот, и человек смиренно подчиняется своему эго, то, согласно законам инерции, неконтролируемый эгоизм влечет его на путь порока, заставляя совершать вредные, пагубные поступки. Если стопроцентный эгоист голоден, и у него нет средств, чтобы купить еды – он без зазрения совести украдет или сделает нечто худшее, даже за счет благополучия других людей.

Разумеется, порок не является неотъемлемым элементом эго напротив, сам человек, укрепляющий свои аморальные наклонности, необходимые для выживания, превращает их в инструменты зла. Эго не является абсолютным злом. Будучи укрощенным и став более отзывчивым к потребностям души, оно становится источником мощных энергий и генератором жизненных сил, необходимых человеку.

Другое название этого уровня нашей личности – животная душа, которая действует инстинктивно, рефлексивно и эгоистично, заботясь лишь о собственном выживании и дальнейшей экспансии. Дурное начало – сила, влекущая к эгоизму; это корыстный инстинкт, лишенный морали. Лишенное контроля, дурное начало заставляет человека рассматривать окружающий мир как набор отдельных объектов, не связанных друг с другом и независимых от Творца. Дурное начало смотрит на мир сквозь призму *цимцума* (сжатия, сокращения), и видит мир *пируда* (разделения), чьи элементы кажутся несвязанными друг с другом.

Разделение – основа существования эго. Самоощущение эго толкает его на конфликт с окружающими и даже с самим собой, ибо дальнейшее разделение укрепляет его самостоятельную идентичность. Напротив, трансцендентное доброе начало видит реальность такой, какой она является на самом деле, то есть мир *цимцум ло ке-пшуто* (в котором сокрытие божественного света произошло не буквально). За многообразием материального мира доброе начало различает единство Творца, лежащее в основе всего. Иными словами, мир доброго начала – это мир *ахдут* – взаимосвязи и абсолютного единства.

Наличие у человека доброго и злого начала служит основной причиной внутренней раздвоенности и борьбы, свойственной каждому из нас. Одна из сил призывает человека искать немедленного удовольствия. Рассматривая мир сквозь трехмерную призму, она работает с образами, то есть с сиюминутным и материальным. Напротив, вторая сила является частью Трансцендентного, и таким образом способно разом охватить всю картину, включающую прошлое, настоящее будущее и все необъятное мироздание.

Как сказано в Тании, каждый порок связан с *идолослужением* (авода зара). Идолопоклонник рассматривает отдельный объект в качестве «объекта вообще»; отдельный образ, идею или верование он принимает за всеобъемлющее целое. Каждый недостойный поступок служит удовлетворению внезапного импульса или желания, без учета того, что у каждого действия есть последствия, и что все в этом мире взаимосвязано и взаимозависимо. Кругозор человека с ограниченным сознанием сжимается до видимого в данную минуту; в этом случае нет места подлинной ответственности за себя и окружающих.

Поясним. Восприятие реальности, когда кругозор ограничен тем, что видно здесь и сейчас, а человек живет исключительно ради сиюминутных наслаждений, ни в коей мере не служит духовному росту или раскрепощению. Все обстоит прямо противоположным образом. Существуют два принципиально разных способа жить «здесь и сейчас», между которыми – «дистанция огромного размера»: жить *ради* настоящего – и жить *в* настоящем. В первом случае человек ограничивается сиюминутным, не принимая во внимание источник и последствия своих поступков; такой человек живет, не зная планирования, анализа и ответственности. Во втором случае человек рассматривает «здесь и сейчас» в качестве вечного всеобъемлющего настоящего. Он живет не ради настоящего но ради «вечного настоящего» – ради того, чтобы всецело находится в мгновении которое превышает, но также и охватывает все измерения прошлого, настоящего и будущего; ради мгновения, в котором одновременно присутствует все.

Жить в настоящем – гораздо более глубокий опыт, нежели думать только о том, что происходит здесь и сейчас. События – это содержание, происходящее в пространстве контекста «сейчас». Вечное настоящее – это вечный, бесконечный момент, включающий в себя все конечные проявления и весь конечный опыт – словом, все, что происходит в жизни.

Как уже было сказано, эго фактически держит человека в заключении, заставляя его действовать, руководствуясь ограниченным сознанием. В подобной ситуации человек стремится удовлетворить свои сиюминутные потребности. Подобное поведение действительно приносит сиюминутное удовлетворение. Эгоизм и удовлетворение эгоистических потребностей порой доставляет удовольствие, но это удовольствие мимолетно. В долговременной перспективе эта стратегия контрпродуктивна и разрушительна.

Элияту а-Коэн[10], автор *Шевет а-Мусар*, классического труда по еврейской этике, пишет, что для того, чтобы понять, каков источник наших поступков, доброе или злое начало, следует проверить наши последующие ощущения. Ощущение внутреннего мира и гармонии свидетельствует, что побудительный мотив проистекал из чистого трансцендентного источника, нашего подлинного внутреннего я. И напротив, если само действие доставило удовольствие, однако потом наступило разочарование и уныние, то это значит, что побудительный мотив проистекал из недостойного источника – нашего внешнего, поверхностного я. Это правило поможет нам понять, верны мы себе или нет; индикатором служит наше самоощущение после совершенного действия.

Помимо последствий наших поступков, а так же самоощущения после них, существует, еще один индикатор. Как говорил рабби Леви-Ицхак из Бердичева[11], следует внимательно проследить, привел ли данный поступок к тому, что мы почувствовали себя свободнее благороднее. Если это так, то значит, он стал проявлением высшей души. Если же, напротив, мы ощущаем, что стали ничтожней и ограниченнее, то это указывает на наше эго. Понимание источника наших действий существенно облегчает принятие решений.

Будучи субъективными наблюдателями, мы не можем достоверно знать, как поступать в той или иной ситуации. В отсутствие прямых

---

[10] Элияту а-Коэн (ум. 1729) – даян (религиозный судья) Измира (Османская империя), популярный проповедник. Наиболее известное сочинение, Шевет а-Мусар, было написано на ладино – разговорном языке балканских евреев.

[11] Леви Ицхак сын Меира Дербаремдикер из Бердичева (1740, Гусаков, Галиция – 1810, Бердичев) – один из крупнейших хасидских цадиков его поколения. Ученик Магида из Межерича и распространитель хасидизма на Волыни.

указаний Торы следует стремиться сделать все, что наших силах, учил Рамбан; следует забыть о личном удовольствии от действия и бездействия, и затем оценить ситуацию беспристрастно и отстраненно.

Эгоизм порождает неприязнь к каждому, кто оказался на пути к поставленной цели. Эгоизм не позволяет строить с другими людьми никаких отношений, кроме сугубо утилитарных. В конечном итоге он приводит к одиночеству и депрессии. Даже если порок не ведет к внутреннему замешательству и боли, отсутствию внутреннего мира и душевного спокойствия, он все равно ограничивает кругозор, и не позволяет в полной мере наслаждаться жизнью во всех ее проявлениях. Эгоизм лишает человека возможности взглянуть на жизнь с трансцендентной точки зрения, когда все оказывается чудесным образом взаимосвязано, и каждое создание связано со своим Творцом.

Важно отметить, что так называемое внутреннее напряжение в значительной степени является иллюзорным и созданным собственными руками. Даже эгоистический импульс, в конечном итоге, является божественным посланцем, скрывающимся во мраке (Зогар 2:163а). Предназначение эго – испытать на прочность нашу решимость жить праведной жизнью, и проверить нашу способность делать выбор в пользу добра.

Чтобы лучше понять эту идею, рассмотрим притчу, рассказанную рабби Яаковом Йосефом из Полонного[12].

Как-то раз могущественный царь, правивший всей вселенной, решил испытать преданность своих подданных. Для этого он послал своего верного слугу в разные земли, чтобы он сделал вид, будто собирается поднять мятеж. В некоторых землях жители действительно восстали, в более лояльных провинциях – оказали подстрекателю сопротивление, и тот вынужден был удалиться. Наконец, в самой мудрой провинции жители разгадали замысел своего горячо любимого правителя, догадавшись, что тот всего лишь хотел испытать их верность.

---

[12] Яков Йосеф из Полонного (1710—1784) — хасидский цадик, ученик Бешта, первым изложивший учение хасидизма в письменном виде. Большое внимание уделял молитвенной практике, которая обязательно должна сопровождаться радостным настроением, а так же субботней трапезе, в которой должны были участвовать все члены хасидской общины.

Фальшивка – вот самое точное определение дурного начала. Некоторые люди приветствуют дурное начало, и восстают против Царя, подчиняясь собственному эго. Другие считают его врагом, объявляют ему войну не на жизнь, а на смерть, и сражаются в надежде окончательно его уничтожить. Наконец, самые мудрые распознают уловку, понимая, что зло – это просто маскарадный костюм. И после того, как мы увидели настоящее лицо противника, он перестает быть нашим врагом. Если во тьме засиял яркий свет, то тьма постепенно рассеивается. Существует только то, во что мы верим. Когда мы верим нашему эго, мы наделяем его самостоятельной силой.

Вместо того, чтобы видеть в эго настоящего врага, которому необходимо сопротивляться, следует осознать, что в мире нет ничего, кроме Него. А все остальное – все трудности и внутренние конфликты – не более чем маскарадный костюм, скрывающий то, что находится внутри; стоит нам понять истину, и они растают, как дым.

С духовной, онтологической и психологической точки зрения, в мире не существует никаких самостоятельных сил. Не существует так же отдельных, независимых и автономных я. Единственное реально существующее я – «Я, Господь», которое проявляется в индивидуальных я, присущих человеческому сознанию. В мире существует только одно Высшее Я. Осознав, что только сокровенное божественное Я является подлинным я, мы сможем понять, что даже наше маленькое я, то есть эго – всего лишь второстепенный актер в пьесе под названием жизнь. Став более духовным, эго даже становится полезным для решения масштабных величественных задач.

Это понимание возникает на глубоком уровне тшувы, когда человек вновь обретает свою душу, а его сознание, прежде обманутое ложными картинами разделения и верящее в свое автономное существование, возвращается в мир Единства. При этом полного уничтожения эго не происходит, однако уничтожается и очищается ложное ощущение независимости. В результате человек осознает свою подлинную внутреннюю сущность, являющуюся ничем иным, как проявлением единства Всевышнего.

РЕЗЮМЕ: ГЛАВА 5

СТРЕМИТЬСЯ К ЕДИНСТВУ

Следует осознать, что недостойное прошлое может стать началом добродетелей достойного настоящего. С точки зрения *ихуд'а* (единства), возможно полностью освободиться от своего прошлого. Все действия или помыслы, которые отдаляют нас от собственного сокровенного я, могут стать источником еще более страстного стремления к реинтеграции, источником добра и благословения. Благодаря осознанию нашей связи с Бесконечным недостатки могут превратить в достоинства. Тем самым мы преобразуем препятствия в ступени, по которым мы сможем взойти на новый духовный уровень.

ПРАКТИКА

СЛЕДИТЕ ЗА СВОЕЙ ЖИЗНЬЮ

Записывайте то хорошее, что случается в вашей жизни. Где вы находитесь мысленно? Может быть, вы счастливы в браке, или у вас хорошая работа? Начните отслеживать события, которые позволили вам приобрести имеющиеся жизненные блага.

Допустим, у вас долгий, счастливый брак. Вспомните, как вы встретились со своей супругой (своим супругом)? Кто вас познакомил? Постарайтесь, насколько возможно, проследить этот сюжет с самого начала.

Вскоре вы поймете, что незначительное событие, случайный поступок или встреча, казавшиеся тогда маловажными, в конечном итоге радикально изменили вашу жизнь к лучшему. Вы так же увидите – то, что казалось неудачей или серьезной проблемой, и доставило вам немало неприятных переживаний, в конечном итоге оказалось источником многих жизненных благ и удовольствий.

ГЛАВА 6

ЧТО ТАКОЕ ТШУВА

Еврейское слово *тшува* обычно переводят как «раскаяние» или «покаяние». Как и во многих других случаях, этот перевод верен лишь частично. Слово тшува имеет много значений, и не вписывается целиком ни в одно из них. Невозможно передать весь спектр этих значений с помощью одного русского или английского слова, или даже целой фразы. Наиболее точным переводом будет «возвращение», «путь домой», «воссоединение», «реинтеграция». Тшува позволяет человеку снова стать человеком в подлинном смысле этого слова; жить в гармонии с самим собой и с Источником Жизни.

Если переводить слово тшува как «возвращение», то тем самым мы утверждаем, что существует место, откуда мы были изгнаны, и куда нам обязательно нужно вернуться. Что же это за место? Наше глубинное, подлинное я. Пророк говорил: «Я был в изгнании» (Иехезкиль, 1:1). Самое страшное и разрушительное изгнание – это отчуждение от своего подлинного я и сердцевины общины. Соответственно, тшува начинается в тот момент, когда мы решаем восстановить нормальные отношения со своим я.

Зогар считает, что слово тшува состоит из двух слов: *ташув* (вернись) и буквы хей (ה), обозначающей Всевышнего (Зогар 3:122a). Поняв, что означает «вернуться к хей», мы поймем, в чем состоит принципиальная разница между понятиями тшува и раскаяние. Раскаяние связано с осознанием своей ошибки, сожалением о содеянном, и желанием изменить свое поведение. Напротив, тшува – это прежде всего внутренний процесс, связанный с более глубоким осознанием божественного присутствия в этом мире. Тшува, понимаемая таким образом, в равной степени необходима праведным, достойным и благородным людям; это – бесконечный процесс возвращения к более аутентичной жизни.

Все души, заключенные в материальной оболочке, стремятся к раскаянию. Заключенная в темницу плоти и человеческого эго душа мечтает о трансцендентном, о возвращении к божественному источнику. При этом душа осознает предназначение человеческого тела, поэтому не думает о побеге из материального мира и вознесении в духовные эмпиреи. Напротив, она стремится вернуть Всевышнему заключенные в ней и в человеческой плоти искры божественного света. Она наполняет все уровни человеческой личности, используя материю в качестве инструмента актуализации бесконечных сил его божественной Сущности.

Противоположностью тшувы является «уход» – сознательное отчуждение и утрата аутентичности. В процессе тшувы исчезает неприятное ощущение, что я живу неправильной жизнью в неправильном месте, и вновь возвращается ощущение аутентичности. Вместе с тем, в начале тшувы чувство одиночества и разлада с самим собой может даже усилиться. Привести свои мысли, чувства и действия в соответствие с потребностями своего подлинного я – непростая задача. Это требует от человека глубокого анализа, осознания, а, главное, честности относительно своих внутренних желаний, намерений и потребностей. Во многих случаях их нужно отсеять от множества других желаний и требований, возникающих на разных уровнях нашей личности. необходимо Столь глубокое изучение своего я достаточно труднодостижимо, а ведь это – только первые шаги на пути домой. Однако это – основа основ.

Поскольку тшува – это возвращение домой, этот путь и каждого свой, в соответствие с уникальными характеристиками каждой конкретной личности. Поскольку двух одинаковых людей не бывает, возвращение к самому себе – уникальный опыт, соответствующий глубочайшим потребностям каждого человека. Тшува означает жить своей жизнью, в соответствии с собственным предназначением.

Разумеется, на жизненном пути можно и нужно просить у других «путников» помощи, совета, поддержки и поощрения. Однако в конечном счете у каждого свой путь. Мы можем следить за успехами и неудачами окружающих, однако наш собственный духовный рост возможен лишь в соответствии с нашими испытаниями и представлениями о комфорте. Выдержать собственное испытание может быть гораздо труднее, чем подражать другим, но это – единственный путь к нашему подлинному я. Говоря языком известной притчи, это «длинная, но короткая дорога»: длинная, поскольку в пути нас ждет множество испытаний, сомнений и одиночества, но короткая – поскольку только она ведет к цели.

Когда Всевышний впервые обратился к Аврааму, Он сказал ему *лех леха,* что можно перевести как «иди к себе» или «иди себе» (Берешит, 12:1). Авраам понял, что ему предстоит «идти себе», ради его собственного блага, и в то же время «идти к себе» – то есть предпринять одиночное путешествие в поисках своего подлинного я. Нет двух душ с одинаковым предназначением. Каждому из нас нужно найти свой путь.

Ваш путь тшувы – ваш и только ваш. Нет смысла сравнивать свой путь с путями других людей. Разумеется, жизненно необходимо найти себе крепкую общину единомышленников, духовный дом, где вам рады и где понимают, кто вы на самом деле. Если вас окружают люди, понимающие важность тшувы, вам будет легче следовать этим курсом. Тем не менее, у вашей жизни должна быть своя цель и свое предназначение; вам нужно выдержать ваши и только ваши испытания. Поэтому не нужно оценивать свои достижения, сравнивая себя с окружающее – измеряйте их вашей собственной жизненной меркой.

Тшува – возвращение домой. Правда состоит в том, что мы возвращаемся, даже когда чувствуем, что уходим. Когда человек уходит из дома, то как бы далеко он не ушел, он все равно возвращается домой. Наша жизнь циклична, а не линейна. Когда идешь по кругу, то чем дальше отходишь от исходной точки, тем быстрее вернешься обратно. Тшува – это осознание цикличности нашей жизни, поэтому тшува, как будет разъяснено далее, позволяет исправить прошлое. С точки зрения цикличности, мы все время возвращаемся домой.

Тшува в смысле «возвращение» означает, что мы возвращаемся туда, где уже жили прежде, возможно, когда были моложе. Это так же подразумевает возвращение к коллективному духовному наследию и соответствующей культурной практике. Даже не получив религиозного образования, еврей может отыскать свои духовные корни – найти традицию, о которой он ничего не знал, но к которой всегда принадлежал. Возвращение к еврейству означает возвращение к естественному, возможно, генетически заданному духовному самовыражению. Многие из тех, кто выбрали путь тшувы, описывали ощущение, будто они нашли то, что давно искали. У многих ощущение возвращения домой возникает благодаря определенному месту, общине, религиозной практике или просто более духовному подходу к жизни. Как бы то ни было, следуя этим врожденным путем, еврей может найти глубинную уникальность своей души, воссоединившись со своим подлинным я. Подобная личностная трансформация имеет космический эффект. Она оказывает позитивное влияние на все мироздание действительность, помогает исцелить мир от его многочисленных недугов и разобщенности.

Как мы уже сказали, слово тшува означает «возвращение к *хей*», то есть Всевышнему. Совершив грех (*авера*), человек покидает пределы (*овер*) своего внутреннего хей, преуменьшая и затмевая свое подлинное божественное я. В результате в мире уменьшается видимое присутствие Всевышнего. И наоборот, когда мы встаем на путь тшувы, возвращаясь к своему внутреннему хей, мы восстанавливаем внутреннюю цельность и аутентичность. Подобно упавшему, который сумел подняться на ноги, мы позволяем хей снова воссиять в этом мире.

Мудрецы говорили, что собирание осколков нашей личности приводит к преодолению разобщенности в мире, который становится более единым и совершенным (Йома 86а-б). Хаотическое состояние вселенной служит зеркальным отражением нашего внутреннего мира. Восстановление внутреннего единства приведет к восстановлению мировой гармонии; наши помыслы, слова и действия служат раскрытию божественного присутствия в пространстве и времени.

РЕЗЮМЕ: ГЛАВА 6
УНИКАЛЬНОСТЬ ВАШЕГО ПУТИ

Тшува - это возвращение к своему подлинному я, в чистое убежище, существующее глубоко в душе. Поскольку человеческие души уникальны и неповторимы, этот путь - личный и неповторимый для каждого человека. Процесс тшувы должен соответствовать глубочайшим потребностям каждого конкретного человека.

ПРАКТИКА

СОХРАНЯЙТЕ ХЛАДНОКРОВИЕ

Для того, чтобы сохранить свою индивидуальность, необходимую, чтобы идти своим собственным духовным путем, следует научиться хладнокровию (хиштавут). Хладнокровие - состояние, когда человека ничего не задевает, и он равнодушен и к похвале, и к насмешкам.

Начните жить хладнокровно. Остановитесь и задумайте: мне действительно необходимо, чтобы меня все время хвалили? Без этого я чувствую себя никому не нужным? От этого зависит мое чувство собственного достоинства? Представьте себе, что вы совершили действительно благородный поступок. Подумайте, что вы будете при этом чувствовать, и спросите себя: хотелось бы мне, чтобы мое благородство кто-нибудь увидел и оценил? Когда окружающие меня хвалят, что я при этом чувствую? Когда на меня никто не обращает внимания, что я при этом чувствую? Если никто не знает о моих добрых делах, с каким чувством я их совершаю? Насколько мне важны сами эти дела, и т.д.

ГЛАВА 7

ВОПРОСЫ И ОТВЕТЫ: СДВИНУТЬСЯ С МЕРТВОЙ ТОЧКИ

Еще один возможный перевод слова тшува – «ответ». Это означает, что сначала в нашей жизни возникает потребность, или вопрос, нуждающийся в ответе, которым и является тшува. Вопросы, порождающие необходимость в тшуве – самые важные, самые принципиальные вопросы нашей жизни. Почему жизнь такая тяжелая? Зачем существуют страдания? Одинок ли я в этом мире? Кто я? Испокон веку подобные вопросы волновали людей, заставляя их погружаться в себя в надежде получить ответы.

Идеальной реакцией на страдания является тшува – движение к цельности, внутреннему равновесию и духовной самодостаточности. Множество людей обращаются к Всевышнему в момент отчаяния. Боль, депрессия, одиночество и отчуждение заставляют многих искать чего-то большего, чем удовлетворение собственных потребностей, в качестве смысла жизни, цели и идеала. Страдания подавляют сопротивление эго, мешающее ощутить трансцендентное. Трагедия куда чаще, чем радость, подталкивает людей к духовным поискам, самоанализу и переоценке ценностей. Сколько людей открыло для себя Всевышнего в минуту отчаяния? Скольким людям падение помогло осознать, что нельзя сидеть сложа руки, и нужно срочно что-то делать?

Процесс тшувы нередко начинается благодаря желанию перемен пропорциональному масштабу катастрофы, постигшей человека. Вскоре, однако, тшува становится чем-то большим, чем своего рода коленным рефлексом. На более глубоком уровне тшува не имеет ничего общего с отчаянием – напротив, это проявление нашей подлинной самодостаточности. Тшува – здоровая реакция живого организма, готового в полной мере нести за себя ответственность.

С другой стороны, в процессе духовного роста каждому шагу предшествует пустота, то есть потребность. Это связано с тем, что каждому явлению (*еш*) предшествует состояние пустоты (*эйн*). Для того, чтобы возникло что-то новое, необходимо, чтобы уже существующее прекратило свое существование – старое должно исчезнуть, чтобы уступить место новому. Так же как семя должно сгнить в земле, чтобы дать начало новой жизни, наши прежние, застойные и вредные представления о себе должны растаять, как снег, и дать дорогу новому имиджу. Даже если этот процесс не сопровождается сильными душевными муками, возникающая в результате пустота может показаться неприятной и сбивающей с толку.

В конечном итоге, когда возникает обновленное, более возвышенное я, возникает потребность примирения с прошлым. Новая сущность (*еш*) находится в полном единстве со всеми аспектами нашей личности. С другой стороны, процесс тшувы далеко не всегда оказывается гладким поступательным движением вперед. В какой-то момент может показаться правильным просто забыть о прошлом. Однако наше подлинное желание состоит именно в примирении и воссоединении со своим прошлым. Поэтому нужно все время повышать ставки, чтобы в конечном итоге достичь полной цельности и примирения со всем своим жизненным опытом.

Позитивная реакция на все, что происходит в жизни, не означает, что человек получит ответы на все главные жизненные вопросы. Существует распространенное заблуждение, что у неверующих есть вопросы, а у настоящих верующих – ответы. Когда у человека появляется высшая жизненная цель, его жизнь чаще становится более спокойной и энергичной, однако это не означает, что все трудности исчезли как по мановению волшебной палочки. Наоборот, ощущение внутренней цельности вызывает еще более острое желание исследовать и задавать вопросы, не позволяя человеку оставаться в покое и безмятежности.

Впрочем, даже если духовные убеждения делают жизнь труднее и напряженнее, подобная жизнь оказывается гораздо более насыщенной, как в интеллектуальном, так и в эмоциональном плане. Это связано с тем, что когда у человека есть к кому обратиться со своими сомнениями и колебаниями, у него возникает гораздо больше вопросов. Природа духовного импульса тшувы такова, что чем больше мы знаем, тем отчетливей осознаем, как многого мы еще не знаем. Стоит взойти на очередную вершину, как перед нами открываются новые горизонты. Жажда познать Всевышнего и приблизиться к нему становится особенно острой с появлением новых неизведанных пространств.

Зная ответы на интересующие нас вопросы, мы ощущаем себя в безопасной зоне, соответствующей нашей физической, интеллектуальной и духовной конституции. Мы устанавливаем себе жизненные принципы и находим ответы в соответствии с ними. К примеру, некоторым людям комфортнее воспринимать смерть как долгожданный переход от примитивного телесного к возвышенному духовному существованию. Другие, напротив, полагают жизнь стимулом, побуждающим их искать смысл жизни. Однако независимо от ответов, каждого в той иной степени беспокоит вопрос «зачем мы умираем?».

Жизнь в разладе с собой, духовное изгнание (галут) – вот источник нашего постоянного беспокойства, писал рабби Цви-Элимелех из Динова[13]. Вопросы, дилеммы, загадки являются неизменным фактором человеческого существования. Если мы не чувствуем связи с высшей силой, это неизбежно порождает страх, неуверенность, чувство утраты жизненных ориентиров. В этом случае поиск ответов может оказаться безрезультатным и даже бессмысленным. Однако тшува – это «ответ» на самые запутанные вопросы.

С точки зрения тшувы, и вопрос, и ответ являются одинаково важными составляющими. Жизнь со всеми готовыми ответами, если забыты сами вопросы, на которые прозвучали эти ответы, становится

---

[13] Р. Цви-Элимелех Шапиро (1743-1841) – один из лидеров и ведущих мыслителей польского хасидизма.

механической, рутинной и бездушной. С другой стороны, жизнь, состоящая из одних вопросов, неизбежно порождает путаницу, неуверенность и двусмысленность. Поэтому нам необходимо и то, и другое.

Каждый ответ порождает новые, более глубокие вопросы; с каждой покоренной вершины открываются новые виды. Каждый тезис заключает в себе антитезис, зовущий к новому синтезу[14]; этот синтез порождает новый тезис, и так до бесконечности. Таков путь интеллектуального и духовного развития человечества: проблема – решение, проблема – решение... На личном уровне это означает, что ответы, удовлетворявшие наш разум сегодня, не будут удовлетворять его завтра.

Чтобы жизнь была творческой и насыщенность, диалектическая напряженность между вопросами и ответами должна быть постоянной. Более того, и вопросы, и ответы должны быть честными. Неотъемлемой частью любого честного ответа является осознание, что далеко не на все вопросы можно ответить, что далеко не всегда наш интеллектуальный голод будет удовлетворен. Честный ответ так же провоцирует новые вопросы.

Сами вопросы так же делятся на честные и нечестные. Честный вопрос задается ради того, чтобы исследовать неизвестное и добиться ясности. Напротив, нечестный вопрос задается, чтобы спросить; при этом у спрашивающего заранее есть готовый ответ, соответствующий его мировоззрению.

Мишна учит: «Всякий спор, который ведется во имя Небес, в конечном счете завершится, но любой спор, который ведется не во имя Небес, никогда не завершится» (Авот 5:20). В данном случае «завершится» также означает – «принесет достойные плоды». Как можно узнать, был ли задан вопрос «во имя Небес»? По плодам – если он дал «плоды» в виде достойных ответов. Вопрос считается полезным, если

---

[14] Иллюстрируя этот тезис, создатель современной диалектики немецкий философ Георг Вильгельм Гегель приводил следующий пример: античность — тезис, средневековье — это антитезис, поскольку оно отрицает античность, Новое время — синтез античности и средневековья.

он содержит в себе семена ответа. Изгнание может оказаться полезным, если приводит к тшуве.

«Спор во имя Небес» так же приносит плоды в виде единства и примирения между спрашивающим и отвечающим. К примеру, если вопрошающий – человек, а отвечающий – Всевышний, то диалектическое напряжение между вопросом и ответом лишь укрепляет связь между ними. Напротив, «спор не во имя Небес» по своей природе ведет к расколам и разделению. Подобные вопросы не заслуживают ответа, поскольку спрашивающему не нужна новая информация. Такие вопросы нужно игнорировать или отметать, не пытаясь на них ответить, поскольку честный ответ все равно не удовлетворит вопрошающего. Отвечать на подобные вопросы – только глубже погружаться в пучину изгнания.

Честные споры и дискуссии ведутся ради того, чтобы достичь более глубокого понимания, писал Хатам Софер[15]. Поэтому они служат корнями подлинного мира. Не случайно гематрия слова *махлокет* (спор) – 576, такая же, как у фазы *шалом рав* (великий мир).

На более глубоком уровне ответы на все наши вопросы заложены в нас с рождения. Когда мы утрачиваем связь со своим подлинным я, мы не можем отыскать эти внутренние ответы, и страдаем от сомнений, неопределенности и тревог. Тшува – возвращение к своему самому сокровенному я, к подлинной природе своей души. Это – точка Кетер («корона») или *эйн*, божественного небытия, источник всех противоположностей, объединяющий все возможности. В этой парадоксальной реальности возникает множество вопросов, не мешающих, однако, пребывать в состоянии внутреннего мира, гармонии и любви.

Жить в этом мире парадоксов может быть очень трудно, разве что речь идет о кратковременном переживании. Столкнувшись с напряженностью, неизбежно связанной с парадоксальностью, большинство из нас стремится поскорее вернуться к приятной ясности. Чтобы оставаться в мире парадоксов, нужно обладать недюжинной выдержкой. Символом этого мира служит окружность, все точки которой

---

[15] Хатам Софер (Моше Софер, 1762, Франкфурт-на-Майне – 1839, Прессбург, ныне Братислава) – один из идеологов современного ортодоксального иудаизма, лидер венгерского еврейства, крупный раввин и галахист.

равно удалены от центра; изгнание и избавление обладают одинаковой ценностью. Людям куда привычней линейность, то есть движение от вопроса к ответу, от изгнания к избавлению. Следует помнить, что и циркулярная, и линейная перспективы являются одновременно истинными, и в равной степени служат выражением тшувы.

Научившись не бояться парадоксов, человек попадает в потрясающий мир свободы, тшувы, божественного предназначения и жизни, полной смысла. Даже упав, он чувствует возможность подняться, и это придает ему силы и способность действовать. Тшува разгоняет темные тучи личного изгнания, и перед человеком открываются фантастические возможности – возможность изменить себя и зажить полноценной жизнью, в которой есть смысл и предназначение. Ответ очевидно следует из вопроса, избавление – за изгнанием.

РЕЗЮМЕ: ГЛАВА 7
ВСЕ ВРЕМЯ ДВИГАЙСЯ ВПЕРЕД

В окружающем мире происходят непрерывные изменения. Поэтому никогда не следует думать, что мы достигли конечной станции. Нужно все время задавать «провокационные» вопросы. Подобные вопросы неизбежны, если мы двигаемся вперед. Если мы не двигаемся вперед, то неизбежно пятимся назад. Ответ на вопрос одного уровня неизбежно порождает вопросы следующего уровня, требующих приступить к поискам новых ответов.

Не нужно испытывать неловкость, задавая вопросы. Напротив, пусть ваши вопросы укажут путь к более глубоким ответам. Даже если в ходе этого путешествия вам время от времени придется отступать, нужно помнить, что отступление может стать трамплином для нового броска вперед.

Заставляйте себя все время учить что-то новое, стремясь к новым уровням понимания. Р. Ицхак-Меир Альтер (Хидушей а-Рим) говорил, что когда он начал учиться у Коцкого ребе, последний сказал ему: «Сейчас я научу тебя, что значит быть хасидом. Хасид - этот тот, кто спрашивается себя: «почему?».

Нужно все время задавать вопросы. Когда человек перестает спрашивать, он перестает быть честным с самим собой; его жизнь - не совсем настоящая жизнь.

ПРАКТИКА

ЗАДАВАЙТЕ ВОПРОСЫ

Когда вам кажется, что вы пресытились, что все скучно и надоело – найдите способ предать себе ускорение. Задайте себе самые глубокие, самые провокационные вопросы, какие только сможете придумать. Если вам удастся на них ответить - спрашивайте дальше и дальше, пока, наконец, в вашем сознании не произойдет прорыв, и вы не достигните нового уровня понимания.

ГЛАВА 8

НАДЕЖДА
ВМЕСТО ПУСТОТЫ

Тшува требует отречься от старого мира и начать новую жизнь; это путешествие, в ходе которого прошлое исчезает за горизонтом, а на горизонте открывается настоящее. Сделать тшуву – как будто сбросить старую одежду и переодеться в новую. Семя должно утратить свою первоначальную форму, чтобы из него могло вырасти плодоносящее дерево. Любому росту предшествует период распада. До тех пор, пока мы сохраняем неизменные представления о себе и вредные привычки, мы не можем двинуться дальше.

Обычно люди испытывают душевный подъем, избавившись от устаревшего и вредного хлама, однако затем парадоксальным образом возникает чувство неуверенности и «темноты». Даже если тшува происходит успешно, порой возникает мрачное ощущение тупика, когда не видно ни выхода, ни даже света в конце туннеля. Для того, чтобы подняться, необходимо сначала спуститься в темный мир пустоты и замешательства, откуда, кажется, нет никакого выхода. Только после этого можно взойти на новый уровень самореализации, ясности и свободы.

К примеру, человек может чувствовать, что оказался в пустоте, когда старого я уже нет, а комфорта, связанного с обретением нового я – еще нет. Это связано с тем, что между двумя бытиями (*еш*) всегда существует зазор небытия (*эйн*). В состоянии небытия невозможно вернуться назад, к прежнему бытию, которое уже уничтожено, но нет и движения вперед, поскольку новое бытие еще не возникло. Не надо отчаиваться, временно оказавшись в небытие. Нужно пройти сквозь тьму, чтобы выйти к свету. И нет света ярче, чем тот, который мы видим, выйдя из тьмы.

На первом, начальном этапе тшувы человек может постоянно ощущать замешательство. Слово тшува состоит из тех же букв, что и слова *тоху ве-боху* – «безвидна и пуста»[16].

Буква *шин* в слове тшува соответствует тьме (*хошех*) – состоянию, когда человек не способен себя увидеть. Боль от утраты прошлого дополнительно способствует потере жизненных ориентиров. Часто путь к внутреннему раю проходит через внутренний ад, полный мучительных душевных терзаний. Тем не менее, именно из этой темной утробы небытия рождается свет.[17]

Более того, часто именно тогда, когда мы погружаемся в небытие, мы действительно осознаем, что способны измениться. Разумеется, желание измениться может возникнуть и в состоянии света и ясности, когда мы честно оцениваем самого себя, и понимаем, что нужно меняться. Однако гораздо чаще это происходит именно в моменты небытия, *эйн*.

Чтобы лучше понять, что такое состояние небытия (*эйн*), воспользуемся примером миквы – ритуального бассейна, наполненного «живой водой».[18] Еврей окунается в микву, чтобы вернуться в состояние ритуальной чистоты, или чтобы достичь более высокого уровня чистоты. К примеру, у некоторых хасидов есть обычай окунаться в микву перед субботой – хасид снимает будничные одежды, окунается, и затем облачается в субботнее платье.

Человек приходит в микву из желания измениться или очиститься. В тот момент, когда он исчезает в водах миквы, перед ним от-

---

[16] Так Тора описывает мир в начале сотворения мира. Целиком фраза звучит так: «В начале сотворил Бог небо и землю. Земля же была безвидна и пуста, и тьма над бездною» (Берешит, 1:1-2).

[17] См. следующий стих Торы: «И сказал Бог: да будет свет. И стал свет» (1:3).

[18] Согласно Галахе, миква должна быть наполнена водой, никогда не бывшей в сосуде – дождевой, талым снегом и т.д.

крываются бесконечные возможности. Слово миква можно перевести как «место надежды». В утробе небытия или миквы у человека появляется надежда выйти наружу изменившимся, обрести новое бытие.

Если «день» символизирует естественное, нормальное и предсказуемое, темнота и неуверенность «ночи» олицетворяет безграничные потенциальные возможности. Во мраке ночи мы не можем доподлинно увидеть, но можем поверить в невозможное и надеяться на чудо. Парадоксальным образом, когда жизнь кажется ясной и мы чувствуем, что можем предвидеть будущее, для мечты и игры воображения не остается места. Соответственно, нет и возможности для подлинного духовного роста. Только в полном мраке небытия пред нами открываются все пути.

Почувствовав себя покинутым и одиноким, запутавшимся и опустошенным, следует сознательно погрузиться в микву небытия. В этом месте мы, наконец, сможем услышать вопрос, заданный Всевышним первому человеку: *Аека* – где ты?» (Берешит, 3:9). Где ты – что ты делаешь со своей жизнью? Когда чувствуешь, что падаешь, стоит услышать призыв подняться и изменить себя.

В предыдущих главах мы переводили слово тшува как «ответ». Это не означает получить ответ от Всевышнего или понять Его действия (или кажущееся бездействие) в этом мире. Это даже не поиски разумных ответов на самые волнующие вопросы. Тшува – это наш ответ Всевышнему, подарившему нам жизнь. Нам необходимо ответить на этот внутренний призыв, бросающий нам вызов и зовущий к подлинной обновленной жизни: *Аека* – где ты, человек?».

Правильный ответ на этот вопрос неоднократно назван в Торе: «*Хинени* – вот я».[19] Я здесь и всегда готов. Таким образом, на *Аека* следует отвечать всем своим существом; этим ответом служит тот образ жизни, который мы выбираем в духовном, эмоциональном и материальном плане. Я, отвечающее на *Аека* – это наше глубинное сокровенное я, к которому и обращен этот божественный вопрос. Наш

---

[19] См. напр. Берешит, 22:1: «И было, после сих происшествий Бог искушал Авраама и сказал ему: Авраам! Он сказал: вот я».

ответ на этот вопрос, наша тшува – это проявление этого я, проявление трансцендентного аспекта образа божьего, который изначально присущ человечеству.[20]

Мидраш Раба учит: «Каждый день раздается Небесный Голос, призывающий людей к раскаянию». Небесный Голос – это центростремительная сила, позволяющее человеку осознать фрагментарность и расщепленность его личности, найти свое сокровенное я, и достичь реинтеграции и духовного пробуждения. Этот божественный голос может донестись из-за пределов нормального повседневного самоощущения, стать слышным благодаря различным психофизическим экспериментам и жизненным ситуациям, или в результате более глубокого познания. В любом случае, на призыв к тшуве следует отвечать бодро и самозабвенно.

Тшува – динамичное состояние, когда человек ежедневно становится иным. Это путешествие, которое никогда не заканчивается. Нам не суждено достичь пункта назначения, где мы будем пребывать в покое и неге. Напротив, нам предстоит оставаться в вечном движении, приобретая новый опыт и духовную зрелость.

Еврейское слово *тохора* (ритуальная чистота) связано с движением, подвижностью и изменчивостью. Напротив, слово *тум'а*, которое обычно переводят как «ритуальная нечистота», буквально означает «затычка», и намекает на жизнь в неизменном состоянии порабощения, застоя и постоянности. Именно поэтому миква должна быть резервуаром проточной, живой воды. Когда человек очищается, погружаясь в микву, он воспринимает духовные составляющие этой воды. Всегда есть стремление к чистоте, всегда остается надежда измениться к лучшему, продвинуться вперед и стать другим человеком.

В ежедневной молитве есть отрывок, который обычно переводят так: «Прости нас, Отец наш, ибо мы согрешили. Отпусти нам, Царь наш, ибо мы провинились; ведь Ты отпускаешь и прощаешь! Благо-

---

[20] См. Берешит, 1:26-27: «И сказал Бог: сотворим человека по образу Нашему [и] по подобию Нашему, и да владычествуют они над рыбами морскими, и над птицами небесными, [и над зверями,] и над скотом, и над всею землею, и над всеми гадами, пресмыкающимися по земле. И сотворил Бог человека по образу Своему, по образу Божьему сотворил его; мужчину и женщину сотворил их».

словен Ты, Господи, великий в милости и прощении». Эта просьба о прощении следует вслед за просьбой даровать нам мудрость, знание и разумение.[21] Этот порядок учит нас следующему: когда мы достигаем нового уровня мудрости и понимания, мы способны глубже и всесторонне оценить свое прошлое поведение. Это позволяет заметить мелкие несоответствия в помыслах, словах или поступках, которые прежде казались нам «чистыми». За этим следует естественная реакция – отвергнуть и осудить свои прежние поступки. Новый уровень осознания приносит с собой более глубокое понимание своего внутреннего потенциала.

Постоянное изменение к лучшему, сопровождающееся непрерывным очищением сознания, позволяет избежать падения в ловушку застойного самодовольства. Каждый новый день приносит новое восприятие и новое, более глубокое, понимание, открывающие новые возможности для изменения к лучшему. Каждый внешний и внутренний шаг приносит с собой новую надежду, что мы сможем продолжить восхождение к высшим целям. Мы обретаем надежду на светлое будущее, причем не только для нас самих, но и для всего человечества.

Грубо говоря, все люди делятся на два типа – оптимистов, полных надежды и экспектаций, и пессимистов, не надеющихся на лучшее. Тот, кто утверждает, что то, что сделано – сделано, и ничего уже нельзя изменить, в этот момент является нечестивцем (*раша*). Писание предупреждает: «Далеко от нечестивых избавление» (Тегилим, 119:155) – именно пессимизм отдаляет спасение. Напротив, тот, кто надеется на лучшее, даже когда случаются неприятности, в этот момент является праведником (*цадик*), поскольку ведет себя так, как должно. О таком человеке пророк говорил: «Так сказал Господь: храните правосудие и творите справедливость, ибо спасение Мое скоро придет и справедливость Моя проявится» (Иешаягу, 56:5). Такой человек осознает, что в любой момент у него есть возможность изме-

---

[21] Ты одаряешь человека разумом и научаешь смертного мудрости. Даруй нам от Себя знание, разум и мудрость. Благословен Ты, Господи, одаряющий разумом.

нить свою жизнь к лучшему, духовно вырасти, и тем самым приблизить свое избавление.

Каждый из нас может сделать мир лучше и для себя, и для всего человечества, если научиться четко различать чистое и нечистое, праведника и злодея.

РЕЗЮМЕ: ГЛАВА 8
БУДЬ ОПТИМИСТОМ!

Движению вперед и верх предшествует отречение от старого мира. Поэтому когда человек находится в движении, время от времени возникает ситуация, когда, как ему кажется, у него ничего не осталось. Каждому новому бытию (*еш*), новому уровню нашего существования предшествует состояние небытия и пустоты (*эйн*). Эти моменты следует рассматривать как один из этапов духовного роста – иначе мы обессилим или, хуже того, почувствуем, что безнадежно отступаем. Между тем все происходит с точностью до наоборот: часто именно в небытие человек понимает, что может изменить и измениться к лучшему.

ПРАКТИКА

ЧИТАЙТЕ!

Когда человек чувствует себя покинутым и заброшенным, лучшим лекарством может стать чтение рассказов о праведниках. Не менее важно читать о людях, сумевших выдержать много жизненных испытаний – например, рассказы о раскаявшихся грешниках, людях, переживших тяжелые болезни, войну или голод, и т.д. Подобные рассказы служат бесконечным источником оптимизма. Хотя у каждого свой путь, чтение о других «путешественниках», сумевших сокрушить тьму благодаря своей чистоте и радости, позволят вам наглядно увидеть безграничность своих внутренних возможностей. Эта несложная практика может принести колоссальную пользу, помогая вам выдержать ваши собственные испытания и двигаться дальше.

ГЛАВА 9

СТРЕМЛЕНИЕ К ЦЕЛЬНОСТИ

Тшува в смысле «ответ», «реакция» означает, что человек говорит жизни да. Это требует жить полной жизнью – быть функциональным, чувствительным и непредубежденным. Цельность – это способность использовать все свои способности и таланты в служении Всевышнему, нашему высшему я и всеобщему благу.

Тора предлагает нам наиболее оптимальный и всеобъемлющий образ жизни, позволяющий жить в гармонии с вселенной. Этот образ жизни призван синтезировать энергии, кажущиеся противоположными. Это позволяет сглаживать внутренние противоречия и делает наши поступки соответствующими нашему внутреннему я. К примеру, Тора не требует от человека пожертвовать своим «животным» началом ради духовности. Тора ставит совсем иную задачу – достичь единства двух этих начал, животного и духовного, чтобы они дополняли друг друга в процессе личностного роста. Наше стремление к чувственным наслаждениям должно быть преобразовано в желание приблизиться к Творцу.

Еврейское слово *корбан*, которое часто неверно переводят как «жертвоприношение», происходит от корня *кирув*, означающего «приближать» (Сефер а-Бахир 109). Это означает, что наша задача – не уничтожить в себе животное начало, которым якобы нужно «пожертвовать», но приблизить его к Всевышнему, используя его колоссальный потенциал в достойных целях. То, чем действительно следует пожертвовать, это объекты наших плотских желаний (недозволенная пища, запрещенные половые связи, и т.д.). Однако первичную энергию самих желаний следует использовать для духовного роста.

«Много прибыли от силы волов» (Мишлей, 14:4). Процесс тшувы набирает обороты, когда человек способен мобилизовать всю силу и энергию «волов», то есть животной души, и использовать их для получения духовной «прибыли». Человек обретает цельность, научившись контролировать весь спектр телесных желаний, и гармонизировав в настоящем весь свой предшествующий опыт. Завершив собирание своей маленькой вселенной, человек становится воплощением космического единства и Избавления.

Глагол *лашув*, от которого происходит слово тшува, так же можно перевести как «переворачивать» (как во фразе «переворачивать страницы книги»). Нам нужно перевернуть старую страницу, чтобы иметь перед собой чистый лист, с которого мы сможем начать заново. Однако отказ от прежних привычек – важное и необходимое начало – одного этого недостаточно, поскольку изменение может оказаться недостаточно глубоким. Полноценная тшува – это изменение всех внешних и внутренних аспектов человеческой личности.

Однажды молодой еврей как-то пожаловался своему учителю, рабби Симхе-Буниму из Пшиски[22]: «Я прочитал в святых книгах, что если человек не будет есть сорок дней, то он удостоится посещения пророка Элиягу. Однако я пощусь вот уже сорок дней, но пророк все не приходит и не приходит».

Задумчиво посмотрев на своего ученика, р. Симха-Буним рассказал ему такую историю:

Как известно, Исраэль Бешт владел кфицат а-дерех – мистической силой, позволяющей сокращать путь. Поэтому путешествие, для которого обычному человеку требова-

---

[22] Симха-Буним бар Цви из Пшиски (1767—1827/ гг.) - один из лидеров и наиболее интересных мыслителей польского хасидизма. Среди его ближайших учеников были такие выдающиеся хасидские лидеры следующего поколения, как р. Менахем-Мендл из Коцка (Коцкер ребе), р. Ицхак-Меир Алтер из Гуры (Хидушей Арим) и р. Ханох-Энох из Александра.

лось несколько дней, занимало у него всего несколько часов. Как-то раз Бешту понадобилось отправиться в дальний путь. Он нанял крепких лошадей и телегу, и пустился в дорогу. Лошади были опытные, и знали, что в пути будет много остановок, и что на каждом привале их покормят. К их удивлению, путешественники не нуждались в отдыхе, и проезжали одну стоянку за другой, не останавливаясь. Лошади удивлялись, почему их не кормят. Быть может, рассуждали они, нас покормят там, где будут есть люди; а раз так, то значит, мы сами стали людьми. Однако когда телега не остановилась и у корчмы, где обычно обедали путешественники, лошади решили, что, видно, они теперь даже не люди, а ангелы, не нуждающиеся в пище. Наконец Исраэль Бешт доехал, куда хотел. Лошадей отвели в конюшню, и наполнили им кормушку овсом и сеном. Разумеется, они тут же принялись это есть, как и подобает лошадям.

Просто отказавшись от пищи, – закончил р. Симха-Буним, – человек может вообразить себя ангелом, достойным посещения пророка Элияту. Однако духовный уровень человека определяется по окончанию поста, когда он снова может вкушать пищу. Если он по прежнему набрасывается на еду, как дикий зверь, это значит, что по своей природе он остался лошадью.

Поверхностные изменения затрагивают внешние уровни нашей души. Любое действие, предпринятое неосознанно и без должного чувства, останется внешним и преходящим. Серьезное значение имеют только поступки, идущие из глубины сердца, соответствующие глубинной структуре нашей личности.

Отказ от чрезмерного потребления, и даже полное воздержание от пищи, способствуют духовному росту, только если это сознательно делается ради высшей цели. Голодание ради голодания никому не нужно – бессловесный робот может с легкостью проделать то же самое.

Однажды к рабби Дов-Беру, Магиду из Межирича[23], пришел молодой человек, который принялся хвалиться своим благочестием и высоким духовным уровнем, которого он якобы достиг. В частности, он заявил, что ходит зимой в одной рубахе, а чтобы еще больше изнурить свою плоть, катается в снегу и постится по крайней мере три дня в неделю. Выслушав все это, Магид открыл окно и указал на стоявшую во дворе лошадь: «Смотри, эта лошадь тоже обходится зимой одной попоной, стоит по колено в снегу, и, поскольку ее хозяин бедняк, постится хотя бы три дня в неделю».

«Человек рождается для трудов, как искры, чтобы устремляться вверх» (Иов, 5:7). Человек обязан тяжело трудиться и двигаться вперед – в противном случае ему грозит самодовольный застой. Нашей маленькой вселенной так же присуща энтропия, влекущая человека к самодовольству. Тяжелый труд во время молитвы, самоанализа и медитации, а также безусловная решимость двигаться вперед, позволяют вернуться на путь тшувы.

Однако «труд» в данном случае не означает только работу для достижения поставленной цели. Поскольку, как уже было сказано, человек «создан» для трудов, наибольшее наслаждение и удовлетворение он получает непосредственно в процессе духовного роста (цмиха). Иначе говоря, мы созданы для того, чтобы совершить тшуву в радости – бе-симха.

Хотя человек был сотворен с врожденным стремлением к совершенству, глубинная составляющая его личности уже совершенна. Таким образом, на практическом уровне тшува – проявление тонкого равновесия между непостоянным стремление к совершенству и глубинным удовлетворением от внутреннего совершенства, присущего нам изначально. Цельность возникает в результате гармо-

---

[23] Р.Дов-Бер из Межирича (Магид из Межирича, 1704—1772) — второй лидер хасидского движения, преемник Бааль Шем-Това. В отличие от Бешта, которого истые раввины не уважали за слишком простой нрав и «неучёность», р.Дов-Бер при жизни пользовался в еврейском мире репутацией отличного талмудиста и каббалиста, что привлекало к нему массу знатоков Торы.

низации и синтеза «трудов», стремления к совершенству, радости и удовлетворению.

В определенном смысле совершенство (*шлемут*) и цельность (*шалом*), к которым мы стремимся, обретаются самим желанием их обрести. Цельность находится в самом стремлении к цельности.

Определенная часть нашего я всегда цельна, и не испытывает недостатка ни в чем, чего нельзя было найти «внутри». При этом другая часть нашей личности остается несовершенной и стремится к исправлению (*тикун*). Это безнадежное стремление к совершенству является частью его обретения. Тшува – нечто большее, позволяющее достичь осязаемых пределов и даже преодолеть их; это так же непреодолимая сила, приводящая в действие наше стремление двигаться вперед, к цельности и совершенству.

На протяжении многих веков философы спорили, что важнее, достижение поставленной цели или само желание ее достичь. Что важнее для того, чтобы жить здоровой и полной жизнью, иметь или удовлетворять свои амбиции? Является ли самоценным собственно желание достичь поставленной цели? Что важнее – цели или движение к цели?

Разница между людьми и ангелами заключается в том, что люди могут желать и иметь, говорил реб Цадок из Люблина[24]. Наличие желаний и стремлений является нашим видовым признаком, отличающим нас от ангелов. Борьба, стремления, страсти, убеждения желания являются неотъемлемой частью человеческого существования; желания сопровождают нас от колыбели до гроба. Человек может направить свои желания на более или менее достойные объекты, однако никогда не сможет совершенно от них избавиться. Нам нужно выбирать, чего мы действительно желаем, но нам никогда не избавиться от необходимости желать. Даже желание отказаться от всех желаний само по себе является желанием.

Каждое движение, неважно, вперед или назад, созидательное или разрушительное, начинается с желания. Предшественником перемен является страстное желание изменений. Это – отправная

---

[24] Р. Цадок а-Коэн Рабинович из Люблина (1823, Крейсбург – 1900, Люблин) – один из наиболее известных мыслителей польского хасидизма.

точка на пути к цельности. Если нет желания, никто не стронется с места.

Нередко страстное желание исполнить заповедь превращается в заповедь. Средство становится целью. Говоря словами мудрецов, «награда за заповедь – заповедь» (Авот 4:2). Согласно Гемаре, желание сблизиться с учителем и помогать ему полезно ученику даже в большей степени, чем само обучение у этого учителя (Брахот 7а). Желание иногда более эффективно, чем действие. Рабби Мордехай-Йосеф из Ижбицы[25] говорил: учение конечно – человек изучает определенный текст в течение определенного времени; однако стремление (*тшука*) приблизиться к Всевышнему и его Торе распространяется во всех направлениях, не зная пределов.

Стремление к истине – одно из проявлений или предназначений истины. Когда человек стремится к истине, это свидетельствует, что он сам стоит на надежной почве. Рабби Мендель из Коцка так объяснял стих: «Когда ты взыщешь там Господа, Бога твоего, то найдешь» (Дварим, 4;29): найдешь – в самих поисках. Аналогичным образом, когда Давид говорил: «Одного прошу я у Господа, этого лишь ищу» (Тегилим, 27:4), он просил у Всевышнего именно этого – возможности искать. Соответственно, его слова следует понимать так: Господи, дай мне силы и желание непрерывно искать Тебя – в любое время, в любом месте и не взирая ни на что.

Таким образом, существует два пути тшувы, то есть стремления к совершенству (*шлемут*). Первый подход – «розничный»: человек «накапливает большое количество добрых дел и достойных поступков, создающих критическую массу позитивной энергии, позволяющей достичь поставленной цели. Такой человек платит за все полную цену, и выполняет все формальности, необходимые для приобретения нужного товара. Однако поскольку жизнь изменчива, для большинства из нас это очень трудная, практически неисполнимая задача. Сколько бы ни было сделано, всегда остается ощущение, что чего-нибудь все равно не достает.

---

[25] Рабби Мордехай-Йосеф Лейнер (1801-1854) – польский хасидский лидер, ученик рабби Симхи-Бунима из Пшыски, друг и соратник Коцкого ребе, которого покинул в 1839, основав в Ижбице собственный двор.

Второй путь более соответствует нашим возможностям: нужно просто искренне, от всего сердца заявить: «Я уже целиком и полностью совершенен!». Руководствуясь этой установкой, нам все равно придется преодолевать многочисленные трудности; нам все равно предстоит долгий путь личного роста и обретения духовной зрелости. Разница заключается в том, что в этом случае человек не зависит от конечного результата своих усилий. Жизнь превращается в веселое увлекательное приключение, не имеющее конкретной цели. Это дает нам силы медленно и постепенно меняться к лучшему самому, и изменять к лучшему окружающую действительность.

РЕЗЮМЕ: ГЛАВА 9

ОСОЗНАЙ СВОЕ СОВЕРШЕНСТВО И НЕСОВЕРШЕНСТВО

Рабби Авраам Абулафия[26] говорил о «совершенном я» и «несовершенном я». В любое время одна часть нашей личности совершенна, а другая несовершенна. На глубочайшем уровне, который называют «корень души» (*шореш а-нешама*) все люди - праведники (*цадиким*), и находятся в непрерывном единстве с Творцом. Другая, видимая часть нашей личности кажется фрагментарной и несовершенной. Эта часть нашей личности постоянно стремится к недостижимой цели - достичь единства и совершенства. Вместе с тем, само стремление к цельности свидетельствует о цельности «корня души».

Нужно научиться сохранять тонкое равновесие между внутренним совершенством, пребывающим в покое, и внешним несовершенством, которое не может быть удовлетворено. При этом необходимо в определенной степени быть удовлетворенным тем, чего нам все-таки удалось достичь.

---

[26] Авраам бен Самуэль Абулафия (1240, Сарагоса – 1291, Комино, Мальта) – выдающийся еврейский мыслитель и каббалист. Абулафия признавал Рамбама (Маймонида) высочайшим религиозным авторитетом, но вопреки его рационализму, создал каббалистическую доктрину, основанную на экстатических видениях. Был сторонником поиска глубинного смысла в каждом слове или сочетании букв еврейского алфавита, а также использования и интерпретации гематрий – числовых характеристик слов. Абулафия создал учение о пророческом мистицизме – пути, с помощью которого человек может достичь расширения сознания.

ПРАКТИКА

БУДЬТЕ ЧЕСТНЫМИ

Очень важно быть честным с самим собой. Необходимо научиться четко осознавать уровень, на котором мы находимся; это касается как совершенства внутреннего я, так и стремления к совершенству внешнего я.

Предположим, что вы уже пообедали и наелись, но вам хочется отведать десерта. Хотя в том, чтобы съесть десерт, в принципе нет ничего плохого, с точки зрения своего внутреннего я вы понимаете, что этот объект вашего «вожделения» (*таава*) вам совершенно не нужен. Вы понимаете, что это просто зависимость от плотских наслаждений. Однако ваше фрагментарное внешнее я все равно требует десерта, невзирая на вредные последствия.

ГЛАВА 10

ПРИРОДА
ЖЕЛАНИЯ

Тшува – это переориентация, перенаправление нашего сознания; радикальное изменение всего существования, позволяющее по-новому взглянуть на себя и окружающую действительность. Порой тшува приводит к полному изменению идентичности. В других случаях это просто возможность стать более сознательным, сосредоточенным и хладнокровным.

Как и во всех других случаях, решение сделать тшуву может быть позитивным или же «от противного». Если человек не натворил в жизни ничего страшного, он может руководствоваться стремлением к духовному росту и более чистой, сознательной и счастливой жизни. В этом случае для того, чтобы желание совершить тшуву стало сильнее, достаточно посмотреть в зеркало и сказать: «Я хочу для себя большего, и я ожидаю от себя большего».

Фрустрация и недовольство самим собой и своей бессмысленной и пустопорожней жизнью так же может породить желание перемен. Когда человек осознает свое незавидное положение, он, естественно, начинает мечтать о том, как изменить свою жизнь к лучшему. Именно в этом состоит положительный эффект таких ощущений, как опустошенность, стыд, отчуждение от своего подлинного я и социума. Подобные ощущения возникают у человека именно для того, чтобы он изменил свое поведение к лучшему. В этом случае, для того, чтобы желание совершить тшуву стало сильнее, нужно сказать, посмотрев на себя в зеркало: «Нет, это совсем не тот человек, которого я знаю; я не хочу, чтобы люди думали, что это – я».

Многие наши современники живут с ощущением чудовищной пустоты, огромной дыры в самой сердцевине своей жизни. Эту дыру они изо всех сил стараются заполнить всем, что попадается под руку. Проблема, однако, заключается в том, что если заполнять пустоту материальными ценностями, чувство разочарования и неудовлетворенности становится только сильнее. Одни заполняют пустоту деньгами и властью, жертвуя своей жизнью ради карьеры. Другие предпочитают еду, постоянно думаю, чем и где наполнить свою утробу. В обоих случаях пустота никуда не девается; проблема не только не исчезает, но даже становится все серьезнее.

Чем больше мы пытаемся «наполнить» себя, тем более опустошенными ощущаем. Это связано с эластичностью «сосуда желаний» – чем больше мы его наполняем, тем больше увеличивается его объем. По мере расширения сосуда увеличиваются потребности и желания, а вместе с ними – ощущение, что наши аппетиты никогда не будут удовлетворены.

Очень важно понять природу потребностей и их удовлетворения в духовной перспективе. Парадокс заключается в том, что когда мы пытаемся решить проблему любыми средствами, кроме личностной трансформации, это решение будет только временным. Более того, в конечном итоге это «решение» породит еще большую пустоту, которая будет настойчиво требовать, чтобы ее заполнили. Лишь обнаружив и осознав изначально присущие нам цельность и самодостаточность (*шлемут*), мы сможем действительно удовлетворить собственные потребности.

Духовные потребности являются естественными, однако их невозможно удовлетворить с помощью материальных вещей. Желание вернуться и вновь обрести внутреннюю целостность нельзя удовлетворить внешними объектами. Это напоминает известный мидраш о бедном крестьянине, который пытался накормить принцессу, привыкшую к роскоши и наслаждениям, самой лучшей соломой, которая нашлась у него в доме. Наполнение экзистенциального вакуума материальными вещами не приносит удовлетворения. Это все равно, что пытаться исправить испорченные семейные отношения с помощью бинтов.

В надежде на спасение человек начинает менять занятия, полагая, что не то, так другое, наконец, принесет ему счастье, гармонию и душевное спокойствие. Однако, достигнув очередной цели, вместо желанного удовлетворения приходит осознание, что он снова погнался за фантомом. Нечто подобное ощущает зритель, попавший на выступление иллюзиониста. Иллюзионист прохаживается между рядами, предлагая угадать, что он сжимает в руке, утверждая, что это – именно то, чего зритель больше всего желает. Зрители начинают угадывать: одни думают, что в кулаке зажаты деньги, другие – средство удовлетворения похоти, третьи – чудодейственная таблетка от всех болезней. Наконец, иллюзионист разжимает руку – и выясняется, что там ничего нет.

«Кто любит серебро, тот не насытится серебром, и кто любит богатство, тому нет пользы от того» (Когелет, 5:9).

На иврите деньги называют *мамон*. Раби Эфраим-Шломо бар Аарон Лунчиц, автор известного комментария *Кли Якар*, заметил, что название каждой буквы, составляющих слово мамон (мем, мем, вав, нун), пишется теми же буквами: мем – мем-мем, вав – вав-вав, нун – нун-вав-нун. Это – самое наглядное свидетельство о природе денег и всех вещей, которые можно купить за деньги, включая власть и почет. Все эти вещи заканчиваются сами собой; приобретая, человек вращается в бесконечном колесе потребления, ни на йоту не двигаясь дальше. Удовлетворенное желание лишь порождает желание снова и снова ощутить тоже самое наслаждение; человек всегда желает большего, чем имеет. Устремившись в погоню за наслаждениями, человек живет, как белка в колесе – находится в непрерывном движении, и при этом решительно ничего не может изменить.

Если вы надеетесь получить удовлетворение с помощью накопления и внешних стимулов, ваши попутки изначально обречены на неудачу. Нет никаких гарантий, что того, чего вам хватает сегодня, вам будет хватать и завтра. Человеческие аппетиты безграничны, попытка их удовлетворить лишь испортит ваше восприятие реальности, требуя немедленного удовлетворения все возрастающих потребностей.

Даже кажущаяся невинной погоня за последними модными трендами, желания иметь все самые новые гаджеты, как только они появляются на рынке, являются тупиковыми направлениями. Нередко лишь на склоне дней, потратив много лет на приобретение всевозможных вещей, человек понимает, что пустота, от которой он страдал всю жизнь, имеет нематериальную природу. На самом деле это было страстное желание вновь обрести духовную цельность, призыв одуматься и сделать тшуву.

Только услышав в окружающей какофонии призыв к тшуве, человек может сделать выбор заглянуть в свою душу в поисках внутренней цельности и гармонии. Только в этом случае возможно действительно стать счастливым. Простое осознание того, кто мы есть на самом деле, приносит подлинное удовлетворение, не зависящее от того, обретем ли мы в цельность в ускользающем будущем.

Душе и телу предначертано работать в унисон. Поскольку душа служит телу источником энергии, тело может ощутить прилив духовных сил в форме острых физических ощущений. Когда душа пробуждается и чувствует потребность в обновлении, чтобы наполнить кратковременную жизнь смыслом и ощущением трансцендентности, тело так же может почувствовать, что ему остро чего-нибудь не хватает. Может случиться, что духовное пробуждение приведет к тому, что тело почувствует себя больным и разбитым. К сожалению, в подобной ситуации многие пытаются утопить духовное вдохновение в алкоголе и других наркотических средствах. Это временно снижает душевный накал, перенаправляя духовную энергию на определенный внешний объект. Поскольку этот объект и связанное с ним расслабленное состояние существуют только благодаря этой духовной подпитке, средство вскоре становится целью.

Однако если энергия распределяется и направляется правильно, тело и душа начинают действовать в унисон, и совместными усилиями приближаются к Источнику Жизни. Когда это происходит, человек ощущает внутреннюю гармонию, поскольку его желания соответствуют его истинному предназначению, а сам он живет в согласии со своей подлинной природой. Выбор всегда в наших руках: мы можем достойно воспользоваться моментом, когда в нас возникают сильные желания, или же направить эту энергию на удовлетворение телесных запросов. Что же мы выберем: трансцендентность и истинное счастье, или эгоистическую вседозволенность и неизбежное разочарование?

РЕЗЮМЕ: ГЛАВА 10
ПЕРЕНАПРАВЬ СВОИ ЖЕЛАНИЯ

Почувствовав, что жизнь пуста, большинство из нас инстинктивно пытается заполнить этот вакуум всевозможными материальными объектами. Однако попытки заполнить материей нематериальную пустоту неизбежно закончатся глубоким разочарованием. Эгоистическое удовлетворение лишь расширяет «сосуд желаний», создавая новую пустоту, которую снова необходимо чем-нибудь заполнить. Вместе с тем, каждое желание – божественного происхождения: это естественный духовный импульс к восстановлению единства (*ихуд*) и целостности. Поэтому не нужно стремиться подавить свои желания, или полностью от них избавиться (хотя в процессе тшувы избавление от желаний может быть эффективным временным решением). Тшува позволяет нам изменить контекст своих желаний, перенаправив их к Источнику Жизни.

ПРАКТИКА

МЕДИТИРУЙТЕ О СВОИХ ЖЕЛАНИЯХ

Чтобы вернуть свои желания в позитивное конструктивное русло, прежде всего, нужно отслеживать свои желания, касающиеся материальных объектов. К примеру, у вас возникло непреодолимое желание купить новую пару туфель, хотя у вас и так есть гораздо больше обуви, чем вам нужно. Поймите, что это – всего лишь тень подлинной внутренней потребности – например, потребности установить связь с Источником, благодаря ощущению красоты и новизны. Спросите себя: «Разве я не могу найти ощущение красоты и новизны в своей душе? Неужели новая пара туфель, новая книга, машина, дорогая выпивка смогут надолго меня порадовать?»

На более глубоком уровне, если вы находитесь в хорошей духовной форме, то можно проанализировать свои желания с целью отыскать их корни. Для этого сначала сильно захотите чего-нибудь материального, а затем постепенно переключите это желание с объекта, перенаправив высвободившуюся энергию в чистое, абстрактное, глубинное стремление к Бесконечному. Таким образом вы сможете преобразовать материальное желание в духовную, бесформенную энергию.

Если у вас возникло страстное желание молиться, вы можете в это время подумать о неком материальном аспекте вашей жизни, который вам особенно дорог или важен – например, своей супруге, преуспевании в жизни или даже какой-либо собственности. Поймите, что корни этих мирских желаний – стремление прилепиться к своему Создателю.

ГЛАВА 11

ВНУТРЕННИЙ ПРИЗЫВ
К ТШУВЕ

Не умолкая ни на секунду, божественный голос непрерывно призывает нас к тшуве и духовному пробуждению. Неслышный человеческому уху, этот голос ясно слышен нашей душе. Тот, кто открыл ему навстречу свое внутреннее ухо, может так же услышать эхо, звучащее в экзистенциальной пустоте, вызывающее беспокойство, чувство глубокого одиночества и недовольство своей жизнью. Время от времени этот внутренний голос звучит как громогласный крик, в котором слышится страстное стремление к свободе, или даже – как уверенный, мощный возглас клич освобождения.

Катализатором тшувы могут стать самые разные жизненные обстоятельства. У многих людей желание перемен возникает под влиянием трагических событий, взявшей за живое книги, знакомства с определенным учением или человеком, и т.д. Когда человеку удается осмыслить и усвоить определенный опыт, он становится поворотным пунктом, меняющим наш характер, и влияющим на наши поступки.

Тот, кто не любит научную фантастику, не сможет по достоинству оценить даже лучшие произведения этого жанра. Аналогичным образом, когда внешнее я очень далеко от божественного и духовного, человек будет глух к любым мудрым словам. К сожалению, некоторые из нас столь бездуховны, что даже самые проникновенные слова покажутся нам бессмысленными. Возникает вопрос – как пробудить в человеке, оказавшемся в столь тяжелой ситуации, желание совершить тшуву? Как мы уже сказали, у каждого человека есть возможность совершить тшуву в любое время. Тем не менее, необходимо понять, откуда в каждом конкретном случае придет желание сделать этот правильный выбор?

Если невозможно получить откровения из внешних умозрительных источников, оно должно возникнуть из глубины души. Рабби Дов-Бер Шнеерсон, пятый глава Хабада[27], говорил, что желание совершить тшуву возникает в глубинах подсознания, неподвластных обыденному сознанию. Эту концентрированную душевную энергию называют *йехида*, что можно перевести как «уникальность» или «единство», поскольку она находится в непрерывном и вечном единстве с Творцом. Она так же едина, поскольку находится превыше любой двойственности, разрозненности, фрагментации и дисгармонии. Поскольку *йехида* не может быть затронута никаким состоянием разобщенности, она может вытянуть нашу душу из «места» разрыва и фрагментации, и дать ей возможность жить цельной и праведной жизнью. Именно поэтому человек, прежде никогда не интересовавшийся духовными вопросами, внезапно пускается на поиски духовной жизни. Кроме того, если взрослый человек, достигший определенного уровня зрелости, так и не нашел свое жизненное предназначение, *йехида* может взять ситуацию под контроль, и направить его на путь истинный.

Воля *йехиды* идентична воле Всевышнего. Когда человек поступает вопреки божественной воле, у него возникает чувство собственной ничтожности. Это ощущение – средство, с помощью которого душа пытается побудить человека жить в соответствии с божественным планом, составленным Творцом для всего сотворенного. Чем ниже человек пал, тем более мутные и смешанные чувства он испытывает.

---

[27] Шолом-Дов-Бер (Рашаб) (1860-1920) — пятый любавичский ребе из династии Шнеерсонов. В 1897 году создал в Любавичах хасидскую иешиву «Томхей тмимим». Способствовал распространению идей хасидизма среди грузинских евреев. Способствовал освоению евреями Палестины, создав хасидскую иешиву в Хевроне. В 1915 году вынужден был покинуть Любавичи в связи с наступлением немецкой армии и переселиться в Ростов-на-Дону, где и умер.

Порой человек ощущает острое беспокойство, которое толкает его на путь тшувы. Душа, отчаянно стремящаяся вернуться к своему источнику, рано или поздно отвергнет негодные материалистические заменители. Только возвращение к божественному плану сможет ее успокоить.

Йехида играет гораздо более значительную роль, чем мы можем себе представить. На протяжении нашего путешествия у нас то и дело возникает ощущение, будто какая-то высшая сила побуждает нас совершить определенный поступок, отправиться в определенное место, или познакомиться с определенными людьми. В такие моменты мы ясно понимаем, что нас направляет сила, находящаяся за гранью наших эмоций и интеллекта. Впервые увидев человека, мы можем почувствовать к нему непреодолимую симпатию; мы можем сделать неожиданный выбор, совершенно не зная, почему, но будучи твердо уверенными, что так надо. Источником подобных предчувствий, или интуиции, безусловно является сверхрациональная сила. Эта сила – «голос» нашей души.

Во вселенной есть животворящая энергия – божественная искра, заключенная во всем сотворенном, и поддерживающая его существование. Наше коллективное исправление (*тикун*), наше жизненное предназначение и обязанность заключаются в том, чтобы обнаружить эти искры, и возвратить их божественному Источнику Жизни. На каждого человека возложена персональная миссия по исправлению мира – найти и вернуть Источнику определенные искры, к которым он чувствует особую предрасположенность.

Все наши симпатии, предпочтения, предвидения и догадки возникают в результате стремления нашей души вернуть Источнику божественные искры, заключенные в определенных объектах. Даже за телесными аппетитами стоят внутренние импульсы, толкающие человека на поиски искр в конкретных материальных объектах. Хотя во многих случаях единственный способ извлечь искру из объекта вожделения – отказаться от соответствующего объекта, наше влечение к нему служит достоверным сигналом, что наше предназначение – извлечь заключенные в нем искры. Мы так же можем чувствовать симпатия и непреодолимое влечение к некоторым людям – общаясь и взаимодействуя с ними, мы освобождаем и возвращаем Источнику и их, и свои искры.

Хотя источником тшувы часто служат глубинные подсознательные уровни нашей личности, сознательная часть нашей личности так же должна искать любую возможность сделать тшуву. Древний мидраш приводит диалог между Творцом Вселенной и народом Израиля. «Владыка мира», – говорят евреи, – «ты должен пробудить нас к раскаянию». «Вернитесь ко Мне, и Я вернусь к вам», – ответил Всевышний. Услышав это, евреи возразили: «Нет, это Ты должен нас вернуть к себе, как сказано: «Обрати нас к Тебе, Господи, и мы обратимся» (Эйха, 5:21). Даже если человек должен сделать первый шаг, он способен на это, только если прежде Всевышний даст ему силы.

Для некоторых людей тшува становится хорошо продуманным предприятием, естественным завершением болезненного самоанализа и внутренней рефлексии. В других случаях желание сделать тшуву возникает внезапно, в тот момент, когда человек не испытывает ни малейшего желания изменить свою жизнь к лучшему. В обоих случаях именно Всевышний дает нам силы сделать тшуву.

Когда желание сделать тшуву возникает внезапно, из источников, находящихся выше уровня наших прегрешений, нужно научиться использовать это трансцендентное вдохновение в повседневной жизни. Тшува окажется успешной, если человек позаботится о том, чтобы эти спонтанные выбросы энергии не пропали даром, но осветили путь, ведущий к цельной и гармоничной жизни.

Царь Давид говорил: «Господь – свет мой и спасение мое. Кого бояться мне? Господь – опора жизни моей. Кого страшиться мне?» (Тегилим, 27:1). Говоря о Всевышнем как о «свете» и «опоре», Давид имел в виду два разных проявления божественного: до и после того, как человек согрешил (Рош а-Шана 17б).

До того, как человек согрешил, вредные и разрушительные искушения – не более чем отдаленные страхи; человек живет в состоянии ясности и уверенности. Страх возникает только в результате столкновения с деструктивными силами, когда свет жизни, кажется, начинает меркнуть. В такие минуте человек нуждается «опоре» – в том, чтобы Всевышний пришел к нему на помощь и направил его на путь тшувы. Даже после того, как человек, поддавшись слабости, предался недостойной деятельности, в его распоряжении всегда остается энергия, необходимая, чтобы все исправить; Всевышний всегда готов дать ему необходимые силы.

Царь Шломо говорил: «Левая рука его у меня под головою, а правой – он обнимает меня» (Шир а-Ширим, 8:3). Когда человек встает на путь тшувы, он чувствует, что его обнимает правая, любящая рука Всевышнего. Когда он сбивается с пути, Всевышний вновь протягивает руку, чтобы поддержать, успокоить и накормить. Осознав это, человек чувствует себя в безопасности, подобно младенцу, которого родители крепко держат, не давая упасть. Более того: каждый раз, когда мы падаем, вырываясь из объятий Всевышнего, мы в то же время бросаемся обратно в Его объятья. Всевышний всегда находится рядом с нами, подхватывая нас, когда мы падаем. Его правая рука соответствует божественному милосердию (*Хесед*).

В свою очередь, левая рука символизирует божественную мощь (*Гвура*). Это – та сила, которую Всевышний дает тем, кто упал. Говоря человеческим языком, это та внутренняя сила, которая помогает не вешать нос, когда мы падаем, или уже упали. Эта сила – тоже дар Всевышнего.

Время от времени в процессе самоанализа эго становится серьезным препятствием. В такой ситуации необходимо сокрушить и даже «уничтожить» свое эго, сделав его более прозрачным – это является необходимым условием, чтобы в человеке проснулось желание совершить тшуву, и он обрел восприимчивость к внутреннему духовному свету. Тот, кому трудно вдохновиться или сохранять вдохновение, может помочь следующий образ: деревянная колода горит гораздо ярче и быстрее, если разрубить ее на части. Аналогичным образом, непроницаемое эго нужно разрушить, чтобы его охватило духовное пламя (Зогар 3:168a). После укрощения эго свет тшувы сможет наполнить и осветить все уровни нашего сознания.

Трагедии, неудачи, одиночество и отчуждение могут породить чувство собственного бессилия, способствующее смирению. В этот момент у человека могут возникнуть мысли о тшуве. Тора предвидела возможность именно такой реакции: «Когда ты будешь в скорби, и когда все это постигнет тебя в последствие времени, то обратишься к Господу, Богу твоему, и послушаешь гласа Его» (Дварим, 4:30). Когда эго рассыпается под ударами судьбы, оно перестает сопротивляться воздействию трансцендентных сил. Человек осознает, что не контролирует происходящее, ощущает себя потерянным и утратившим жизненные ориентиры, и в результате – с большей вероятностью обратится к трансцендентному Источнику Силы. Позитивный опыт, напротив, во многих случаях лишь укрепляет и усиливает эго. Когда человек доволен собой и полагает, что все под контролем, жизнь кажется прекрасной, и нет ощущение, что нужно брать во внимание существование иного, высшего порядка.

Как было неоднократно замечено, готовность поверить в существование высших сил возникает в тот момент, когда человек начинает утрачивать веру в собственное всемогущество. Человеческая природа такова, что он обращается к помощи Высших Сил в момент угрозы, нападения или поражения. Однако идеальная тшува – это тшува, совершенная из любви. Тшува из любви – позитивный жизнеутверждающий процесс, позволяющий принять и осуществить решение жить наиболее полной жизнью. Она позволяет целительным и интеграционным процессам осуществиться без больших потрясений и тяжких страданий.

Существует много уровней «тшувы из любви». На самом элементарном уровне, когда тшува сводится к раскаянию и искуплению, все начинается с осознания. Осознав и прочувствовав, в каком незавидном положении он оказался, человек с энтузиазмом приступает к тшуве, используя для этого всю энергию, которая питала его прежние прегрешения. Прежде человек страстно грешил, теперь – страстно стремится прилепиться к Всевышнему.

Согласно мидрашу, Реувен, старший сын праотца Яакова, стал первым человеком, совершившим тшуву. Хотя, как мы уже говорили, Каин сделал тшуву за много столетий до него, он раскаялся только после того, как узнал о грядущем наказании. Трагическая ситуация, в которой он оказался, подтолкнула Каина на путь тшувы. Напротив, Реувен решил совершить тшуву, осознав, что поступил неправильно;

не упреки и унижения, но осознание духовных последствий его проступка побудили его раскаяться. Именно поэтому Реувен считается тем, кто открыл врата тшувы для последующих поколений.

Здесь необходимо отметить, что законы духовного и материального мира диаметрально противоположны (по крайней мере, если мы говорим о том, как большинство неспециалистов воспринимает физические законы). Практически все люди смотрят на мир сквозь призму картезианских представлений, завязанных на измерении, точном местоположении и линейном времени. Если живущий в Нью-Йорке хочет попасть в Калифорнию, он точно знает, что окажется там, если он проедет три тысячи миль в западном направлении. Попасть из пункта А в пункт Б означает преодолеть определенное расстояние за определенное время. В духовных мирах не существует различных «мест», поэтому можно мгновенно преобразовать А в Б – достаточно лишь изменить точку зрения.

Изменить точку зрения – совсем не тоже самое, что переехать из Нью-Йорка в Калифорнию. Фактически, мы постоянно меняем точку зрения, причем, говоря языком мидраша, обычно это происходит, когда «в глазах черно, а не бело». Самый мрачный час отчаяния и бессилия может временем рождения мечты и надежды. Стоит человеку осознать, что он и только он ответственен за то, что его жизнь и жизнь других людей полна мрака, как он становится ближе к Источнику Жизни и Света.

С другой стороны, тшува, порожденная бессилием и отчаянием, часто оказывается малоэффективной и недолговечной. Когда тьма и отчаяние проходят, вместе с ними проходит и желание изменить свою жизнь к лучшему. Подобная форма тшувы по своей природе зависит от внешних обстоятельств. Более глубокая форма тшувы требует меньших усилий: в этом случае мы можем сохранить часть прежних убеждений, суждений и предпочтений, и таким образом порвать с состоянием А., объявив его состоянием Б.

Действуя с бессознательных, ограничивающих позиций, мы навязываем духовной реальности картезианские представления о пространстве и времени. Однако стоит нам встать на путь тшувы, как перед нами открываются совершенно иные перспективы. Высочайший духовный уровень, к которому мы стремимся, становится пространственно-временным контекстом нашей повседневной жизни. Парадоксальным образом, после многолетних поисков по всему свету мы обнаруживаем, что возвышенное духовное состояние находится прямо здесь, внутри нас, ожидая, когда же, наконец, мы его заметим.

РЕЗЮМЕ: ГЛАВА 11
НЕ ЗАМЫКАЙТЕСЬ

Желание совершить тшуву может возникнуть как вследствие сознательного желания перемен, так и под влиянием глубинного подсознательного голоса, или даже из совершенно неожиданного источника. Поэтому нельзя замыкаться - нужно все время вслушиваться в голос Всевышнего, призывающего нас к тшуве. Этот призыв может звучать в эпитафии, в разговорах других людей, или даже в совершенно бытовых происшествиях. Творец все время обращается к нам. Нам так же необходимо прислушиваться к внутреннему ритму своей жизни, спрашивая себя: «Что Всевышний хочет сказать мне здесь и сейчас?». Следует внимательно следить за тем, чтобы не утратить способность слышать, полностью погрузившись в пустопорожние занятия сугубо материальными вещами.

ПРАКТИКА
СЛУШАЙТЕ СВОЙ ВНУТРЕННИЙ ГОЛОС

По крайней мере в течение недели, подумайте прежде, чем лечь спать, обо всем, что произошло за день. Вспомните, что вы видели, что говорили вам другие люди. Постарайтесь понять божественное послание, зашифрованное в этих словах и событиях - послание, имеющее непосредственное отношение к вашему духовному восхождению. Пройдет время, и вы научитесь четко улавливать инструкции, которые все время посылает вам Всевышний.

ГЛАВА 12

РЕТРОАКТИВНАЯ
ТРАНСФОРМАЦИЯ

Неидеальное прошлое – неотъемлемая часть человеческой природы. У каждого были в жизни духовные, этические или нравственные ошибки. Однако эти недостатки не противоречат нашему стремлению к актуализации своего внутреннего совершенства. Когда мы спотыкаемся и падаем, наше внутреннее я требует от нас сделать тшуву, чтобы мы жили в вечном настоящем, незапятнанном, трудностями и ошибками прошлого.

Жизнь в настоящем – главный секрет тшувы. Согласно мидрашу, слово, которым Тора обозначает настоящее время, *ве-ата*, имеет непосредственное отношение к тшуве. Следует смотреть на все происходящее сквозь призму настоящего. Согласно Торе, как только человек встал на путь тшувы, запрещено напоминать ему о его постыдном прошлом (Баба Меция 58б). Этот закон касается и самого человек. С момента принятия искреннего решения совершить тшуву он должен оценивать себя в соответствии с его нынешним состоянием, без учета недостойного прошлого. Оценивать себя с точки зрения прошлого будет не только неправильно, но и неверно. Когда человек встал на путь тшувы, его прежнего больше не существует.

Тшува переносит нас в настоящее, однако ее влияние охватывает и прошлое. Тшува способна ретроактивно исправить прежние ошибки. Необратимых ошибок не существует. Тшува, совершенная из страха, превращает грехи, совершенные сознательно (*мезид*), в проступки, сделанные ненамеренно (*шогег*). Тшува из любви еще более эффективна, превращая прегрешения в заслуги (Йома 86б). Однако как можно вернуться в прошлое? То, что сделано – сделано, и будет существовать вечно. Как поступок, совершенный в настоящем, может исправить действие, совершенное в прошлом? Это очень серьезные и глубокие вопросы, на которые мы попытаемся ответить в этой и последующих главах.

Каждое действие, совершаемое человеком на протяжении всей его жизни, порождает определенную энергию, которая остается при нем навсегда. Поскольку наши действия являются внешними проявлениями нашего внутреннего мира, человек должен преобразовать свой внутренний мир – в противном случае отрицательная энергия недостойных поступков станет цепью, намертво приковавшей его к прошлому и его ошибкам.

Хотя изменение внешнего поведения очень важно, самое главное – это внутренние изменения. Встав на путь тшувы и изменив себя, мы можем заново взглянуть на свое прошлое, на этот раз с сочувствием и понимание, рассматривая прежние ошибки с учетом контекста, в котором они были совершены, и прежде всего того духовного затмения, в котором в то время находились. Эта новая перспектива влияет на настоящее и будущее, преобразуя негативную энергию в позитивную.

Тшува обладает такой властью, что она не только разделяет человека и его деяния, так что негативная энергия прошлого перестает на него влиять, но совершает гораздо более радикальные преобразования. Когда челок вглядывается в свое прошлое, писал известный средневековый философ Йосеф Альбо, все прежние прегрешения кажутся совершенными ненамеренно, по ошибке. Человек, вставший на путь тшувы, становится хозяином своего прошлого; он больше не обременен грузом прежних ошибок. Именно по этой причине Тора запрещает клеймить и калечить даже самых закоренелых грешников.

На протяжении истории во многих обществах было принято клеймить преступников. Прежние ошибки невозможно было стереть, даже если преступник раскаялся и стал другим человеком. В древнем Вавилоне за некоторые преступления отрубали руку.[28] В других культурах заключенным делали специальные татуировки, чтобы они до конца жизни считались преступниками. Грешника следовало заклеймить и предать пожизненному позору.

Тора придерживается в этом вопросе совершенно иных взглядов – подход «один раз украл – на всю жизнь вор» ей совершенно чужд. Преступнику, совершившему недостойный поступок, не нашивают на одежду бубновый туз. Вместо того, чтобы заклеймить грешника, Тора предлагает ему совершить тшуву. Более того, тому, кто решил исправиться, Тора даже пытается смягчить эмоциональную травму. Классическим примером может услужить один из законов о воровстве. Если человек украл кирпич, который использовал для строительства собственного дома, а затем раскаялся в своем поступке, ему не нужно разрушать дом, чтобы вернуть владельцу тот самый украденный кирпич. Вместо этого он может заплатить денежную компенсацию (Гитин 55а).

В Талмуде приводится рассказ о воре, который решил оставить свой преступный промысел и возвратить владельцам все, что у них украл. Услышав об этом решении, его жена заявила, что если он действительно вернет все-все-все, у него не останется ни кола, ни двора. Испугавшись такой перспективы, человек продолжил воровать. Узнав об этом случае, мудрецы постановили, что, дабы облегчить путь тшувы, не следует принимать у вора украденные вещи, которые тот хочет вернуть в качестве компенсации (Баба Кама 94б). Это по-

---

[28] См. Законы Хаммурапи: «§ 195. Если сын ударил своего отца, то ему должны отрубить руку.

§ 218. Если лекарь сделал человеку тяжелую операцию бронзовым ножом и убил этого человека или же он вскрыл бельмо (?) у человека бронзовым ножом и выколол глаз человеку, то ему должны отрубить кисть руки.

§ 226.Если цирюльник без дозволения рабовладельца сбрил рабский знак у чужого раба, то этому цирюльнику должны отрубить кисть руки.

§ 253. Если человек нанял человека для управления своим полем и доверил ему скот и обязал его договором обрабатывать поле, то если этот человек украл семена или же фураж, а это было схвачено в его руках, ему должны отрубить его руку.

становление было принято, чтобы облегчить путь раскаяния, дабы неисполнимые требования не вынуждали грешников отказаться от попытки изменить свою жизнь к лучшему.

Нет человека, у которого не было бы надежды на спасение; у каждого всегда есть возможность сделать тшуву. В каждом заложен потенциал, позволяющий нам изменить свою жизнь и стать такими, какими мы хотим себя видеть. Наглядным доказательством наличия этого потенциала служит история одного из самых известных мудрецов Талмуда Шимона бен Лакиша, известного как Реш Лакиш. Будучи в молодости разбойником, он полностью изменил свою жизнь, став одним из величайших раввинов своего времени (Баба Меция 84a). Власть тшувы распространяется на прошлое, настоящее и будущее. Тшува превращает грех в добродетель, долги в активы.

Мы воспринимаем время линейно, в контексте причинно-следственных связей – вчера всегда принадлежит прошлому, а завтра – будущему. Это естественное течение кажется однонаправленным и необратимым. Однако тшува утверждает – мы можем вернуться в прошлое, можем повернуть время вспять!

Каким образом это возможно? Легко представить, что мы сами можем измениться, но как можно изменить характер исторических событий? Чтобы ответить на этот вопрос, нужно сделать небольшой шаг назад. В Торе сказано: «Ибо заповедь эта, которую я заповедую тебе ныне, не недоступна она для тебя и не далека она» (Дварим, 30:11). Согласно комментарию Рамбана[29], мистика и кодификатора тринадцатого века, «заповедь», о которой здесь говорится – раскаяние, тшува. С этим мнение согласны многие другие комментаторы.

Другие мыслители полагали, что речь в данном случае идет обо всех заповедях. К примеру, Рамбам[30], величайший еврейский философ двенадцатого столетия, не видел в этих словах Торы никаких

---

[29] Рабби Моше бен Нахман, (Рамбан, Нахманид, 1194 – 1270) – известный талмудист и галахист, библейский экзегет, каббалист, философ, поэт и врач.

[30] Рабби Моше бен Маймон (Рамбам, Маймонид, 1135 – 1204) – крупнейший раввинистический авторитет и кодификатор Галахи, философ, ученый и врач; самый прославленный ученый послеталмудической эпохи. Наиболее известные произведения – кодекс еврейских законов Мишне Тора и философский трактат Море Невухим («Путеводитель колеблющихся»).

намеков на тшуву. Некоторые комментаторы полагают, что, по мнению Рамбама, в Торе не отдельной заповеди делать тшуву. Если человек хочет совершить тшуву, ему нужно следовать протоколу, предписанному Торой[31], однако само это действие не является заповедью. Это вызывает по меньшей мере удивление: если тшува является одним из основополагающих принципов Торы, то как это может не быть заповедью?

На это можно ответить следующее: тшува – это не столько определенное действие, сколько образ жизни и мировоззрение. Поскольку это не просто действие, она не может быть включена в категорию заповедей, то есть конкретных запретов и предписаний. Тшува связывает нас с Источником Заповедей, объяснял рабби Шнеур-Залман из Ляд[32]. Исполняя заповеди, мы следуем божественной воле, и, таким образом, устанавливаем связь с Всевышним посредством воли. Тшува, напротив, позволяет без всяких посредников, напрямую установить связь с Владыкой Желаний (*Бааль а-Рацон*), чья природа намного превосходит атрибут божественной воли.

---

[31] «В чем состоит раскаяние? Грешник оставляет свой грех, и удаляет его из мыслей, и принимает в сердце решение не совершать более греха, как сказано: «Да оставит грешник путь свой и преступный человек – замыслы свои...» (Йешаягу, 55:7). И он сожалеете совершенном, как сказано: «Ибо, одумавшись, я начал сожалеть [о содеянном] и, осознав [свою вину, я [в досаде] ударил себя по бедру, устыдился и смутился, ибо покрыл себя позором грехов юности своей» (Ирмеягу, 31:18) – и призывает в свидетели Того, Кому ведомо тайное, что никогда более не совершит этого греха, как сказа но: «Не назовем более богом нашим творение наших рук» (Хошеа,14:4). Кроме того, следует исповедаться и выразить словами все эти мысли, все решения, которые человек принял в сердце своем. Пути раскаяния таковы: раскаявшийся постоянно вопиет ко Всевышнему, слезно молит Его; раздает милостыню, насколько позволяет ему его достаток, и удаляется как можно дальше от соблазна, который ввел его в грех, и берет себе новое имя, как бы говоря этим: «Я – другой человек, не тот, кто грешил», и изменяет все свои поступки к лучшему, и идет прямым путем, и покидает свой дом – ведь скитания искупают грех, ибо приучают человека к скромности и смирению.» (Мишне Тора, Законы раскаяния 2:2,4).

[32] Рабби Шнеур-Залман бар-Барух из Ляд (Алтер Ребе — «Старый учитель», 1745, Лиозно, Речь Посполита — 1813, село Пены, Слободско-Украинской губернии, Российская империя) — раввин, каббалист, основатель и первый глава хасидского движения Хабад. Особенность философии Алтер Ребе заключается прежде всего в привнесении интеллектуального начала в традиционную хасидскую мистику Каббалы.

Чтобы понять, чем связь с Владыкой желаний отличается от связи с Его желанием, воспользуемся следующим сравнением. Представьте себе взаимоотношения матери и ребенка. Мать сказала ребенку убрать в комнате. Это требование, несомненно, полезно и самому ребенку, поскольку приучает его к ответственности и порядку. Однако, по каким-то причинам, ребенок не послушался, комната осталась неубранной, и требование матери осталось неисполненным.

Первой естественной реакцией матери будет недовольство, и она накажет ребенка – опять-таки, исключительно ради его собственного блага, чтобы научить, что любые поступки важны и имеют определенные последствия. Обиженный и расстроенный, ребенок все равно инстинктивно бросается к матери, которая заключает его в объятья.

В этот момент женщина чувствует, что слезы ребенка затронули глубочайшие струны ее души, и что ее любовь к нему гораздо сильнее, чем желание добиться послушания или даже преподать ему важный урок. Эта естественная инстинктивная любовь лежит в основе их взаимоотношений; в этот момент ребенок чувствует связь с «тем, кто желает».

Если бы ребенок послушался и убрал комнату, то поступил бы согласно родительской воле. Однако когда он в слезах бросился к матери, это позволило ему установить с ней связь на гораздо более глубоком уровне, независимом от причинно-следственной связи поступка и наказания, и даже от поступательного течения времени. Мать, крепко обнимающая ребенка, видит в этот момент его внутреннюю красоту, и даже радуется в глубине души его непослушанию. Прежний проступок стал заслугой.

Мы так же можем восстановить глубокую связь с Творцом даже после того, как разорвали связь с Его волей. Божественная любовь глубже и сильнее договорных двусторонних отношений. Всевышний не похож на замотанных родителей, отвечающих на просьбу ребенка: «Ты разве забыл, что не сделал это и это?». Напротив, Он говорит нам: «Вы – мои дети, и Я вас люблю». Встав на путь тшувы, мы восстанавливаем подлинные отношения с Владыкой Желаний, исправляя тем самым то, что произошло в прошлом.

Тем не менее, подобно ребенку в предыдущем примере, нам нужно пережить последствия своих недостойных поступков – «слезы» и наказание. Это связано с тем, что Всевышний является для нас источником жизненных сил. Когда мы сбиваемся с пути истинного, мы нарушаем течение этой живительной энергии. Когда мы заполняем свою жизнь бессмысленными размышлениями, тривиальными способами самовыражения, и, наконец, поступками, несовместимыми с нашим подлинным внутренним я, этот источник постепенно засоряется и иссякает. Растратив эту энергию на ерунду, нам необходимо восстановить свой внутренний источник вдохновения. Для этого необходимы усердные раскопки, чтобы восстановить течение чистой живительной воды, необходимой для нашего существования. Только осознав силу тшувы, неподвластной времени и воле, мы можем начать изучение внутренних механизмов действия этой силы.

В одном из мидрашей приводится рассказ о том, как поспорили Мудрость, Пророчество, Тора и сам Всевышний. Спор шел о том, как поступить с человеком, который согрешил. Мудрость привела мнение Шломо, мудрейшего из всех людей: «Грешников преследует зло, а праведникам воздается добром» (Мишлей, 13:21). Пророчество процитировало одного из величайших пророков: «Душа согрешившая да умрет» (Иехезкиль, 18:4). Тора сослалась на закон Торы: «Пусть согрешивший принесет грехоочистительную жертву, и будет очищен». И, наконец, Всевышний, подводя итог дискуссии, сказал: «Пусть тот, кто согрешил, сделает тшуву и вернется ко Мне, тогда он будет прощен» (Ялкут Шимони).

Проанализируем все четыре вышеприведенных подхода. В мире мудрости все подчинено законам причинно-следственных связей. Все, что существует, было вызвано к жизни какой-либо силой, и, в свою очередь, становится причиной чьего-либо существования. Это строго объективная, логическая космология. Любой недостойный поступок неизбежно оказывает негативное воздействие; зло всегда порождает зло. Когда мы посылаем отрицательный импульс в мире причинно-следственных связей, он неизбежно возвращается бумерангом. Поэтому мудрость утверждает, что грешника будет преследовать совершенное им зло. В мире разума и суда нет места тшуве, писал рабби Моше из Трани.[33]

Пророческое сознание руководствуется логикой, недоступной человеческому разуму. Поэтому оно утверждает, что тот, кто согрешил, будет уничтожен. Пророчество – высшая форма человеческого сознания, достигающего уровня ангелов. Пророк попадает в горний мир, неподвластный законам пространства и времени. В этом мире прошлое, настоящее и будущее сливаются в неделимое целое. В этом пророческом мире чистой духовности зло гораздо менее легитимно, чем в логическом мире причинно-следственных связей. Фактически в этом мире зло просто не существует – там все добро и все благо.

В мире ангелов не существует свободы выбора – здесь невозможно выбрать зло. Поэтому если человек сознательно или случайно совершает недостойный поступок, Пророчество решает, что он не имеет права на существование; тот, кто согрешил, должен исчезнуть и кануть в небытие. С точки зрения Пророчества, альтернативы добру не существует.

Тора была дана в мире постоянного очищения и обновления. С точки зрения Торы, человек должен жить в этом мире, и в тоже время стремиться подняться выше. Поэтому искушения и недостатки этого мира вполне понятны, а отклонения от истинного пути – возможны и легитимны. Зная, что это неизбежно, Тора заранее предлагает человеку «лекарства» – когда человек согрешил, то в качестве компенсации ему следует сделать что-нибудь хорошее, чтобы очиститься и восстановить нарушенное равновесие.

В соответствии с этим подходом, существует космическое равновесие, которое нужно поддерживать и сохранять. Когда недостатков становится больше, нужно преумножать добрые дела, чтобы восстановить равновесие. Если человек нарушил волю Творца, он должен исполнить какую-нибудь заповедь в качестве компенсации. Поэтому Тора предлагает грешнику совершить жертвоприношение (*корбан*), чтобы тем самым очиститься и восстановить духовное равновесие.

---

[33] Р. Моше бен Йосеф из Трани (Мабит; 1500–1585) – известный раввин и каббалист, автор сборника респонсов и нескольких религиозно-философских сочинений; с 1521 жил в Цфате.

Нужно совершить достойный поступок, чтобы компенсировать ущерб от прегрешения.

С точки зрения Торы, каждый грех уменьшает божественные свет, наполняющий вселенную, уменьшая животворящую энергию, без которой мир не может существовать. «Наполняющий свет» (*ор мемале*), освещающий мир изнутри, становится слабее от каждого духовно деструктивного действия. Чтобы вернуть этому свету прежнюю яркость, необходимо прибегнуть к помощи «обтекающего света» (*ор совев*) – духовной энергии, окружающей наш мир «снаружи». Жертвоприношение – один из способов установить связь с «обтекающим светом», чтобы с помощью его ресурсов восполнить недостачу «наполняющего света». В отсутствии жертвоприношений тот же эффект может быть достигнут с помощью молитвы, благотворительности и других добрых дел.

Выслушав все вышеприведенные мнения, Всевышний постановил, что тот, кто согрешил, должен сделать тшуву, и тогда он будет прощен и сможет вернуться к Нему. Иными словами, Всевышний решил, что зло может быть преобразовано в контексте божественного Единства (*ахдут*). В этом контексте прегрешение становится возможностью духовного роста и личностного развития. Тем самым тшува отбрасывает привычные представления о причинах и следствиях – чудесным образом следствием зла оказывается добро. Более того, не только следствие, но и причина становится благом; прегрешение превращается в заслугу.

Остановимся на этой радикальной доктрине подробнее. Традиционно отношения слуги и хозяина служат наглядной иллюстрацией взаимоотношений между человеком и Всевышним. Смысл этих взаимоотношений сводится к тому, что желания хозяина исполняются благодаря усердию его слуги. Хотя между хозяином и слугой может возникнуть приязнь или даже любовь, это не является непременным условием – в конечном итоге все зависит от того, сколько слуга успевает сделать, и насколько он способен удовлетворить требования своего хозяина. В тот момент, когда слуга отказывается подчиняться, отношения заканчиваются. Если слуга хочет их восстановить, он должен попросить прощения и доказать на деле свою искренность. Чтобы продемонстрировать свое раскаяние, он станет исполнять желания хозяина с особым усердием, используя любую возможность ему услужить.

Любым взаимоотношениям, не исключая любви, присуща определенная двойственность. Однако наше неотъемлемое единство с Творцом носит абсолютный характер, лишенный какой-либо двойственности. Благодаря тшуве мы можем обнаружить это безусловное единство (ахдут), осознав, что Всевышний всегда находится рядом с нами и со всеми своими творениями.

По мере того, как мы приближаемся к сердцевине человеческой души, мы постепенно преодолеваем все мнения и суждения, включая даже духовные миры, пока, наконец, не обнаружим трансцендентную чистоту, которая всегда была основой и сутью нашего существования. Наша подлинная природа чиста, не испорчена, и не затронута агрессивным характером окружающего мироздания. Даже беглого взгляда на это единство достаточно, чтобы осознать, что наше подлинное сокровенное я совершенно свободно от любых недостатков, поскольку на этом уровне силы зла не существуют и существовать не могут.

Когда человек живет жизнью тшувы, он ежедневно доказывает, что его прежние недостойные поступки ничего не говорят о том, каков он на самом деле. Мы строим отношения, независящие от наших действий. После того, как мы обнаружили неразрывную связь между нашим подлинным я и нашим Создателем, Владыкой Желаний, все наши действия начинают приносить действительную пользу, и мы обретаем способность ретроактивно преобразовывать недостатки в достоинства.

Все сказанное выше мы учим из книги пророка Шмуэля: «Ибо Бог – всеведущий Господь, и дела у Него взвешены» (Шмуэль I, 2:3). Согласно традиции, слова ве-ло (у Него) читаются и пишутся по-разному (кри у-ктив). В тексте это слово написано с алефом (לא), что означает «нет». В этом случае фраза приобретает значение «дела человеческие ничего не стоят» – иными словами, наши поступки не производят никакого эффекта в высших мирах, и имеют значение только в собственном контексте причинно-следственных связей.

Однако читается это слово так, как будто вместо алефа стоит вав (לו), что означает «у Него». Соответственно, эти слова можно понять как утверждение, что наши действия обладают влиянием и в высших, божественных мирах.

Как нетрудно догадаться, оба прочтения в равной степени легитимны. Как видно из этого стиха, существует две разновидности знания, поскольку слово «всеведущий» (*деот*) стоит в грамматической форме множественного числа. Иными словами, существует высшее и низшее знание.

Высшее и низшее знание – это разные точки зрения, разное видение того, что происходит в высших и низших мирах. С точки зрения высшего знания, которое так же называют высшим единством, горний мир – это мир *еш*, существования – единственного подлинного божественного Существования, а нижние миры – мир *эйн*, небытия, базово несуществующий мир действий и поступков. Низшее знание, именуемое низшим единством, воспринимает мир прямо противоположным образом: нижний мир действий для него – мир бытия (*еш*), конкретного и осязаемого, а божественные горние миры – мир *эйн*, небытия. Всевышний для нижнего единства – непознаваемый Источник, то есть фактически «ничто»

С точки зрения высшего единства, наши поступки не имеют никаких последствий (*ло* с алефом), поскольку сами нижние миры действия – ничто. Однако с точки зрения нижнего единства только наши действия имеют какое-либо значение и оказывают колоссальное воздействие на окружающую действительность. *Ло* с вавом означает «Ему» – наши действия реальны и даже, если так можно сказать, имеют влияние и в горних мирах, принадлежащих Всевышнему.

Поскольку, как уже было сказано, оба прочтения верны, наши действия одновременно оказывают и не оказывают влияние на окружающую действительность. Наш мир действия – это мир бытия и небытия, *еш* и *эйн*.

«*Ло* с вавом» предполагает систему награды и наказания, причины и следствия, действия и противодействия. Поскольку все наши действия реальны и значимы, Всевышний так или иначе на них реагирует. «*Ло* с алефом», напротив, означает, что система награды и наказания является естественным следствием наших поступков только в низшем, человеческом мире. В этой системе нет греха, который мог бы попасть в высшие миры, и соответственно, нет и не может быть наказания Свыше.

По своей природе Всевышний, парадоксальным образом, превыше *еш* и *эйн*, бытия и небытия. Поэтому для Него оба прочтения истины. Никакие внешние действия не влияют и не могут повлиять на Бога.[34] Но вместе с тем, Он решил, что Он будет реагировать на наши действия – наказывать за грехи и награждать за добродетели. Пребывая в мире трансцендентного негрешимого единства, Он решил отреагировать на человеческую двойственность и слабость. Таким образом, любое наказание оказывается проявлением любви, и всегда служит нашему благу.

Жизнь тшувы – это существование в гармонии со своей внутренней природой. Поэтому любые действия, нарушающие эту гармонию, неизбежно порождают естественные последствия в виде наказания, которое, однако, следует считать проявлением бесконечного божественного милосердия. Поступок, имеющий благие последствия – по определению достойный поступок. Поэтому в мире тшувы, где все действия порождают только добро, грехи становятся добродетелями. Считая все происходящее благом, мы, вместе с тем, стараемся, чтобы каждый наш шаг делал окружающий мир лучше.

---

[34] Ср. Мишне Тора, Законы основ Торы 1:11-12: «И так как уже было объяснено, что нет у Него физического тела, ясно, что нет у Него и телесных свойств. Ни соединения, ни разделения; ни места, ни измерения; ни вознесения, ни нисхождения; ни права, ни лева; ни переда, ни зада; ни сидения, ни стояния. И Он не существует во времени, чтобы у Него было начало и конец или возраст. И Он не меняется, ибо ничто не может изменить Его. И нет у Него ни смерти, ни жизни, подобной жизни живого организма; ни глупости, ни мудрости, как у мудреца; ни сна, ни пробуждения; ни гнева, ни веселья; ни радости, ни печали; ни молчания, ни речи, подобной человеческой. И так сказали мудрецы: «Нет наверху ни сидения, ни стояния, ни соединения, ни разделения» (Хагига 15а.). И поэтому все эти и им подобные слова, сказанные в Торе и у пророков,– всё это лишь образные сравнения и аллегории. Как сказано: «Сидящий в небесах смеётся» (Теѓилим 2-4); «Они гневили меня суетой своей» (Дварим, 32:21); «Как радовался Бог о вас» (Дварим, 28:63) и тому подобное. Обо всём этом сказали мудрецы: «Тора говорила языком людей». А также сказано: «Меня ли они гневят?» (Иермиягу, 7:19). Но ведь ещё сказано: «Я – Господь – не изменился» (Малахи, 3:6). А если бы Он иногда сердился, а иногда радовался,– то Он бы изменялся. Однако все эти качества есть лишь у низменных тел, которые материальны и тленны. Но Он, Благословенный, превознесён и возвышен над всем этим.

РЕЗЮМЕ: ГЛАВА 12
ОСОЗНАЙ СВОИ ДОСТОИНСТВА

Вместо того, чтобы все время думать о своих прежних проступках - вплоть до того, что вы станете чувствовать себя дурным и пропащим человеком - думайте, в первую очередь, о своих достоинствах. Зло не имеет отношение к тому, кто вы есть - в крайнем случае оно связано с тем, что вы делали в прошлом. Зло - сугубо внешний фактор по отношению к вашему чистому и непорочному внутреннему я.

ПРАКТИКА

ИЩИТЕ В СЕБЕ ХОРОШЕЕ

Доброе дело, слово и даже помысел никогда не исчезают бесследно, даже если они кажутся совершенно ничтожными. Чем больше достоинств вы у себя найдете, тем больше вы их увидите у окружающих. Поэтому думайте не о своих поступках, но о том, какой вы на самом деле, о своем подлинном внутреннем я. Осознайте, что ваша душа является частицей Источника Жизни, и что вы сами - один из лучей сверкающей божественной Доброты.

ГЛАВА 13

ПРЕОДОЛЕНИЕ ДВОЙСТВЕННОСТИ: ДЕЙСТВОВАТЬ С ПОЗИЦИИ ЕДИНСТВА

«Душа, которую Ты дал мне – чиста она» (Брахот 60б). Чистота – вот наше подлинное внутреннее состояние. Недостойные поступки подобны пятнам на одежде. Иногда эти пятна бросаются в глаза – «нечестие твое отмечено предо Мною» (Ирмиягу, 2:22). Тем не менее, пятно на одежде остается всего лишь пятном на одежде. Нечестие, учил рабби Шалом Дов-Бер – накопившаяся грязь, внешняя по отношению к нашей истинной природе. Оно несовместимо с нашим подлинным я. Это подобно колесу, вращающемуся вокруг оси. Все, что мы делаем, оставляет свой след на колесах, однако не может проникнуть внутрь колесной оси, затронуть нашу сердцевину. Ось, вокруг которой вращается колесо нашей жизни, неизменна; она не подвержена и не может быть подвержена никаким внешним влияниям.

В Гемаре рассказывается о юноше, давшем обет не жениться на некой очень достойной девушке, показавшейся ему непривлекательной. Когда об этом узнал рабби Ишмаэль, он пригласил девушку к себе, и позаботился об ее внешности. Затем он позвал юношу и спросил: «Твой обет касался *этой* женщины?». «Конечно же, нет»! – воскликнул тот, после чего рабби Ишмаэль освободил его от клятвы. Покончив с этим делом, раввин заплакал и сказал: «Дочери Израиля красивы, лишь тяготы бедности делают их непривлекательными» (Недарим 66а).

Мы обладаем столь глубокой, величественной и невообразимой врожденной духовной красотой, что никакие внешние проявления не способны передать то, что сокрыто внутри каждого из нас. Время от времени эта красота меркнет от духовной скудости – человек кажется моральным уродом, и, возможно, даже поступает соответствующим образом. Однако сила тшувы позволяет нам смыть грязь, очистится от тлетворной паутины тьмы, и в полной мере проявить свою внутреннюю красоту.

Наша душа напоминает тлеющие угли – пламя продолжает гореть, даже когда они покрыты золой. Поэтому все, что нужно, это смести золу, и сделать видимым *эш тамид* – неугасимый светильник, сияющий глубоко в душе. Сделать тшуву означает заняться духовными раскопками, чтобы извлечь из-под слоя грязи и пыли свое аутентичное я, неизменно присутствующее внутри нас.

Занимаясь самоанализом, мы можем прийти к выводу, что совершали в прошлом недостойные поступки. И тут возможны две реакции. Первая – «со мной что-то не так», и вторая – «я сделал что-то неправильное». Первый подход отсекает человека от источника жизни, порождает низкую самооценку, и вынуждает его тащить за собой весь нелегкий груз прежних ошибок. Второй, гораздо более здоровый подход, позволяет увидеть недостойные поступки, но ничего не говорит о том, кто мы «на самом деле».

По своей подлинной природе все мы чисты и трансцендентны. Недостатки остаются внешними по отношению к нашей природе, и не являются ее интегральной частью. Поэтому если мы действительно хотим избавиться от дурных качеств, сделать это достаточно просто. Для этого необходимо осознать свою подлинную природу, и действовать, исходя из этого.

Жизнь по определению не состоит из одних достижений. Последние потому и называются «достижениями», что случаются не слишком часто. Однако если мы станем активно творить добрые дела (что является свидетельством подлинной тшувы), то поймем, что заповеди больше не кажутся нам тяготами, то есть трудноисполнимыми обязанностями. Напротив, мы увидим в них стрелы любви, каждая из которых служит установлению и укреплению связи с Бесконечным. Наши поступки и образ мысли придут к подлинной гармонии с духом божественного закона, так что наши желания станут полностью соответствовать требования, которые предъявляет к нам любящий нас Творец.

Теперь мы можем осознать присущие тшуве свойства «машины времени», позволяющие нам вернуться и назад и исправить собственное прошлое. В душе каждого из нас заключена частица Бесконечного – внутренняя основа души, не знающая ограничений, и охватывающая все пространственно-временные измерения. Установив связь с Бесконечным внутри нас, начав жить в вечном неконча-ющемся Настоящем, мы приобретаем способность изменять события и поступки, имевшие место в прошлом. В состоянии бесконечности, когда прошлое уже не является прошлым, а вчера, сегодня и завтра сливаются в единое целое, мы обретаем силу полностью исправить все, что происходило в прошлом.

Тшува предшествовала сотворению мира. Она – явление более высшего порядка, нежели тот, который доступен нашим органам чувств. До недавнего времени – то есть до того, как стали известны основные постулаты квантовой физики – ученые считали, что законы природы действуют в пространственно-временном континууме, который задают абсолютное пространство и абсолютное время. В рамках этой парадигмы время рассматривалось как односторонний поток, когда прошлое принадлежит истории, настоящее происходит здесь и сейчас, а будущее еще не наступило. Законы тшувы пренебрегают нашими представлениями о времени, и действуют во вневременной реальности, где прошлое, настоящее и будущее сливаются в единое целое. Тшува переносит нас в мир, где время не является абсолютным, где можно вернуться в прошлое и исправить это самое прошлое.

Наше нынешнее мировоззрение способно изменять события прошлого. Человека, знакомого с современным научным мышлением, это не должно удивлять – достаточно вспомнить знаменитую кошку Шредингера. Шредингер вообразил ящик, в котором сидит кошка, которую мы не видим. В ящике так же находится датчик, который, будучи активирован одним единственным электроном, выпускает яд, убивающий кошку. Электроны направляются в ящик таким образом, что они могут проходить только через одно из двух отверстий. Если электрон пройдет сквозь левое, кошка останется в живых, если через правое – погибнет. Однако поскольку речь идет о квантовых реалиях, это остается неопределенным: невозможно узнать, через какое отверстие прошел электрон, пока внешний наблюдатель не откроет ящик и не заглянет внутрь. Таким образом, оба варианта остаются открытыми, поскольку электрон с одинаковой вероятностью может выбрать любое отверстие. Пока наблюдатель не отследил путь электрона, состояние остается неопределенным: кошка жива и мертва одновременно. Мы не просто не знаем, что с ней, пока не откроем ящик – сама кошка не является живой или мертвой, пока мы в этом не убедимся. В тот момент, когда мы открываем ящик, наше действие в настоящем предопределяет то, что случилось в прошлом.

Тшува – проявление иной реальности, в котором время нелинейно и течет сразу в нескольких направлениях. Это дает нам возможности, недостижимые в любом другом случае. Преодолевая течение времени, тшува рассеивает деструктивную энергию, накопившуюся в душе вследствие прежних недостойных поступков, заменяя ее здоровой конструктивной энергией. Тем самым тшува восстанавливает связь с Источником Жизни, и, соответственно, с нашим подлинным я и жизнью как целым.

Согласно общепринятым западным представлениям, течение времени линейно: то, что случилось в прошлом, создает настоящее, и содержит в себе будущее. Правило, что каждое действие вызывает реакцию, а каждая причина порождает следствие, кажется незыблемым и абсолютным. Соответственно, недостойные действия в прошлом вызывают негативные реакции в настоящем, и выхода нет. В этом жестком мире причинно-следственных связей не существует возможности сделать тшуву. Нынешний человек оказывается неизбежным следствием своего прошлого. В лучшем случае он, возможно, способен остановить реакцию, чтобы избавиться от дальнейших последствий; однако нет никакой возможности уничтожить исходную причину.

На самом деле причинно-следственная связь существует только в двойственной реальности, где есть прошлое, настоящее и будущее существуют отдельно друг от друга. Между тем, существует более глубокая истина, чем множественность – мир *ихуд*'а (единства). Тшува позволяет нам попасть в этот мир. Войдя в мир тшувы, мы оказываемся в реальности, не знающей разных времен и фрагментарного пространства. В мире *ихуд* каждый может разорвать причинно-следственные связи, путешествовать во времени в любом направлении, поскольку и прошлое, и будущее находятся здесь и сейчас, в настоящем моменте. Это мир вечного настоящего, мир постоянного исправления и переориентации.

Наше восприятие времени расширяется или сужается в соответствии с динамикой нашего самосознания. Восприятие времени является отражением нашего душевного состояния: чем лучше у вас на душе, тем быстрее оно проходит. Представьте себе, что вы сидите на диване, наслаждаясь обществом человека, которого вы действительно любите. Вы чувствуете себя свободным и непринужденным. Однако если рядом будет тот, кто вам неприятен, вы сразу почувствуете себя скованно и неуютно. В обоих случаях вы проведете на диване десять минут, однако с первым собеседником они пролетят, как одно мгновение, а со вторым – покажутся вечностью. Иными словами, время эластично – оно ускоряется и замедляется в зависимости от нашего душевного состояния.

Тшува раскрывает нам наши самые сокровенные желания, позволяя ощутить *архават а-даат* – расширение сознания. Когда мы действуем, руководствуясь глубоким внутренним единством, время не просто замедляется, но начинает испаряться и практически исчезает. Встав на путь тшувы, мы не только приобретаем способность прекратить влияние прошлого на настоящее, но радикально меняем прошлое, преобразуя недостатки в достоинства.

Согласно Гемаре, главным достоинством тшувы служит способность преобразовывать прегрешения в заслуги. Самое простое понимание этой идеи означает исправление того, кто сделал тшуву, однако не самого поступка, из-за которого ему прошлось каяться. Более глубокое прочтение позволяет говорить об исправлении самого проступка, когда прегрешение становится заповедью. Разрушительная энергия становится конструктивной, предавая деяниям прошлого совершенно другой смысл.

Тшува – элемент мира ихуд (единства), в котором мы можем достичь единства всех жизненных противоположностей; это мир диалектики, а не дихотомии. Тех, кто стремится совершить полноценную тшуву, называют *доршей йехудеха* – взыскующие единства Творца. Такой человек стремится узреть гармонию сотворенного мира, и видит в различных силах нашего мира проявление одной воли единого Творца. Диалектическим образом недостойное прошлое может стать предвестником достойного настоящего.

Тшува – основание, предшествующее всему сотворенному. Она охватывает все аспекты реальности, положительные и кажущиеся отрицательными. Глубоко в основе любого поступка лежит частичка добра. Каждую неудачу в прошлом можно рассматривать как возможность преуспеть в настоящем. В каждом испытании можно увидеть полезный урок; каждая неиспользованная возможность содержит в себе луч света, позволяющий увидеть возможность другого, лучшего, более разумного выбора.

Благодаря тшуве мы освобождаемся от пут прошлого. Независимо от того, кем мы были в прошлом, мы путаемся начать новую жизнь с чистого листа. Мы стремимся к добру, пытаемся изменить и исправить свой характер. Тем самым прегрешения становятся источником грядущих добродетелей – ведь именно наше прошлое побудило нас сделать тшуву. Опыт падения, даже самого глубокого, дает нам энергию для более стремительного взлета. Мы можем не только исцелить былые раны, но и преобразовать отрицательный опыт в живительную силу.

Для человека, покинувшего мир *пируд*'а (раздробленности и разобщенности), и оказавшегося в мире *ихуд*'а (единства), все становится возможным. Поступки и мнения, отчуждавшие и отдалявшие его от его подлинного я, становятся источником более страстного желания реинтеграции, источником множества благ и благословений.

Осознание нашей связи с Бесконечным является необходимым условием для преобразования прежних ошибок в достижения, препятствий – в ступени лестницы, ведущей нас к новым духовным вершинам. Этому осознанию во многом способствуют сами препятствия и отчуждение. Морально-нравственная деградация нередко сопровождается пробуждением совести. Недостойный поступок вызывает в душе неожиданную связь с собственным сокровенным я, которое в противном случае могло бы не проявиться. Теперь же прошлые недостатки очищаются и преобразуются в достоинства. В соответствии с духовным принципом нисхождения ради восхождения нисхождение становится этапом восхождения.

Тшува служит горнилом, в котором природная чистота очищается от грязи недостойных поступков, подобно золоту, очищаемому от примесей. Нередко недостаток оказывается тем, что нужно в данную минуту. Нечто подобное произошло с Адамом и Хавой, чье духовное падение было вызвано вкушением плодов фигового дерева. Однако впоследствии из листьев этого фигового дерева они сшили себе одежды, чтобы прикрыть свою наготу.

Тора называет грех тремя основными терминами:

1. *Хет* – непреднамеренное прегрешение.

2. *Авон* – преднамеренный грех.

3. *Пеша* – прегрешение, совершенное по злобе

Корень слова *хет* так же используется в контексте чистоты. В честности, он употребляется применительно к духовной чистоте, как, например, в стихе: «И очистились левиты и омыли одежды свои» (Бемидбар, 8:21). *Авон* – преднамеренный проступок, однако слово, состоящее из тех же букв алеф, вав и нун, может иметь прямо противоположное значение: *он*, то есть сила, как, например, в стихе: «Есть ли во мне сила помочь мне» (Гошеа 12:9). Наконец, если поменять местами две первых буквы слова *пеша*, то мы получим слово *шефа* – изобилие.

Подлинная трансформация возможна, если человек готов совершить путешествие в прошлое, чтобы разыскать то хорошее, что неизбежно присутствовало в любом недостойном деянии. Если взять совершенный проступок и перенаправить его энергию, то это запускает процесс очищения, который в конечном итоге становится источником всевозможных благ. *Хет* становится очистительным опытом, *авон* – источником внутренней силы, *пеша* – источником изобилия.

В некоторых случаях инструмент, необходимый для исполнения заповеди (*эхшер мицва*) может считаться частью самой заповеди. Это справедливо и для процесса тшувы: недостойное прошлое, отрицательный опыт становятся предпосылкой тшувы; достойное настоящее оказывается порождением недостойного прошлого, прегрешение становится частью заповеди.

Тшува создает пространство, в котором возможна полная трансформация личности. Любой опыт, любой объект или субъект содержит в себе искры Бесконечного. Каждая пылинка и каждое небесное тело содержит отблески божественного света. Для наглядности воспользуемся следующей аналогией: проделав долгий путь от своего Источника, потенциальная духовная энергия (свет) преобразуется в кинетическую. В физическом плане свет при этом ослабевает, порой становясь невидимым невооруженным глазом. Стоящая перед нами духовная задача – полностью преобразовать себя, что обнаружить эту энергию (искры Бесконечного) на всех уровнях своей личности.

На иврите этот процесс трансформации называется *тикун*. Тикун достигается посредством исполнения заповедей и добрых дел. Исполняя заповеди – предпринимая предписанные действия или воздерживаясь от запрещенных – мы расширяем свой духовный кругозор, обнаруживая рассеянные во вселенной божественные искры. Избегая недостойных поступков, мы сохраняем внутреннюю святость, необходимую для правильного восприятия реальности. И наоборот, недостойное поведение сужает наш духовный кругозор, и приводит к изгнанию и сокрытию божественных искр.

Когда человек, который вел себя недостойно, меняется и начинает жить цельной, здоровой, достойной жизнью, он делает это с пылом и жаром – «с возрастающим воодушевлением», говоря языком Зогара (1:129b). Его жизнь наполняется свежестью, все вещи кажутся новыми, все происходит как в первый раз, с восторгом и страстью. Чем дальше человек отдалился от Источника – тем сильнее его желание вернуться; чем дальше он от своей природы, от своего подлинного я – чем сильнее в нем стремление к обновлению.

Тот, кто отклонился от своего подлинного я, и хочет вернуться к себе, делает это с огромным пылом. Тот, кто побывал в безводной пустыне, гораздо острее ощущает жажду жизни. Побывав на волосок от смерти, гораздо сильнее хочется жить. Этот энтузиазм подкрепляется мощной энергией, необходимой, чтобы порвать с прошлым. Человек, вставший на путь тшувы, демонстрирует удивительную внутреннюю силу и смелость. Источником этой силы в значительной степени становится его прежний негативный опыт.

Хет становится источником жизненной силы и энергии – неслучайно числовое значение этого слова – 18, как и у слова *хай* (живой). Страстная, могучая сила, прежде служившая злу, становится силой, утверждающей жизнь и порождающей ненасытное желание творить добро.

Когда в человеке пробуждается это желание, он перенаправляет все свои энергии, и начинает жить даже более интенсивно и насыщенно, чем *цадик* (праведник) – человек, который никогда не сбивался с пути истинного. Согласно Гемаре, раскаявшийся грешник (*бааль тшува*) поднимается на духовную высоту, недостижимую даже для величайших праведников (Брахот 34б). Праведник руководствуется спокойной любовью, достигая поставленных целей без лишних рывков и метаний. Путь тшувы извилист, сопряжен с множеством трудностей и препятствий, однако он позволяет человеку «накачать» духовные мускулы. Именно эта мощь (*гвура*) в конечном итоге преобразует свет в тьму, горькое в сладкое.

В конечном итоге цадик и бааль тшува нуждаются и дополняют друг друга. Бааль тшува, раздираемый сомнениями и вопросами, обращается к праведнику, который кажется ему воплощением ответов и определенности. В свою очередь, цадик, столкнувшись с таким человеком, волей-неволей глубже заглядывает себе в душу, и вспоминает вопросы, мучившие его прежде. Вспомнив эти вопросы и зная на них ответы, праведник получает возможность почувствовать восторг, вдохновение и жажду истины, свойственные раскаявшемуся грешнику. Кстати, следует помнить, что речь необязательно идет о двух архетипах – эти подходы можно рассматривать как дополняющие друг друга проявления одной индивидуальности. В жизни каждого есть место для вопросов и ответов, определенности и неопределенности.

Только у человека, удалившегося от Источника, может возникнуть страстное желание вернуться и воссоединиться со своим подлинным я. Это напоминает маятник – чем дальше он отдалился от центральной оси, тем с большей скоростью возвращается обратно. Аналогичным образом, раскаявшийся грешник получает возможность использовать дополнительные, недоступные прежде источники душевной энергии (Тикуней Зогар). Согласно Гемаре, человек, подвергшийся искушению и не поддавшийся ему, демонстрирует способность к самоконтролю. Его голову окружает сияние, а его лицо излучает неземной свет (Раши на Сангедрин 31а).

Обнаружив в своей душе этот сокровенный источник света, раскаявшийся грешник приобретает такую способность изменить свою жизнь, что в конечном итоге становится, как внешне, так и внутренне, даже лучшим человеком, чем он мог стать, если бы не оступился. Более того, эта личная, внутренняя трансформация приводит в реинтеграции всего мироздания: даже самые разрушительные элементы становятся лучше и чище, добро, заключенное в них, становится заметнее и обретает свободу.

РЕЗЮМЕ: ГЛАВА 13

СТРЕМИСЬ К ЕДИНСТВУ

Осознай, что недостойное прошлое может содержать в себе зерна нынешних и будущих добродетелей. С точки зрения ихуд'а, возможно совершенно изменить свое недостойное прошлое. Все поступки и мысли, отдаляющие нас от своего подлинного я, могут стать источником страстного стремления к реинтеграции, источником добра и множества всевозможных благ. В тот момент, когда мы в полной мере осознаем связь с Бесконечным, недостатки можно обратить в достоинства. Тем самым мы превращаем препятствия в ступени своего духовного восхождения.

ПРАКТИКА

ОТСЛЕЖИВАЙТЕ ПРОИСХОЖДЕНИЕ

Запишите, что хорошего было в вашей жизни. Допустим, вы счастливы в браке, или у вас хорошая работа. Попробуйте вспомнить, какие события стали причиной того хорошего, что есть в вашей жизни. Например, вы счастливы в браке. Вспомните, как вы познакомились с будущей супругой (будущим супругом). Кто вас познакомил? Попытайтесь, насколько это возможно, проследить ситуацию с самого начала. Вы увидите, что незначительные происшествия и встречи, казавшиеся не имеющими никакого значения, в конечном итоге оказывались судьбоносными моментами, изменившими вашу жизнь к лучшему. Более того, во многих случаях то, что казалось проблемой или неудачей, когда, казалось, хуже уже и быть не может, в конечном итоге оказывались источником множества хороших вещей, случившихся в вашей жизни.

ГЛАВА 14

СЛОВО СТАНОВИТСЯ ДЕЛОМ

Тшува требует, чтобы человек вербализировал свое намерение отказаться от недостойного прошлого, равно как и желание изменить свою жизнь к лучшему. Это словесное выражение сожаления о прошлом называется на иврите *видуй* – исповедь. Некоторые религиозные авторитеты – например, Рамбам – полагали, что исповедь является кульминацией тшувы.[35] Согласно этому подходу, исповедь – материализация и конкретизация намерения жить по новому, начало принципиально новой жизни.

Другие религиозные мыслители (например, автор *Сефера-Хинух*[36]) считали, что исповедь побуждает человека совершить тшуву. В соот-

---

[35] См. Мишне Тора, Законы раскаяния 2:3, 5: «Сказано так: «Тот, кто исповедуется и прекращает [грешить], будет помилован» (Мишлей, 28:13). В исповеди следует рассказать о совершенном грехе, как говорится о том в Торе: «Совершил этот народ великий грех: сделал себе золотого идола» (Шмот, 32:31). Большое достоинство – каяться в своих грехах публично, рассказывать людям о своих проступках, совершенных в отношении ближних, говоря: «Грешен я перед таким-то, так-то и так-то поступил я с ним, и теперь я раскаиваюсь и сожалею об этом». Всякий, кто из гордости не рассказывает о своих грехах, скрывает их, – не достигает полного раскаяния, как сказано: «Скрывающий свои грехи не преуспеет» (Мишлей, 28:13)».

[36] «Сефер а-Хинух» — анонимный трактат XIII века, автор которого (предположительно – барселонский раввин Аарон Галеви) объясняет смысл каждой из 613 заповедей.

ветствии с этим подходом, исповедь – это начало процесса возвращения к Творцу; изложение собственных грехов рождает страстное желание измениться к лучшему.

В соответствии с каждым из этих подходов, тшува является одной из заповедей-предписаний. Однако, как мы уже говорили, некоторые полагают, что тшува – не заповедь, а естественный жизненный процесс. Когда в человеке возникает желание совершить тшуву, оно проявляется, в первую очередь, в спонтанной чистосердечной исповеди.

Как бы то ни было, все согласны, что тшува невозможна без исповеди. С чем это связано? Почему так важно вербализировать свое раскаяние и/или свое намерение, особенно если ваши слова предназначены не людям, а только Всевышнему?[37] Разве наши мысли и намерения не известны Всевышнему изначально? Каким образом вербализация облегчает, стимулирует и цементирует процесс тшувы?

Разумеется, здесь можно предложить множество различных объяснений, от аналитических и психологических до чисто мистических. Каждое из них позволяет лучше понять важность и полезность исповеди.

На самом примитивном уровне, речь предает нашим мыслям «материальную форму», делая их более ясными и последовательными. Вербализация помогает кристаллизации и структуризации внутренних помыслов, чувств и намерений. Произнесенное вслух, наше жизнеописание становится более связным. Озвучивая свои мысли, мы лучше и глубже понимаем проблему. Именно по этой причине, даже когда мы рассуждаем в полном одиночестве, рекомендуется проговаривать свои мысли вслух, чтобы лучше схватывать свои внутренние ощущения. Пока мысли существуют только у нас в голове, они остаются неясными, расплывчатыми и неструктурированными. Помещенные в «сосуд» речи, они становятся гораздо более осязаемыми.

---

[37] «Когда же человек провинился только перед Всевышним, ему не следует рассказывать о своих грехах: тот, кто поступает так, проявляет бесстыдство; но следует вернуться к Всевышнему и поведать Ему о своих преступлениях; когда же исповедуются на людях, конкретного проступка не упоминают» (Законы раскаяния 2:5).

Когда скончался рабби Иегуда, один из его учеников заявил: «Того, кто скажет, что рабби Иегуда умер, следует рассечь мечом!» (Ктубот 104а). Хотя все знали, что раввин умер, никто не мог произнести этого вслух. Ученикам казалось, что до тех пор, пока никто не озвучил страшную новость, их учитель по-прежнему жив. Аналогичным образом, первой реакцией на недобрые вести часто бывает неверие и отрицание: «Не может быть! Нет, не верю!». Порой мы даже просим – нет-нет, ничего не говорите. Нам кажется, что не озвученное – не существует. Аналогичным образом, пока нерешенная духовная проблема остается невербализованной, мы можем делать вид, что ее не существует. Поэтому когда у нас возникают духовные проблемы, о них необходимо говорить вслух.

Человек – существо, обладающее речью. Древние мыслители называли человека «разумным животным», «политическим животным»[38], «животным, умеющим изготовлять инструменты», и даже «животным, у которого есть религия». Классические еврейские философы, например, Иегуда Галеви[39], автор «Кузари», называли человека *медабер* – «говорящее существо». Речь – неотъемлемая часть человеческого существования. Это не только основное средство коммуникации, но и важнейший инструмент исследования, интерпретации и понимания внешнего и внутреннего мира. Это своего рода лингвистический детерминизм – наш язык предопределяет наш образ мысли. Слова создают мир, в котором мы живем – вербализация делает вещи более реальными.

Мир был создан речью. Согласно Торе, вселенная была сотворена десятью речениями Творца: «И сказал Бог: да будет свет. И стал свет... И сказал Бог: да будет твердь посреди воды, и да отделяет она воду от воды... И сказал Бог: да будут светила на тверди небесной...». Всевышний говорил, и мир менялся по Его слову. Это справедливо и для человеческой речи – ведь мы созданы «по образу и подобию».

---

[38] Два этих определения принадлежат Аристотелю, и приведены, соответственно, в трактатах «О душе», и «Никомахова этика».

[39] Иегуда Галеви (ок. 1075 – 1141) – средневековый еврейский поэт, философ и апологет. Наиболее известное произведение – философский трактат «Кузари», написанный в виде диалога между раввином и хазарским царем, обратившимся в иудаизм.

Речь необходима не только в процессе сотворения, но и для того, чтобы взять на себя ответственность за все, что мы создали. Маленький ребенок, пролив молоко, говорит: «Мамочка, молоко *пролилось*». Ребенок постарше опишет ситуацию иначе: «Мама, папа, *я разлил* молоко». В контексте тшувы человек должен говорить так: «Поскольку это я пролил молоко, то теперь именно я должен все убрать». Мы можем исправить свою жизнь, только если полностью возьмем на себя ответственность за все сомнительные поступки. Слова правды не дают нам отрицать очевидное – мы перестаем быть пассивными наблюдателями, ошибочно полагающими, что все, что происходит, происходит само собой, без нашего участия.

Честно говоря о самом себе, мы оказываемся лицом к лицу с истиной, которая может оказаться остаточно болезненной. Озвучивание внутренних мыслей может сделать нас более уязвимыми, но это – единственный эффективный способ пробить брешь нашего самодовольства. Когда мы забываем о ложной гордыне, искренняя чистосердечная исповедь дает нам возможность действительно изменить свою жизнь.

Одним из проявлений зрелости является способность честно говорить о своих недостатках и ошибках. Вербализация позволяет объективно взглянуть на субъективные промахи, чтобы дать им надлежащую оценку и принять ответственное решение, что с ними делать. Озвучив проблему, мы получаем возможность понять ее подлинные причины, то есть духовные недостатки, из-за которых она возникла.

«Голос порождает намерение», говорил раввин Давид Галеви (1586—1667), известный как ТаЗ. Вербализация позволяет выразить наше внутренне стремление вернуться к Источнику. Чем больше мы говорим о своих чувствах, тем более реальными они становятся. Поэтому когда мы говорим о тшуве, наше желание совершить тшуву становится сильнее. Даже если на самом деле человек не собирается менять свою жизнь, постоянные разговоры о необходимости перемен приблизят его к мысли о тшуве.

Всем нам необходима связь с Источником и другими людьми. Часто нужно потерять эту связь, чтобы понять, насколько это важно. Одно из самых разрушительных и деморализующих ощущений – чувство одиночества, возникающее в результате разрыва духовных и социальных связей. Впрочем, мы можем преодолеть ощущение самоизоляции, если проговорим свои чувства, свое нынешнее положение, и свое отчаянное желание вернуть утраченное.

Неотъемлемыми элементами речи являются собственно звуковые колебания, намерение и смысл. Даже простые звуки словесной исповеди могут приблизить нас к искомой цельности. Вслушиваясь в собственную речь, мы слышим и говорим одновременно. Тем самым при этом как бы присутствуют двое, слушающий и говорящий. В качестве говорящего мы наслаждаемся присутствием сочувствующего друга, не склонного судить других, и готового молча выслушать все, что вы скажете. В свою очередь, в качестве сопереживающего молчаливого слушателя вы можете исцелить говорящего от чувства глубокого одиночества, дав ему ощущение присутствия «другого». Мудрецы советовали попавшему в беду излить душу другу (Сота 42б). Человек может почувствовать облегчение, просто поговорив с кем-нибудь, кто готов его выслушать. Это позволяет понять, что человек никогда не бывает совсем один.

Еще большее облегчение приносит осознание, что рядом с нами всегда находится величайший Слушатель – Всевышний, преисполненный милосердия и сострадания. Открывшись и излив свою душу Создателю, мы создаем новый канал божественной любви, по которому она потечет к нам, пока не наполнит нашу жизнь до краев.

На протяжении веков философы, мистики и кодификаторы еврейских законов в один голос призывали нас спонтанно и искренне обращаться к Создателю. По их словам, разговор с Всевышним имеет огромную ценность. В этот момент человек подобен маленькому ребенку, бесхитростно обращающемуся к родителям, или взрослому, поверяющему свои чувства самому близкому и надежному другу. Когда мы изливаем душу перед Творцом, перед нами открываются новые горизонты и жизненные возможности. Это дает нам силы преодолевать повседневные трудности. Естественные, искренние слова особенно полезны тому, кто идет путем тшувы в поисках высшей духовной цельности.

Рабби Нахман из Брацлава[40] изложил цельное и последовательное духовное учение и практику неформального обращения к Творцу. Эти молитвы он назвал *итбодедут* – уединение с Создателем. Это – простейшая вербальная форма медитации, нередко совершаемой на лоне природы, или, по крайней мере, в уединенной комнате или во время одиночной прогулки. В ходе *итбодедут* человек простым повседневным языком изливает Творцу свою душу, свободно говоря обо всем, что приходит в голову. Ни одна проблема не может считаться незначительной и тривиальной, чтобы ее нельзя было включить в диалог с божественным Другом.

Рабби Нахман как-то сказал, что нужно молиться Всевышнему даже об оторванной пуговице. Когда человек свободно обращается к Всевышнему по поводу обыденных повседневные вещей, он с удивлением замечает, какие глубокие вопросы выходят на свет из глубин его подсознания – вопросы, возникающие для того, чтобы получить на них ответы. Подобная практика холистической связи с Создателем не предназначена стать заменой обязательных молитв. Она нужна для того, чтобы построить более всеобъемлющие отношения со своим внутренним я и с Создателем. Это – воплощение личной молитвы.

«Обратись, Израиль, к Господу, Богу своему», – призывал пророк Гошеа. Этот стих, в том числе, означает следующее: иди путем тшувы, пока не сможешь назвать Всевышнего своим Богом. Магид из Кожниц[41] объяснял: возвращайся до тех пор, пока не почувствуешь, что можешь говорить с Всевышним как с близким другом. Спонтанные обращения могут подготовить почву для последующих встреч. Общение, основанное на честности с самим собой и с окружающими, ведет к большей близости и доверию. Когда мы говорим искренне, это очень способствует духовному сближению с Источником. Мы поймем, что можем поделиться с Ним всеми заботами, беспокойствами

---

[40] Нахман из Брацлава (аббревиатура Мохаран от морену ха-рав Нахман – «наш учитель рабби Нахман»; 1772, Меджибож, – 1810, Умань), один из духовных вождей хасидизма на Украине, основатель его брацлавского течения. Правнук Исраэля бен Элиэзера Бааль Шем-Това (Бешта) с материнской стороны.

[41] Рабби Исраэль бар Шабатай Офштейн (Магид из Кожниц, /1736–1814 гг.) – выдающийся праведник, один из духовных лидеров польского хасидизма.

и страхами. Только полная открытость и искренность позволят нам непринужденно чувствовать себя с Создателем.

Когда мы на словах описываем обстоятельства, которые держат нас в ловушке, соответствующие негативные энергии рассеиваются в пространстве. В результате постепенно исчезают верования и поступки, мешающие нам жить полной жизнью.

Вербализация своих мыслей – хороший способ понять, кто мы есть и как мы рассуждаем. Это не попытка воспроизвести события в памяти, но материализация образов, создание для них специальных «сосудов». «Сосуд» позволяет говорящему осознать свою власть над принадлежащим ему объектом. Взяв ситуацию под контроль, мы можем направлять ее в нужном нам направлении. Проблема становится решаемой. До того, как мощный поток энергии получил свое имя, он может казаться непреодолимым и даже опасным. Высказавшись об этом, мы не пытаемся подчинить внешнюю силу, но успокаиваем свои мысли, чтобы найти эффективное решение внешней проблемы.

Нас постоянно преследуют и удерживают неосуществленные фантазии. Трудно забыть желания, укорененные глубоко в подсознании. Словесная исповедь делает их конкретными, а после этого от них уже можно избавиться и забыть навсегда. И наоборот, невозможно забыть том, что мы едва помним.

Пока желание не обрело конкретные формы, оно остается латентной тенденцией, от которой очень трудно избавиться усилием воли. Однако если желание удалось облечь в слова, с ним можно серьезно работать, и, соответственно, от него можно избавиться. Существует известное психосоматическое правило: правда, сказанная о чем-то с должными намерениями, рассеивает его негативную энергию. Если говорить языком тшувы, правда избавляет от стыда и чувства вины. Когда человеку стыдно, и он честно в этом признается, исповедь избавляет его от этого неприятного чувства. Разумеется, все должно быть сказано так, чтобы пролить свет на совершенный поступок, и тем самым освободиться от его негативных последствий.

Существует много способов избавиться от застарелых, глубоко укоренившихся отрицательных энергий. Однако самый простой из них – перестать делать вид, что их не существует. Нужно признаться в своих чувствах, честно сказать, что проступки имели место, и принять твердое решение сделать тшуву.

Когда мы отрицаем или пытаемся подавить определенную энергию, когда ошибки и недостатки заметаются под ковер, они неизбежно выплывут наружу и проявятся, возможно, гораздо сильнее, чем изначально. Спрятаться от проблемы не означает избавиться от проблемы. Выпустив на поверхность свои неприятные воспоминания, мы получаем возможность от них избавиться. Поэтому – исповедуйтесь, смело говоря о своих недостатках милостивому и милосердному Владыке Вселенной. Тем самым вы сможете заслужить прощение и простить других, избавиться от застарелых травм, а зажить своей собственной жизнью.

РЕЗЮМЕ: ГЛАВА 14
ИСПОВЕДУЙТЕСЬ

Наши внутренние помыслы могут быть расплывчаты. Вербализация делает их более конкретными. Когда они становятся более конкретными, их можно изменить. Поэтому если вы чувствуете желание изменить свою жизнь к лучшему, описывайте свои ощущения словами. Расскажите о своих чувствах божественному Другу, который всегда находится рядом.

ПРАКТИКА
УТВЕРЖДАЙТЕ

Регулярно повторяйте слова, которые мы произносим в утренней молитве: «Бог мой! Душа, которую Ты даровал мне, чиста».

Если вы хотите очистить голову от нежелательных мыслей, трижды повторите следующую формулу: «Сердце чистое сотвори для меня, Боже, и дух твердый обнови внутри меня» (Тегилим, 51:12). Приучите себя регулярно произносить позитивные мотиваторы. Это даст вам силы преодолеть свои недостатки.

Общаясь с другими или говоря с самим собой, следует внимательно следить за своими словами. Заметив, что вы пытаетесь втоптать себя в грязь, говоря себе: «Я - конченый человек», «Я - лентяй и неумеха», и т.д., попробуйте сформулировать это иначе: «Я ленился и действовал неумело». Это - первый шаг тшувы: признать и четко обозначить свои недостатки, не ставя знак равенства между собой и своим поступком. Тем самым вы зададите своей тшуве правильную траекторию, заявив: «На самом деле я человек хороший; на самом деле я человек упорный и компетентный; на самом деле у меня есть внутренние ресурсы изменить свою жизнь к лучшему».

ГЛАВА 15

ОЧИЩЕНИЕ ТРЕХ ОДЕЯНИЙ: ПОМЫСЛОВ, РЕЧИ И ДЕЙСТВИЯ

Мы значимы, и наши поступки тоже значимы. От наших действий зависит возрастание или убывание коллективной духовной энергии мироздания. Каждый человек обладает огромной ценностью, и оказывает колоссальное влияние на окружающую действительность. Каждый поступок вызывает волну, которая распространяется по всей вселенной. Когда человек совершает что-либо недостойное, возникает разрушительная вибрация, которая ощущается как на духовном, так и на физическом уровне, расшатывая саму структуру мироздания. Чтобы нейтрализовать этот деструктивный эффект, необходимо создать позитивную вибрацию, то есть проявить цельность и доброту.

Высказанное намерение сделать тшуву искупает прежние грехи, и восстанавливает духовный баланс вселенной. Каждое доброе дело порождает «чистого ангела» – положительную вибрацию, наполняющую мир животворящей энергией. И наоборот, каждый грех порождает «нечистого ангела», который, в свою очередь, создает условия для все новых грехов и нечестивых поступков. Тшува – уничтожение этих неблагоприятных условие, очищение мира от духовной скверны, выработка конструктивной, жизнеутверждающей энергии.

Ангельские энергии, порождаемые нашими помыслами и поступками, называют в соответствии с породившими их деяниями. К примеру, если человек солгал, на свет появляется духовная сущность *Шакран* (Лжец) – жизненная сила, возникающая из сочетания букв, образующих слово *шекер* («ложь»). Чтобы сокрушить эту силу, необходимо уничтожить ее источник. Для этого нужно озвучить свое сожаление о случившемся и твердое намерение никогда больше не лгать. Тогда буквы, образующие слово *шекер*, распадутся, а вместе с тем исчезнет и созданная ими жизненная сила.

В распоряжении души есть три инструмента, или способа самовыражения: мысль, речь и действие. В еврейской литературе эти способы называют «одеяниями души»[42], поскольку они служат посредниками между душой и окружающим миром. То, как мы пользуемся этими инструментами, может вознести нас на небывалую духовную высоту, или, наоборот, повергнуть в прах. Нужно хранить свои одеяния в чистоте, чтобы иметь возможность духовного роста. Мысли об изменениях к лучшему очищают мысли; разговоры о достойных вещах – речь, твердая решимость стать лучше – действия.

Каждое явление имеет несколько измерений; любой объект или субъект имеет материальную и духовную составляющие, тело и душу. Даже у греха есть душа и тело: телом является сам проступок, а душой – наслаждение от этого запрещенного действия. Рабби Шнеур-Залман из Ляд говорил, что искреннее стремление к тшуве, возникшее в глубине сердца, уничтожает душу совершенного прегрешения, а вербализация желания сделать тшуву, являющаяся хоть небольшим, но все-таки действием, разрушает его тело.

Тора – план и духовный «задник» вселенной. Когда человек сознательно или несознательно совершает недостойный поступок, он повреждает одну из букв того стиха Торы, где сказано об этом прегрешении. К примеру, учил рабби Нахум из Чернобыля[43], когда человек

---

[42] См. напр. Тания 1:4: «Божественная душа каждого человека обладает тремя одеяниями: мыслью, речью и действием».

[43] Менахем Нахум Тверский (1730—1798) — хасидский цадик, ученик Бешта, основатель чернобыльской династии. Автор хасидских трактатов «Маор Эйнаим» («Светоч глаз») и «Исмах Лев» («Да возвеселится сердце»). По легенде Бешт испытывал к Менахему Нахуму смешанные чувства: он признавал в нем святого, но считал его вором, поскольку тот пытается украсть своими добрыми делами Мир Грядущий.

крадет, он повреждает одну из букв в стихе «не укради». Однако если этот человек искренне пообещает больше не красть, поврежденная буква возвращается в свое прежнее состояние.

Человеческое тело служит материальным отражением нашей души. Тора содержит 248 предписаний, соответствующих 248 положительным энергиям души, которым соответствуют 248 органов тела, и 365 запретов, соответствующих 365 защитным механизмам души и 365 главным кровеносных сосудам, дающим телу живительную энергию, и отвечающих за иммунитет. Иными словами, Тора выгравирована в наших телах и в наших душах. Поэтому каждое нарушение любого запрета ослабляет нашу внутреннюю Тору. Чем сильнее привычка врать, тем легче дается каждая следующая ложь; тем слабее духовный иммунитет. Если буквы души повреждены слишком сильно, соответствующий стих Торы начинает звучать «укради» вместо «не укради». Профессиональному вору трудно даже подумать о том, чтобы «завязать». В самых тяжелых случаях внутренние духовные болезни даже порождают телесные недуги и заболевания.

Все это лишний раз показывает, как важно озвучить свое намерение сделать тшуву. Если тот, кто прежде лгал, твердо скажет, что больше не хочет лгать, или что отныне он будет говорить правду, правду, и ничего, кроме правды, то тем самым он начнет исправлять буквы своей внутренней Торы, образующие слова «Не лжесвидетельствуй». Тем самым мы восстанавливаем гармонию между своим внешним я и своей внутренней Торой. Когда духовный иммунитет приведен в порядок, тело становится здоровее и энергичней. Тшува позволяет не только исправить содеянное, но и достичь неведомого прежде уровня ясности и выносливости.

Как мы уже говорили в прошлой главе, видуй, или словесная исповедь, играют огромную роль в процессе тшувы. Исповедь полезна на всех уровнях, от психологического до мистического. Вместе с тем следует осознать, что сила исповеди, ее секретное оружие, позволяющее стирать духовные недостатки – это радость (*симха*). Исповедь – вовсе не торжественное мрачное действо, предполагающее много горьких слез и душевных терзаний. Как и все остальные заповеди, заповедь исповедоваться следует исполнять с радостью, которая облагораживает и прославляет самого радующегося. Очищение от скверны – очень здоровое и радостное занятие.

Как-то раз Исраэль Бешт оказался в небольшом местечке накануне Рош а-Шана, когда в синагогах читают специальные покаянные молитвы (*слихот*). Присоединившись к молящимся, Бешт обратил внимание, что кантор читает эти молитве с радостью, и даже поет их на веселые, жизнеутверждающие мотивы. После молитвы Бешт подошел к кантору, и попросил объяснить, что это значит. Кантор ответил: «Рабби, когда земной царь из плоти и крови возвращается после долгого отсутствия, и его слуги убирают дворец, они работают весело и с огоньком. Не так ли следует поступать, когда человек «чистит» и изливает свою душу перед возвращением Царя Царей, Владыки Мира?». Услышав этот ответ, Бешт улыбнулся, обнял кантора, и поцеловал его в лоб.

Мудрецы Талмуда спорили, должна ли исповедь содержать упоминание конкретных деталей. Нужно ли подробно перечислять все свои прегрешения, или же можно говорить о них в общем? Рабби Иегуда считал, что необходимо вдаваться во все детали и мелочи, тогда как рабби Акива полагал, что этого делать не следует.

Этот спор был связан с тем, что служит основной причиной тшувы, страх или любовь. Рабби Иегуда полагал, что человек делает тшуву, боясь наказания (или – не получить награду). Поэтому необходимо подробно перечислить все вольные и невольные прегрешения, за которые, по его мнению, он может быть наказан. Каждое конкретное прегрешение имеет определенные негативные последствия; чтобы уничтожить эти последствия, важно подробно описать все детали – только в этом случае исповедь окажется достаточно эффективной.

В свою очередь, рабби Акива полагал; что желание сделать тшуву связано с более благородным чувством, чем страх наказания – любовью и стремлением к единству с самим собой и с Источником Жизни. В наших сердцах бьется едва ли не сверхъестественное чувство любви, страстно желающее проявиться во внешней реальности. В этом случае частности не принципиальны; подробное перечисление грехов редко служат проявлением любви. Главным для рабби Акивы было высвободить сокровенное стремление вернуться и воссоединиться с Источником.

Более поздние религиозные авторитеты, например р. Ицхак Альфаси[44] и Рамбам, так же спорили о том, нужно ли во время исповеди перечислять свои прегрешения во всех подробностях. Несмотря на высокое мнение о людях, которого придерживался рабби Акива, печальная действительность такова, что большинство из нас не достигает необходимого духовного уровня, и совершает тшуву, руководствуясь страхом, а не любовью. Основную массу людей необходимо вывести из состояния духовного благодушие, чтобы они осознали, что изменение к лучшему и духовный рост являются категорическим императивом.

Чтобы задуматься о тшуве, большинству из нас необходимо подробно, во всех красках представить себе глубину своего падения и его последствия – своего рода шоковая терапия. Однако на более глубоком уровне, независимо от того, отдаем мы в этом отчет или нет, движущей силой тшувы остается любовь. Наша душа стремится, чтобы мы сделали тшуву не из-за страха, боли и шока, но осознав свое подлинное я, и без всякого принуждения.

Когда страх последствий становится главным мотивом тшувы, человек живет в атмосфере, наполненной страхом и беспокойством. Если же он делает тшуву из любви, его жизнь, напротив, наполняется радостью, гармонией и прощением. Выбор зависит только от нас.

До этого момента мы говорили об очищении действий и речи, нашей верхней и «средней» одежды». Поговорим теперь о «нижней одежде» – помыслах (*махшева*). Порядок обсуждения – сначала действия, потом слова, и, наконец, помыслы – связан с тем, что наши поступки влияют на наши речи, а наши речи – на внутренние помыслы и намерения. Рассуждая в глобальном, историческом масштабе, процесс всеобщего Избавления так же протекает от действий к словам, а от слов к помыслам. Сегодня настало время сосредоточиться на очищении «нижней одежды» коллективных мыслей.

---

[44] Рабби Ицхак бен Яаков Альфаси (сокращённо РИФ; 1013, Алжир – 1103, Испания – духовный лидер еврейства Испании и Северной Африки в XI веке, один из первых кодификаторов еврейских законов.

Когда существовал Храм, человек, совершивший поступок, нарушающий один из духовных законов, мог сделать тшуву с помощью конкретного действия – он должен был привести в Храм жертвенное животное, и совершить положенное жертвоприношение. Разумеется, это действие сопровождалось словами исповеди, а так же соответствующими помыслами и намерениями (*кавана*). Тем не менее, главным элементом искупления было именно физическое действие – принесение в жертву животного. После разрушения Храма ситуация радикально изменилась: «Вместо быков принесем (слова) уст наших» (Гошеа, 14:3). Согласно Гемаре, когда мы изучаем разделы Торы, касающиеся храмовых жертвоприношений, и особенно когда мы делаем это вслух, это равноценно совершению жертвоприношения (Менахот 110а). Иными словами, главным элементом тшувы стала речь, а не действие.

Как и во всех других случаях, для того, чтобы наши слова могли вызвать необходимые перемены, принципиальное значение имеют наши намерения. Именно их необходимо очистить сейчас, когда мир приближается к окончательному Избавлению. Тшува на уровне помыслов предполагает исправление «жесткого диска» – нашего подсознания, чтобы его отражение на уровне сознания было чистым и благородным. «Врата святости» (*шаар а-кдуша*) – это сила нашего воображения, благодаря которой мы можем представлять различные мысли и явления.

Фантазия и дикое воображение – вот корни недостойных высказываний и поступков. Поэтому когда мы совершаем тшуву на уровне действий, решив изменить свое внешнее поведение, эта тшува может оказаться неполной. Полная тшува предполагает изменение внутреннего мира – наши взглядов и предпочтений.

Очищение внутреннего одеяния особенно важно после многолетней бомбардировки нездоровыми образами и идеями, которые прямо или завуалировано посылает нам окружающая культура и ее СМИ. Со временем эти образы накапливаются в подсознании. Время от времени какой-либо стимул активирует их, и они врываются в наше сознание, подобно извержению вулкана. Поэтому для того, чтобы полностью изменить себя, необходимо вычистить эти авгиевы конюшни.

Нужно понять, как делать тшуву на уровне помыслов (*махшева*), как очистить и перепрограммировать свои мысли и воображение.

Мудрецы говорили, что мысли о грехе (*хирхур*) хуже самого греха (Йома 29а). Воображение глубже действия, поэтому оно гораздо больше вредит нашей душе и нашему внутреннему здоровью. Именно по этой причине воображаемые преступления обычно куда изощреннее реальных. Поскольку снаружи наши фантазии незаметны, человек, внешне выглядящий совершенно нормальным и здоровым, может годами пребывать в страшном мире своих извращенных фантазий. Поэтому основное средство очищения своего воображения – постоянно и в красках представлять себя таким, каков ты есть на самом деле: праведником с чистой душой, излучающей свет и доброту. Стоит представить, что внутренние качества, над которыми мы работаем, уже совершенны, и разрушительные фантазии превращаются в чистые светлые образы. Святое воображение преобразовывает сами корни грехов, превращая их в заслуги и даже заповеди.

Когда количество людей, полностью преобразивших себя, и активно мечтающих об идеальном мире, достигнет критической массы, это станет началом всеобщего Избавления и эпохи Машиаха, да придет он в скорости, в наши дни.

РЕЗЮМЕ: ГЛАВА 15
ОСОЗНАЙ СИЛУ СВОИХ ПОМЫСЛОВ, СЛОВ И ДЕЙСТВИЙ

У души есть три «одеяния», или средства самовыражения: помыслы, речь и действие. Каждая мысль, слово или поступок способствуют духовному росту или деградации. Они так же оказывают воздействие на всю вселенную, увеличивая или уменьшая коллективную духовную энергию мироздания. Чтобы тшува стала полным преобразованием нашей личности, недостаточно изменить свои слова и поступки. Необходимо взять под контроль наши субъективные мысли и воображение, которые нужно наполнить божественным светом и перенаправить к Источнику Света.

ПРАКТИКА

ТААНИТ ДИБУР (ВОЗДЕРЖАНИЕ ОТ РАЗГОВОРОВ)

Когда человек постится, ограничивая себя в еде, он становится менее зависимым от пищи, и начинает жить более духовной жизнью. Аналогичным образом, воздержание от разговоров поможет нам стать менее зависимыми от мирских пустопорожних бесед, и научиться жить тише и безмолвнее. Когда мы спокойны, то никуда не торопимся, и говорим более продуманно и осмысленно.

Незадолго до того, как лечь спать, выделите время, чтобы потренироваться в воздержании от разговоров. Решите, что Вы совсем не будете говорить в течение, скажем, пятнадцати минут. В дальнейшем время безмолвия можно увеличить до часу. Молчание должно быть достаточно продолжительным, чтобы это было не слишком легко, но при этом не следует слишком напрягать себя или своих домашних. Подобная практика позволит вам свободнее и ответственнее решать, когда и о чем разговаривать.

Существует еще более глубокая практика – воздержание от мыслей (*таанит махшева*), вернее, от определенных мыслей. Ежедневно выделите определенное время – чуть меньше, чем, как вам кажется, вы можете выдержать – когда вы будете думать только о хорошем и достойном, игнорируя недостойные мирские фантазии. Сначала вам может быть трудно игнорировать нежелательные мысли. Поэтому если во время тренинга у вас возникнет посторонняя мысль, скажите себе: «Хорошо, еще несколько минут, и я обязательно об этом подумаю, но сейчас я занят размышлением о прекрасном». Если потом эта мысль появится снова, отложите ее еще раз, и еще раз.

Еще более глубокая форма воздержания – *авода*, или духовная дисциплина. Она заключается в том, чтобы прерывать привычное действие на середине. Иными словами, в тот момент, когда человек ощущает острое желание совершить какое-либо привычное действие, он должен взять это желание под контроль, и удержаться. Если речь идет о еде, то проявлением высокого духовного уровня будет остановиться посередине трапезы, и после этого ничего не есть. Аналогичным образом, гораздо труднее удержаться от бессмысленных разговоров, когда беседа в самом разгаре – соответственно, именно в этот момент нужно прервать себя на полуслове, после чего совершенно замолчать.

Когда речь идет об обычных постах, искушение гораздо меньше, поскольку существует определенная дистанция между человеком и объектом его желаний. Когда дело касается столь тонкой материи, как мысли и фантазии, расстояние между человеком и привычными формами поведения стремится к нулю. Очень важно заранее принять в расчет эту трудность, решившись на *таанит махшева*.

Ключ к духовной дисциплине – научиться интегрировать трансцендентные ощущения, которые человек испытывает в ходе духовных практик или в моменты экстаза, в обыденное течение повседневной жизни. Ни в коем случае нельзя бросаться из крайности в крайность, от самоотрицания к вседозволенности. Тшува – это сбалансированный жизненный подход.

ГЛАВА 16

ИСКУПЛЕНИЕ ИЛИ ПРИБЛИЖЕНИЕ К БОГУ

Как уже было сказано, слово *тшува* некоторые переводят как «раскаяние» или «исправление» (прежних прегрешений), тогда как другие находят более точный перевод – «ответ» или «возвращение». Тем не менее, для всех этих прочтений общим является то, что тшува рассматривается, в первую очередь, как эффективное средство исправления ошибки, прегрешения или неблагоприятного положения дел. Между тем, тшува – нечто гораздо большее.

В принципе, существует два уровня, или этапа тшувы: «низшая тшува» (*тшува тата*) и «высшая тшува (*тшува ила*). Низшая тшува связана с муками совести и сожалением в связи с определенными действиями и бездействием. Кающийся грешник принимает решение изменить свое поведение, осознав, как далек он от Всевышнего, как он «пленил царя кудрями» (Шир а-Ширим, 7:6)[45], и какой ущерб он нанес своему подлинному божественному я.

---

[45] См. Тания, Письмо о раскаянии, гл. 7: «Но в подлинном и прямом пути к нижнему покаянию [возвращению] буквы «гей», как уже говорилось, – два основных аспекта. Один из них – пробуждать в себе высшее сочувствие из источника милосердия по отношению к духу своему [нешама] и к своей Божественной душе [нефеш], которая «пала с высокой крыши» – подлинной жизни, благословен Он, – «в глубокую яму», – и это чертоги нечистоты и стороны «ситра ахра», [а также] и по отношению к ее [души] источнику в источнике жизни, а это имя Гавайе, благословен Он, и как написано: «И возвратится ко Всевышнему, и Он

Источником «высшей тшувы» служит *двекут* – «прилепление к Источнику». Это – своего рода духовное пробуждение, вызванное не отвращением к своему прошлому, но жаждой жизни, желанием воссоединиться с Творцом и исправить вред, нанесенный окружающему миру. Едва мы покидаем утробу матери, где душу еще окружает тепло Торы[46], как она начинает стремиться к воссоединению и единству с Творцом.

Как мы уже выяснили, слово тшува состоит из двух еврейских слов: *ташув* (вернись) и *хей* (буква, символизирующая божественное присутствие). В четырехбуквенном Имени Всевышнего буква *хей* повторяется дважды (*юд-хей-вав-хей*). Вторая, «нижняя» буква олицетворяет проявление божественного в мире Малкут, то есть действия. Первая, или «высшая» *хей*, в свою очередь, олицетворяет проявление божественного в мире Бина, то есть во внутреннем восприятии, на уровне высшего понимания. Тшува на уровне нижнего *хей* – это низшая тшува, когда человек исправляет последствия своих недостойных действий или бездействия. Тшува на уровне высшего *хей* – это высшая тшува, когда речь идет не об исправлении содеянного, но о переориентации человеческой личности.

Низшая тшува искупает наше прошлое, исправляя разрушительные результаты и последствия наших поступков. Высшая тшува, напротив, приближает человека к Богу, искореняя недостатки до самого основания, и ретроактивно меняя прошлое. Именно эта разновидность тшувы превращает недостатки в добродетели.

В условиях отсутствия божественного или собственной недостаточности, которую мы порой ощущаем, наше неудовлетворенное стремление к цельности является ничем иным, как проявлением этой

смилостивится над ним». То есть сожалеть о воздействии имени Гавайе, благословен Он, которое спустилось со ступени на ступень и снизошло в нечистые чертоги стороны «ситра ахра», дабы оживить их через действия человека, и его ухищрения, и его дурные мысли, как написано: «Царь, плененный в кудрях» – в потоках [мысли] мозга и т. д., и это изгнание Шхины, как было сказано выше. Согласно Талмуду, в утробе матери человек изучает Тору и видит мир от края до края; в момент рождения ангел ударяет его по губам, и он забывает все.

[46] Согласно Талмуду, в утробе матери человек изучает Тору и видит мир от края до края; в момент рождения ангел ударяет его по губам, и он забывает все.

цельности, присущей нашей подлинной природе. Когда мы встаем на путь высшей тшувы, в полной мере осознавая присутствие божественного в своей жизни, происходит радикальное преодоление всех желаний, касающихся посторонних внешних вещей. Это преодоление служит предвестником преобразования всех недостатков, которые коренятся в желании достичь цельности и полноты с помощью внешних, ограниченных объектов или субъектов.

Рош а-Шана (Новолетие) и Йом Кипур (Судный день) – пожалуй, наиболее почитаемые и соблюдаемые еврейские праздники. При этом интересно отметить, что эти праздники идут как будто в обратном порядке. Сначала наступает Новолетие – «день суда»[47], и лишь затем – Йом Кипур, посвященный тшуве. Кажется странным, что сначала нас судят за наши поступки, а потом – дают нам возможность искупления. Разве не логичней было бы, наоборот, начать с тшувы и очищения, а закончить судом и правосудием?

Однако при ближайшем рассмотрении видно, что порядок Грозных дней не только логичен, но и отражает более глубокое понимание природы и процессов тшувы.

Новолетию предшествует месяц элул – целый месяц, посвященный честному самоанализу, осмыслению своих поступков и обновлению. Таким образом, перед Рош а-Шана у человека есть достаточно времени для переоценки ценностей, и возвращению к внутреннему духовному компасу, от которого мы могли отклониться в течение года. Месяц элул находится под астрологическим влиянием созвездия Бетула (Дева) (Сефер Йецира 5:8). Благодаря тридцатидневному курсу самоочищения и искупления человек достигает «девственной» душевной чистоты. После столь интенсивного очищения наше прошлое чисто, и мы готовы встретить день суда без страха и трепета, надеясь на оправдательный приговор.

Согласно мидрашу, в Рош а-Шана мы предстаем в лучшем платье, тщательно умытые и подстриженные, в ожидании суда. Мы приходим на этот суд с полной уверенностью, что предстоящий год будет наи-

---

[47] В Рош- а-Шана все люди мира проходят перед ним словно ягнята – как сказано (Тегилим 33:15): «Создает сердца их разом, вникает во все их дела»» (Мишна Рош а-Шана, 1:2).

лучшим из всех возможных. Иными словами, Новолетие – подтверждение и кульминация низшей тшувы.

После Рош а-Шана наступают «десять дней тшувы», завершающиеся Йом Кипуром. Как говорил рабби Дов-Бер из Любавичей, в этот самый святой день года «Источник Света приближается к своим искрам», и благодаря этому мы приобретаем силы взойти на недостижимую духовную высоту. Это – удивительное изменение нормального хода вещей, поскольку в остальное время все происходит ровно наоборот: божественные искры возвращаются к своему Источнику. Однако в Судный день Бесконечное устремляется вниз к конечному – к нам и нашим неповторимым искрам божественного света. Таким образом, десять дней раскаяния соответствуют высшей тшуве, совершаемой из любви, и преображающей все и вся.

Судный день раскрывает нашу подлинную природу. В этот день мы, дети Всевышнего[48], воссоединяемся с Всевышним, и в конечном итоге становимся «частью Всевышнего» в самом буквальном смысле этого слова. Йом Кипур – кульминация высшей тшувы, момент воссоединения. Это не просто день искупления, но мог абсолютной божественной любви, близости и единства с Единым.

Существует древний, восходящий к временам Талмуда обычай – в течение десяти дней раскаяния в ежедневной молитве вместо «Царь, любящий справедливость и правосудие» (*Мелех охев цдака у-мишпат*) произносить «Царь правосудия» (*Мелех а-Мишпат*). Этот обычай, который на первый взгляд кажется невинным лингвистическим трюком, лишний раз напоминающий, что мы вступили в период самоанализа и суда, на самом деле содержит гораздо более глубокий смысл.

После элуля мы можем позволить себе предстать перед «Царем Суда». Иными словами, для того, чтобы удостоиться оправдательного приговора, нам не нужно взывать к любви или милосердию – к «Царю, который *любит* справедливость и правосудие». Встретив Рош а-Шана с чистым послужным формуляром, мы настолько увере-

---

[48] «Рабби Акива учил: Любимы израильтяне, ибо они называются детьми Всевышнего. И эта любовь увеличивается тем, что им было дано знать об этом, как сказано: «Сыны вы Господу, Богу вашему»(Дварим, 14:1)» (Авот 3:18).

ны в себе, что нам не нужно умолять о милости – мы можем *требовать* хорошего и доброго года. Представ перед Владыкой Мира, мы уверенно заявляем: «Итак, я исправил свои пути, и по справедливости заслужил хорошего года».

Наши отношения с высшим Источником Жизни отражаются в наших взаимоотношениях с другими людьми. Человеческие взаимоотношения нередко строятся по принципу «ты мне, я тебе»: каждый оценивает, что он сможет получить от другого, и дает для того, чтобы получить взамен. Подобные отношения – пример «корыстной любви»[49] (если их вообще можно назвать любовью). К примеру, работодатель может ценить или даже «любить» своего работника за то, что тот делает для фирмы. Однако в тот момент, когда деятельность работника перестанет давать желаемые результаты, все теплые чувства работодателя растают, как дым.

Существует, однако, другой тип отношений, коренящийся в высшей реальности. К примеру, супружеские отношения, особенно если дело касается длительных браков, переживших множество взлетов и падений, никогда не сводятся к формуле «ты мне, я тебе» – в их основе, в той или иной степени, всегда лежит бескорыстная любовь. Поэтому любящий супруг никогда не задает вопрос: «Если я сделаю для нее (него) то-то, и то-то, что мне потом за это будет?» – напротив, он думает только о том, чтобы наилучшим образом исполнить желание своего партнера.

Правда, большинство супружеских отношений начинаются с «корыстной любви» – на первых порах наши чувства зависят от физической, эмоциональной и/или интеллектуальной привлекательности. Поэтому существует любовь, превосходящая супружескую – врожденная безусловная любовь, независящая от физических ощущений, эмоций и интеллекта. Примером такой любви служат отношение родителей к детям. Родители любят и содержат своих детей независимо от их поведения и способностей. До тех пор, пока родитель не подавил в

---

[49] Ср. Авот 5:16: «Если любовь во всех ее проявлениях небескорыстна, то она иссякает с исчезновением корысти, а бескорыстная не иссякает никогда. Пример корыстной любви – любовь Амнона и Тамар, а бескорыстной – любовь Давида и Йонатана».

себе естественное чувство любви, сам факт, что речь идет о его детях, пробуждает в его душе соответствующие чувства.

Существует три диапазона любви к другому человеку:

1. Любить то, что человек для нас делает, то есть его поступки,

2. Любить его самовыражение: как человек выглядит, говорит, чувствует, думает и т. д.

3. Любить его, каков он есть, независимо от его поступков и самовыражения – то есть любить его подлинную природу.

Хотя все три диапазона могу быть задействованы одновременно, третья, высшая разновидность любви не зависит от того, насколько умен, красив или щедр тот, которого мы любим. Любовь родителей к своим детям не знает естественных ограничений, поскольку дети – частица родительской сущности. На внутреннем уровне родители и дети не являются полностью независимыми друг от друга субъектами. Осознание этого единства порождает непрерывный поток неограниченной любви.

Поскольку Всевышний – наш «Отец Небесный», Его любовь к нам также постоянна и безусловна. Это мы время от времени отдаляемся от Него, разрушаем наши взаимоотношения, или делаем их зависимыми от внешних условий. Иными словами, когда мы поступаем вразрез с собственной природой, наши отношения с Богом кажутся нам корыстными: если мы сделаем так-то и так-то, Он нас наградит, и т.д. Высшая тшува позволяет взглянуть глубже, приоткрывая наше безусловное и непрерывное единство с Создателем. Мы любимы Им независимо от нашего поведения и внешнего облика, но просто потому, что мы есть. Даже если мы заплутали во тьме, глубоко внутри нас остается внутренне пространство, которое чисто, светло, и сохраняет непрерывное единство с Источником. Наш внутренний свет – частичка *Ор Эйн Соф*, Бесконечного Света Всевышнего. Йом Кипур позволяет увидеть это единство, лежащее в основе того, кто мы на самом деле.

Одним из старейших и наиболее загадочных еврейских текстов является Сефер Йецира – «Книга Творения». Согласно этому трактату, сотворенный мир состоит из трех основных элементов:

1. *Олам* – пространство.

2. *Шана* («год») – время.

3. *Нефеш* – душа, или сознание.[50]

Три этих измерения связаны друг с другом настолько прочно, что вне любого из них любое существование становится невозможным.

Время, пространство и сознание служат проявлениями различных аспектов единства.[51] Так же, как существует точка единства души (сознания) – уровень *йехида* – существует и точка единства времени – Йом Кипур. Этот день – вершина и основа года, откуда единство Бесконечного Единого стекает в конечное время. Это – уникальная возможность прочувствовать и проявить *йехиду* – единства нашей души с ее божественным Источником.

В Йом Кипур от нас ждут, чтобы мы действовали в соответствии с законами высшей, ангельской реальности.[52] По словам Рамбама, в этот день мы *прекращаем* есть и пить. Это делается не только для того, чтобы «смирить» свое тело[53], поскольку для этого существуют более эффективные способы. Мы просто перестаем жить и действовать в соответствии с обычными физическими законами причинно-следственных связей. Поступая так, мы действием в соответствии с трансцендентной природой своей души и ее стремлением освободиться от материализма, эго и всех их производных. Мы уничтожаем

---

[50] См. напр. Сефер Йецира 3:5: «Три матери алеф, мем, шин, Он изобразил их и начертал их [обжег] и запечатлел ими трех матерей в мире и трех матерей в году и трех матерей в душе, мужа и жену».

[51] См. Иегуда Галеви, «Кузари» 4:25: «Автор Сефер Йецира ... называет их: «верные свидетели: мир, душа, год». И учит, что во всех них тот же порядок, и порядок этот исходит от Одного, установившего его, да бу¬дет Он превознесен!».

[52] Ср. Пиркей де-Рабби Элиэзер, 46: «Увидел Самаэль, что нет на евреях греха в День Искупления, и сказал Святому, благословен Он: «Владыка мира. Народ твой подобен ангелам служения, обитающим на небесах. Так же, как ангелы служения не носят обуви, так и сыны Израиля в День Искупления не носят обуви. Так же, как ангелы служения не едят и не пьют, так и сыны Израиля в День Искупления не едят и не пьют. Так же, как ангелы служения никогда не садятся, так мудрецы Израиля в День Искупления не садятся. Так же, как ангелы служения живут в мире между собой, так и сыны Израиля. Так же, как ангелы служения безгрешны в День Искупления, так и сыны Израиля безгрешны в День Искупления».

[53] Ср. Ваикра, 33:27: «В десятый день седьмого месяца – день искупления, священное собрание да будет у вас, смиряйте себя постом и приносите жертвы Господу».

все зло, которое могло возникнуть вследствие нашего «независимого» существования.

В иврите зло и порождающую его силу часто называют *а-сатан*. Обычно это слово переводят как Сатан, или дурное начало; это – наивысшее проявление нарциссизма и эгоизма. Однако правильнее будет переводить это слово как «искуситель». Этот искуситель подстерегает нас на жизненном пути, мешая проявиться нашим лучшим качествам – нашему самому любящему, самому сознательному я.

Гематрия слова *а-сатан* – 364 (хей – 5, шин – 300, тет – 9, нун – 50). Солнечный год состоит из 365 дней. Большую часть этих дней мы проводим в борьбе с нашим внутренним искусителем. Однако в Йом Кипур мы полностью преодолеваем свои недостатки, а потому можем отказаться от бесконечного осуждения собственного прошлого (Йома 20а). Судный день не предназначен для того, чтобы бесконечно вспоминать подробности прежних прегрешений, провалов и ошибок. В этот день нет грешников и недостойного поведения, но лишь абсолютная свобода.

Реальность Судного дня намекают на тот уровень тшувы, которого каждый из нас может достичь в повседневной жизни. Это тшува на уровне йехида – единства, лишенного малейших следов зла, и осознания, что все существующее является частью божественного единства. Рабби Нафтали из Ропшица[54] говорил, что на протяжении всей своей жизнь он, совершая тшуву, никогда не «возвращался» – то есть никогда не раскаивался в своих прежних поступках, что обычно является неотъемлемой частью процесса тшувы. Глубокий смысл этого загадочного высказывания заключается в том, что рабби смог взглянуть на мир с точки зрения *йехиды*, и осознать, что все, что он пережил, было от Бога.

Рабби Нафтали пришел к этому выводу ретроспективно, оглядываясь на прожитую жизнь. Это помогает объяснить известный парадокс рабби Акивы: «Все предопределено, но дана свобода выбора» (Авот 3:19). Все, что произошло в прошлом, произошло по воле Всевышне-

---

[54] Рабби Нафтали-Цви Горовиц (1760-1827) – один из лидеров хасидов Галиции; по преданию, родился в день смерти Бешта. Подчеркивал силу молитвы, и утверждал, что человек может и должен молиться в любых обстоятельствах.

го, однако что касается настоящего и будущего, мы должны поступать, руководствуясь принципом свободы выбора, то есть предполагая, что в наших силах принимать решение и изменять реальность.

«Сам Йом Кипур искупает» (Швуот 13а). Иными словами, сам этот день обладает способностью уничтожить все прегрешения человека. После продолжительных дебатов все мудрецы согласились, что сам этот день, по самой своей природе, может принести искупление. Однако возникает вопрос: есть ли необходимость «активировать» искупление с помощью специальных ритуалов и желания исправиться, или же Йом Кипур искупает сам по себе, без нашего участия и декларации своего желания сделать тшуву?

Разумеется, даже если мы скажем, что Судный день искупает независимо от того, совершил человек тшуву или нет, нам придется признать, что минимальное участие с нашей стороны все равно является необходимым. Какой смысл прощать того, кто даже не хочет, чтобы его простили? Поэтому определенный минимум безусловно существует: человек должен, по меньшей мере, сохранять спокойствие и не препятствовать целительному воздействию объединяющих сих Йом Кипура. Поэтому в конечном итоге все мудрецы согласились, что для того, чтобы тшува стала полной и окончательной, человеку необходимо участвовать в этом процессе.

Подлинный духовный рост возможен только в том случае, когда мы сможем сочетать вдохновение Свыше с духовной работой на земле. Именно наше активное участие дает божественной энергии всеобъемлющего прощения проникнуть и наполнить наше сознания, оставив в нашей душе глубокий неизгладимый след. И тогда это откровение станет неотъемлемой частью нашей повседневной реальностью, дав нам возможность жить насыщенной вдохновленной жизнью.

РЕЗЮМЕ: ГЛАВА 16
ПОМНИТЕ, ЧТО ВАС ЛЮБЯТ

Глубоко в душе все мы знаем, что Бог любит нас всегда, везде и без всяких условий. Нас любят не за наши поступки или душевные качества, а просто за то, кем мы являемся на самом деле. Когда наши действия приводят к отчуждению от своего подлинного я, божественная любовь кажется нам далекой, эфемерной, и зависящей от преходящих обстоятельств. Тшува позволяет восстановить связь со своей подлинной внутренней природой, и вспомнить важнейшую истину – божественная любовь всегда с нами и всегда доступна.

ПРАКТИКА

ПРОСНИТЕСЬ!

Размышления о бескорыстной любви могут привести к духовному пробуждению.

Задумайтесь о том, как идеальные родители любят своих детей. Проявить такую же неограниченную любовь потенциально способен каждый из нас. Подумайте теперь, насколько превосходит родительскую любовь любовь божественная, не знающая естественных и любых других ограничений.

Задумаетесь об искре божественной любви, которую Всевышний поместил в душе каждого из нас. Попробуйте пробудить эту искру, и «раздувать» ее на протяжении всего дня.

ГЛАВА 17

ВДОХНОВЕНИЕ
И УСВОЕНИЕ

У некоторых людей тшува начинается неожиданным озарением, заставляющим их радикально изменить свою жизненную траекторию. Другие идут к тшуве медленно, шаг за шагом, преодолевая многочисленные трудности.

Говоря об этом, рабби Иегуда как-то пожаловался: «Некоторые обретают вечную жизнь за один час (*бе-шаа эхад*), тогда как другие трудятся для этого много лет» (Авода Зара 17а). *Бе-шаа эхад* можно перевести не только как «в один час», но и «в один миг». С этим согласен и автор Зогара, утверждавший, что можно сделать тшуву в одно мгновение (1:129а).

Рав Кук[55] писал, что многие люди отказываются сделать тшуву и продолжают следовать гибельным путем, поскольку не понимают, насколько просто начать процесс тшувы. Между тем, для того, чтобы пробудить свое подлинное внутреннее я, достаточно просто обернуться и взглянуть в другую сторону. Разумеется, для того, чтобы ре-

---

[55] Рабби Авраам Ицхак Кук (7 сентября 1865, Даугавпилс, Латвия – 1935, Иерусалим) – известный раввин, каббалист и общественный деятель начала XX века; создатель философской концепции религиозного сионизма, согласно которой создание Государства Израиль является началом мессианского избавления. Занимал должности раввина Яффы (1904—1914), раввина Иерусалима (1920—1921) и стал первым главным ашкеназским раввином Страны Израиля (1921—1935).

шение сделать тшуву было серьезным и последовательным, его необходимо воплощать в жизнь в течение достаточно продолжительного времени. Повернувшись в другую сторону, необходимо изо всех сил двигаться к новой цели. Однако именно первый шаг дает для этого необходимые силы.

Люди, радикально изменившие свою жизнь, часто затрудняются указать конкретное событие или определенный день, когда они поняли, что должны начать жить по-новому. В большинстве случаев изменения происходят постепенно – человек понемногу учится и просвещается, пока, наконец, не накапливается «критическая масса», необходимая, чтобы произвести перемены.

Подобная тшува – процесс цикличный и непрерывный. Подобно тому, как круговое движение не имеет точки начала и конца, в процессе тшувы каждая следующая точка может стать новым стартом. Каждый день приносит с собой новые проблемы и новые возможности; каждый новый жизненный опыт открывает новые перспективы духовного роста.

Как мы уже говорили, тшува выше любых временных ограничений. Поскольку тшува существовала еще до сотворения времени, она обладает ретроактивным эффектом, то есть, в определенном смысле, одновременно изменять не только настоящее, но и прошлое. Именно поэтому духовная трансформация может произойти внезапно, в один миг. Однако стремительное драматическое обращение – далеко не единственный вариант тшувы, хотя многие ошибочно полагают, что тшува является неискренней и не полной, если она не сопровождается стремительными радикальными изменениями или внезапными озарениями.

Между тем, на пути «стремительного обращения» человека подстерегает множество ловушек и опасностей. Того, кто ожидает, что за решением сделать тшуву последуют немедленные и необратимые перемены, может ждать жестокое разочарование. Человек, искренне провозгласивший намерение сделать тшуву, может ощутить себя лицемером, если в определенных вещах не сможет двигаться вперед достаточно быстро. Он даже может подумать, что еще не достиг уровня настоящей тшувы, поскольку иначе он бы не скатился обратно. В результате, желая быть честным с самим собой, и не желая лицемерить, он может опустить руки и вернуться к прежнему, недостойному образу жизни. «Честность с самим собой» станет для него высшим оправданием того, что он продолжает жить по-прежнему, пассивно ожидая внезапного внутреннего преображения или озарения.

Подобное поведение глубоко ошибочно. Тшува – нечто гораздо большее, чем вспышка света, внезапно появившаяся из ниоткуда и разогнавшая тьму. Хотя в редких случаях тшува начинается именно так, подлинная трансформация и озарение предполагает серьезную внутреннюю работу. Для настоящей трансформации порой необходимо «время длиною в жизнь». Собственно, именно поэтому мы и живем так долго.

Детям свойственно бунтовать, когда им кажется, что родители их подавляют. Некоторые подростки стремятся изменить свое самоощущение, отвергая традиционную консервативную идентичность, и выбирают более либеральную или нетрадиционную идентичность. Разумеется, в этих случаях речь идет о сугубо внешних, поверхностных изменениях. Подростки просто меняют одну запрограммированную реакцию, вложенную родителями и педагогами, другой запрограммированной реакцией, позаимствованной у сверстников. Никаких внутренних изменений при этом не происходит, особенно если говорить о внутренней свободе и самостоятельности.[56] Чаше всего, выйдя из возраста подросткового бунта, эти молодые люди возвращаются к прежним привычкам и становятся добропорядоч-

---

[56] Это психологическое состояние бунтующих подростков в свое время прекрасно описали Аркадий и Борис Стругацкие: «Они торчали на перекрестках, толпились под фонарями, угловатые, прокуренные, оставляя на тротуарах россыпи плевков, окурков и бумажек от конфет. Нервные и нарочито меланхоличные. Жаждущие, поминутно озирающиеся, сутуловатые. Они ужасно не хотели походить на остальной мир и в то же время старательно подражали друг другу и двум-трем популярным киногероям... Наверное, в пятнадцать лет из всех благ мира истинно привлекательным кажется только одно: ощущение собственной значимости и способность вызывать всеобщее восхищение или, по крайней мере, привлекать внимание. Все же остальное представляется невыносимо скучным и занудным, и в том числе, а может быть, и в особенности, те пути достижения желаемого, которые предлагает усталый и раздраженный мир взрослых» («Хищные вещи века»). Прим. переводчика.

ными обывателями. Аналогичным образом, если наша тшува сводится к замене одного набора стандартных реакций другим, и не сопровождается внутренней работой, никаких внутренних изменений не происходит. Со временем, когда проходит первый восторг, человек регрессирует, по крайней мере внутренне.

Впрочем, если мы чувствуем, что регрессируем и возвращаемся к прежнему недостойному поведению, существует способ, позволяющий остановиться, и «перепрограммировать» свои поступки на более глубоком уровне. Рабби Мендель из Риманова[57] учил от имени Аризаля, что для того, чтобы полностью искоренить некий недостаток, необходимо практиковать альтернативную добродетель[58] в течение сорока дней, поскольку именно столько времени занимает формирование зародыша в утробе матери. Когда человек сорок дней ведет себя определенным образом, это становится естественным, и последующее «вынашивание» тшувы происходит гораздо легче. Отказ от прежних и приобретение новых привычек постепенно становится второй природой, пока, в один прекрасный день, человек не почувствует, что «родился» на совершенно новом духовном уровне.

Для того, чтобы выйти из духовной спячки, первые шаги должны быть стремительными, энергичными и решительными, позволяющи-

---

[57] Менахем-Мендель из Риманова (1745–1815) – один из лидеров польского хасидизма. Был известен своим аскетизмом. Был сторонником Наполеона, полагая его войны предсказанными пророками войнами Гога и Магога, свидетельствующими о скором приходе Машиаха

[58] Ср. Рамбам, Мишне Тора, Законы о нравах 2:1-2: «Люди, больные телом, чувствуют горькое сладким, а сладкое – горьким. И есть такие больные, которые страстно желают и жаждут есть вещи, непригодные в пищу, например, землю и уголь, и одновременно ненавидят есть хорошую пищу, например, хлеб и мясо – всё из-за великой болезни. Точно так же, люди, больные душой, страстно желают и любят плохие качества и ненавидят идти хорошим путем и ленятся следовать ему, ибо весьма тяжел он для них из-за болезни души. Каким образом излечивают их? Излишне вспыльчивому говорят, что нужно себя приучить к тому, что даже если его бьют и проклинают – не нужно это даже замечать. И должен он идти по этому пути долгое время, пока не искоренится вспыльчивость из его сердца. А если был он высокомерным, должен он вести себя так, чтобы навлечь на себя позор – сидеть ниже всех, одеваться в позорные истрепанные лохмотья и тому подобное, пока не искоренится в нем высокомерие окончательно и не вернется он на средний путь – путь добрый».

ми резко изменить жизненный курс. Однако когда новое направление уже задано, дальнейшее движение может быть более спокойным и плавным. Будучи молодой и незрелой нацией, евреи поспешно[59] покинули Египет, олицетворение духовной узости и ограниченности. Им было сказано есть препоясанными, с посохом в руках, готовыми в любой момент встать и двинуться в путь.[60]

В самом начале процесса тшувы нам так же необходимо быть готовым к немедленному и решительному движению вперед. Однако позже, достигнув определенной степени свободы, необходимо «переварить» произошедшие изменения, дав «пропитаться» ими нашему сознанию и поведению. На более поздних этапах, тшува перестает существовать отдельно от нашего подлинного я, но становится постоянным фоном нашей повседневной жизни.

В Талмуде есть рассказ о человеке по имени Эльазар бен Дордая, который, осознав, как низко он пал, почувствовал непреодолимое страстное желание сделать тшуву. Будучи неготовым к столь сильному экзистенциальному кризису, он не сумел конструктивно использовать это чувство. Он пришел в состояние безудержного восторга, и в результате душа покинула тело, и Эльазар умер в экстазе.[61]

Этот крайний случай наглядно свидетельствует, что когда духовное пробуждение происходит слишком быстро, это может иметь тяжелые психологические или даже психические последствия. Стремительное

---

[59] См. Шмот, 12:39: «И испекли они из теста, которое вынесли из Египта, пресные лепешки, ибо оно еще не вскисло, потому что они выгнаны были из Египта и не могли медлить, и даже пищи не приготовили себе на дорогу».

[60] «Ешьте же его так: пусть будут чресла ваши препоясаны, обувь ваша на ногах ваших и посохи ваши в руках ваших, и ешьте его с поспешностью: это – Песах Господу» (там же, 11).

[61] Эльазар бен Дордая не пропускал ни одной блудницы. Узнал он, что за морем есть блудница, берущая за себя кошелек полный динариев. Собрал он деньги и отправился в путь дорогу, и дошел до нее. И во время близости женщина выдохнула и сказала: «Как этот выдох не вернется туда, откуда вышел, так и ты, Эльазар бен Дордая, никогда не раскается» Заплакал Эльазар и обратился к холмам и горам, солнцу и звездам, чтобы они за него молились, но те отказались. Тогда он сказал: значит, все зависит только от меня. Опустив голову между колен, он начал горько плакать, пока его душа не отлетела. Тогда Небесный Голос провозгласил: «Рабби Эльазар бен Дордая удостоился удела в Мире Грядущем» (Авода Зара 17а).

духовное восхождение может оказаться *рацо бли шув* – «дорогой без возврата». Поэтому наша задача состоит в том, чтобы, ежедневно реагируя на потребностях в изменении и духовном росте, удержать этот духовный поток в надлежащих рамках.

Даже если нам удалось сбалансировать свой путь тшувы, первые шаги могут оказаться трудными и болезненными: «Любое начало трудно» (Мехилта). Выбор нового жизненного курса, переход от одного состояния к другому – шаг радикальный и болезненный. Сделав свой выбор в пользу тшувы, мы не только совершаем внутренний поворот и меняем свое внешнее поведение, но так же меняем свою идентичность. Построение новой, сегодняшней личности нередко требует решительного отказа от некоторых элементов того, кем мы были в прошлом. Лишь позже, когда путешествие войдет в определенную колею, мы сможем осмотреться и, возможно, заново интегрировать многие позитивные элементы прежних идентичностей.

Эта стабилизация происходит в тот момент, когда мы овладеваем искусством использовать вдохновение, побудившее нас встать на путь тшувы, для решения своих повседневных проблем. Иными словами, во многих случаях тшува происходит в два этапа. На первом этапе возникает страстное стремление к трансформации, на втором – происходит возвращение к нормальной жизни. Именно на этом этапе нас ожидают наиболее серьезные проблемы. Именно на этой стадии возникает необходимость отфильтровать и переварить исходную энергию таким образом, чтобы она не входила в противоречие с течением повседневной жизни. Это позволит нам увидеть Творца в творении, вершину в долине, и «весь мир в одной песчинке».

Множество людей, решивших встать на путь тшувы, говорят, что на первых порах воплощать это решение в жизнь было достаточно просто. Однако после относительно гладкого продвижения вперед неизбежно начиналось пугающее торможение. Первоначальный восторг и энтузиазм исчезали, и они чувствовали даже большую неуверенность, чем до того, как приняли решение сделать тшуву. Их жизнь вновь наполнялась хаосом и неопределенностью.

Когда мы начинаем жить в соответствии с требованиями тшувы, первоначальный восторг, вызванный внезапной близостью к своему подлинному я и Всевышнему, со временем может уменьшиться и даже сойти на нет. Чувство отчуждения от подлинной жизни может опять вернуться. Говоря языком Аризаля, *гадлут* (открытость сердца и разума) может смениться зловещим малодушием (*катнут*). В результате может возникнуть ощущение, что божественное Провидение нас оставило, и мы вновь погрузились во мрак изгнания.

Очень важно правильно понимать природу этого явления, чтобы тшува смогла стать неотъемлемой частью вашей повседневной жизни. Рабби Симха-Буним из Пшиске предложил следующую аналогию. Когда человек заходит в кондитерскую, продавец пытается убедить его сделать покупку, предлагая попробовать разные сладости. Однако в тот момент, когда покупатель все перепробовал и решил, что он хочет купить, он больше ничего не получит даром. Аналогичным образом, когда человек только вступает на путь тшувы, ему кажется, что все можно получить бесплатно. Каждому, кто хочет вкусить «сладость» истины и осмысленной жизни, предлагают попробовать совершенно бесплатно. Все, что для этого нужно, это сделать первый шаг – войти в кондитерскую и проявить интерес к предлагаемым товарам. В каббале это «опробование» называют *гадлут ришон* – «первое расширение», или первоначальное ощущение своего величия и возможностей.

Однако в тот момент, когда мы принимаем решение купить, чтобы наполнить этой сладостью свою повседневную жизнь, выясняется, что за покупку необходимо заплатить тяжелой работой, требующей значительных усилий. При этом награда за тшуву проявляется непосредственно в ходе самой работы. Необходимо стремиться приблизиться к Всевышнему так же настойчиво и страстно, как прежде мы стремились к удовлетворению своих эгоистичных разрушительных желаний.

Когда тшува становится образом жизни, то даже если нам не удается удержаться на первоначальной высоте, цельность, которую мы при этом испытываем, оказывается более реальной и, следовательно, приносит больше удовлетворения; мы чувствуем, что вкушаем плоды своих собственных трудов, а не даровое угощение, которое нам дали только попробовать. Аналогичным образом, зрелая любовь, выдержавшая испытание временем и потребовавшая значительных усилий – несравненно более высокое и светлое чувство, чем более пылкая первоначальная влюбленность.

Начало тшувы напоминает первые шаги ребенка, говорил рабби Моше-Хаим из Судилкова.[62] Когда ребенок только учится стоять и ходить, родители на первых порах ставят его на ножки, держат за руку, и ходят вместе с ними. Однако как только ребенок становится более уверенным в своих силах, родители пускают его бегать самостоятельно, и ждут в противоположном конце комнаты с распростертыми объятиями, тем самым побуждая ребенка приложить необходимые усилия, чтобы самостоятельно двигаться.

В начале своего духовного пути человек часто чувствует, что кто-то очень близкий как будто держит его за руку и ведет его за собой. Однако когда, по мере продвижения, мы приобретаем способность двигаться самостоятельно, нередко возникает прямо противоположное чувство отчужденности и одиночества. Это связано с тем, что наш Небесный Отец дал нам возможность (и мотивацию) жить самостоятельно, и испытывает величайшее удовлетворение, наблюдая, как мы сами идем к поставленной цели. Иными словами, отчуждение свидетельствует, что мы уже не маленькие, и дальше можем сами идти путем тшувы.

Людям, радикально изменившим свою жизнь в результате тшувы, нередко свойственны непоколебимая уверенность в собственной правоте и стремление судить окружающих. Нередко это сочетается с ощущением собственной праведности и святости. Иногда речь идет об искренних чувствах и самоощущениях, свидетельствующих о серьезном духовном прогрессе. Однако в подавляющем большинстве случаев эти священные чувства посылаются в качестве испытания

---

[62] Рабби Моше-Хаим Эфраим из Судилкова (1748-1800) – внук основателя хасидизма Исраиля Бешта, ученик его преемника рабби Дов-Бера из Межирича. Блестящий знаток Талмуда, автор Махане Эфраим – одного из наиболее ранних классических текстов хасидской литературы, считающегося одним из важнейших источников, излагающих учение Бешта, не оставившего после себя никаких собственных сочинений.

– станут ли они лестницей, ведущей вверх, к более глубокому трансцендентному опыту, или же вниз, в рабство «одухотворенного» эго? Фактически человека ставят перед выбором – сумеет ли он сохранить смирение, или же, напротив, впадет в гордыню?[63]

Многие родители, прежде чем дарить своим детям дорогие подарки, прежде пытаются научить их минимальной ответственности. К примеру, если они хотят подарить ребенку дорогое ювелирное украшение, то сначала покупают ему дешевую бижутерию, и смотрят, как он ее хранит. Затем, в зависимости от поведения ребенка, родители решают, можно ли дать ребенку дорогую вещь, или же лучше пока от этого воздержаться.

На первом этапе тшувы иногда кажется, что мы достигли расширения сознания, ясности видения, и открытости сердца. Возникает ощущения, что сейчас и дальше мы сможем с легкостью проявлять свое подлинное я, и служить Всевышнему «всем сердцем своим и всей душой своей». Однако нужно помнить, что все эти достижения на поверку могут оказаться дешевой бижутерией, которую нам выдали в качестве испытания, чтобы проверить, сможем ли мы совладать со своими духовными порывами. Станут они дополнительным горючим для нашего эго, или же мы сможем использовать, чтобы жить более цельной и сбалансированной жизнью? Породят ли они ощущение, что мы уже достигли финишной черты и можем расслабиться, или же, напротив, побудят к дальнейшему духовному росту?

Для того, чтобы тшува оказалась подлинной, следует научиться, как вести себя мудро и осмотрительно в ходе любых подъемов

---

[63] Согласно Рамбаму, высокомерие (гордыня) считается величайшим недостатком: «Есть качества, в которых человеку запрещено идти по среднему пути, а должен он отдалиться от одной крайности вплоть до ее противоположности, и качество это – высокомерие. Ибо добрый путь заключается не только в том, что человек будет просто скромным, но в том, что будет он очень скромным и смиренным. Поэтому написано о Моше: «А человек этот, Моше, был скромнейшим из всех людей, что на Земле.» (Бемидбар 12-3) и не написано просто «был скромным». Поэтому постановили мудрецы: «Будь очень, очень скромным.» (Авот 4-4). И еще сказали: «Тот, кто возгордился – отрицает основу [вероотступник], как сказано: «Возгордишься ты и забудешь Б-га, Все-сильного твоего» (Дварим 8-14)» (Сота 4:). И еще сказали: «Полагается отлучить от общины человека высокомерного и нахального, и даже высокомерного отчасти». (Законы о нравах, 2:3).

и спусков. Во время подъема следует помнить, что нам всегда есть, куда расти дальше, и тщательно избегать самодовольства и гордыни. А во время спуска нужно не забывать, что даже самое глубокое нисхождение нередко оказывается необходимым условием последующего восхождения. Порой нужно упасть, чтобы затем взмыть в поднебесье.

РЕЗЮМЕ: ГЛАВА 17

ВООРУЖИТЕСЬ ТЕРПЕНИЕМ: НАСТОЯЩИЕ ИЗМЕНЕНИЯ ЗАНИМАЮТ ВРЕМЯ

На начальном этапе тшувы вы может быть охвачены восторгом, энтузиазмом и ощущением близости Всевышнего. Совершенно естественно и нормально, что со временем эти ощущения изменятся. Необходимо запастись терпением, поскольку подлинные изменения в жизни происходят медленно и постепенно. Мгновенные, внешне эффектные изменения обычно носят временный поверхностный характер.

Не менее важно помнить, что одним из проявлений духовной зрелости – не казнить себя за каждую ошибку. Умение прощать себе и окружающим поможет вам понять, что все, что происходит в жизни, происходит не просто так. Это так же даст вам необходимые силы, чтобы произвести необратимые изменения.

ПРАКТИКА

ДНЕВНИК

Когда в процессе тшувы первоначальный энтузиазм постепенно исчезает, возникает ощущение, что рост прекратился, и вы достигли духовного плато.

Имеет смысл ежедневно уделять несколько минут, чтобы отметить свои сегодняшние успехи, пусть даже самые незначительные, и записать их в специальном дневнике

Отмечайте свои успехи. Думайте о том, как вам удалось этого достичь, и записывайте свои соображения. Вы так же можете отмечать свои неудачи, указывая, какие мысли и реакции стали тому причиной. Время от времени перечитывайте свои записи, а затем отмечайте, насколько вы продвинулись вперед за «отчетный период», и что помогло вам удержать достигнутое.

ГЛАВА 18

ПРОЩЕНИЕ

Тшува позволяет покончить с прошлым, создает наше будущее и восстанавливает нашу связь с Создателем в вечном настоящем. К примеру, если человек воровал, то тшува включает необходимость вернуть украденное.[64] Это решение исправиться не только позволяет бывшему вору покончить с прошлым, но и открывает перед ним возможность лучшего будущего, а так же восстанавливает утраченную связь с Богом, дарующим вечное прощение прежних грехов.

Когда человек наносит ущерб другому, он наносит тройной ущерб цельности:

1) отдаляется от Всевышнего, забывая о Нем;

2) строит фальшивую перегородку между собой и обиженным человеком;

---

[64] «Раскаяние и Йом-Кипур искупают только вину перед Всевышним – например, вину того, кто ел запрещенную пищу или совершил прелюбодеяние. Но тому, кто виновен перед другим человеком, – например, нанес ему телесное повреждение, или проклял его, или ограбил, – грех не простится вовек, если он не заплатит ближнему то, что тому причитается. Раскаяние и Йом-Кипур искупают только вину перед Всевышним – например, вину того, кто ел запрещенную пищу или совершил прелюбодеяние. Но тому, кто виновен перед другим человеком, – например, нанес ему телесное повреждение, или проклял его, или ограбил, – грех не простится вовек, если он не заплатит ближнему то, что тому причитается» (Рамбам, Мишне Тора, Законы раскаяния 2:9).

3) забывает про свой высший потенциал, и становится чужд самому себе.

Поэтому для того, чтобы в полной мере прочувствовать прощение и силу тшувы, человеку необходимо возместить все три вида ущерба и восстановить и исправить все нарушенные связи.

Начнем с третьего пункта: восстановление испорченных отношений. Чтобы двигаться по жизни вперед, необходимо научиться переставать себя казнить, прощать свои слабости, и придерживаться всецело положительной самооценки. Наша тшува станет полной и дающей силы двигаться дальше только после того, как мы научимся этим трем вещам. Умение прощать себя – важнейший элемент процесса тшувы: это позволяет покончить с прошлым, чтобы оно не вторгалось и не заполняло собой наше настоящее.

Состояние тшувы дает нам свободу жить в настоящем, не чувствуя себя пленником своего прошлого. Мы чувствуем себя прощенными и исцеленными, как только окончательно и чистосердечно отказываемся от глупых надежд и мечтаний на тему «ах, если бы, ах, если бы». Что сделано, то сделано – значит, так должно было быть. Поэтому все, что можно и нужно сделать, это освободить свое прошлое своими настоящими поступками и достижением более высокого уровня сознания.

Все, что уже случилось, следует считать следствием Божественного Провидения; однако что касается настоящего и будущего, то тут все зависит от нашей свободной воли и нашего правильного выбора.[65] Психологически это очень раскрепощающий и жизнеутверждающий подход – оставить прошлое таким, как есть, и в то же время взять на себя всю полноту ответственности, свободно выбирая настоящее и будущее.

Обидев другого человека словом или делом, прежде всего следует попросить у него прощение. Пока обиженный не простил, тшува считается не полной. К примеру, даже если вор вернул все украденное, его тшува считается неполной, если ограбленный его не простил, или

---

[65] В свете этой идеи становится понятным известное изречение рабби Акивы: «Все предопределено, но дана свобода выбора» (Авот 3:15).

если, по крайней мере, обидчик не предпринял искренних усилий, чтобы получить прощение (Баба Кама 60б).[66]

В свою очередь, если обидели не мы, а нас, нужно научиться прощать и забывать. Если нас кто-то обидел, то даже если воспоминания все еще причиняют боль, если обидчик попросил о прощении, только от вас зависит, открыть или не открыть дверь исцелению. При этом следует помнить, что проявлять жестокость и таить обиду может быть мучительно, порой это даже больнее, чем изначальная рана.[67]

Жить, все время злясь на своих обидчиков, означает все время нести на своих плечах груз негативных эмоций. В такой ситуации наш путь фактически выбирает и направляет именно тот, кто нас обидел. Поэтому злость и гнев приносят нам больше вреда, чем сама обида. Прощение позволяет разорвать вредную связь с обидчиком и обидой, то есть воспользоваться имеющимся у вас выбором и ликвидировать их влияние в вашем внутреннем пространстве. Простить не означает забыть. Забыть или не забыть обычно не в нашей власти. Мы не можем требовать от себя забыть, но мы безусловно можем простить.

На самом деле, забвение связано с эгоизмом, а прощение – с самопожертвованием. Поэтому правильно научиться прощать, не слишком концентрируясь на том, чтобы забыть. Когда мы говорим: «Забудь об

---

[66] Что считается «искренним усилием», разъясняется у Рамбама: «Даже тот, кто уже заплатил пострадавшему положенное, должен испросить его прощения. Даже тот, кто обидел ближнего только словами, обязан просить, чтобы тот его извинил. Если обиженный все же не прощает, виновный должен привести трех его друзей, и те попросят за него прощения. Вновь не простил обиженный – приводят еще трех друзей, если и это не помогло – еще трех. Если и на третий раз обиженный не простит обидчика – тот не обязан более просить прощения, и не желавший простить несет вину на себе. Если обиженный был учителем обидчика, тот должен просить прощения, если понадобится, тысячекратно – до тех пор, пока учитель не извинит его» (Законы раскаяния 2:9).

[67] «Человек не должен проявлять жестокость, отказываясь простить обидчика; следует быть отходчивым и негневливым. И когда виновный просит у обиженного им прощения, тому следует простить его от всего сердца и от всей души. Даже тому, кто причинил тебе много зла, не следует мстить, не следует припоминать ему этого – таков закон сынов Израиля, чистых сердцем; не таков нееврей, чье сердце необрезано, – «гнев его не угасает вовек» (Амос, 1:11). И так сказано о гивонитянах, которые не желали прощать: «И гивонитяне – не из сынов Израиля» (Шмуэль II, 21:2)» (там же, 2:10).

этом», или: «Не переживай, я давно позабыл об этом», это фактически означает, что происшествие не имело для нас никакого значения, а потому мы можем не обращать на него внимания. За этим подходом скрывается разрушительное самодовольство и даже гнев. Напротив, прощение связано с самопожертвованием – мы прощаем несмотря на то, что случившееся имело для нас серьезные последствия, и даже если рана болит до сих пор.

По-английски «забывать» – *forget*, то есть «*for-get*» – «для того, чтобы получить»; мы «забываем» о случившемся, надеясь получить что-нибудь взамен, то есть из ложного чувства власти. Напротив, «прощать» – *forgiving*, т.е «*for-giving*» – «для того, чтобы дать». Прощая обидчика, мы можем прекрасно помнить о том, что сделал нам этот человек, и даже все еще чувствовать боль и сожалеть об утрате. Тем не менее, мы делаем этому человеку безвозмездный подарок – возможность полноценной тшувы.

Когда мы прощаем обидчика не ради личных, финансовых, материальных или психологических выгод, это служит проявлением чистой бескорыстной любви. Высшая форма прощения не связана с логическими расчетами: «Если я прощу, то буду лучше себя чувствовать/стану более нравственным человеком/помогу моему обидчику сделать тшуву». Это акт бескорыстного дарения.

Проблема прощения и необходимости прощать других достаточно, поэтому мы сочли нужным остановиться на ней достаточно подробно. Максимально упрощая, существуют три типа недостойных поступков:

1. Нанесенный нам ущерб, который может быть или был компенсирован.

2. Нанесенный нам ущерб, который по своей природе носит необратимый характер.

3. Обида, причиненная другому – в этом случае неважно, возможно или нет компенсировать причиненный ущерб.

В некоторых случаях, когда причиненный в прошлом ущерб можно компенсировать, мы обязаны простить обидчика. К примеру, А украл у Б некую сумму денег. А вернул украденное до последней копейки, и попросил прощения. Если А просит о прощении искренне и чистосердечно, Б обязан его простить. При этом Б имеет право проверить искренность А, заставив его просить прощения три раза подряд. Однако если обидчик попросил простить его трижды, Тора требует простить обиду.

В других случаях речь идет о необратимом ущербе. В этом случае право потерпевшего прощать или не прощать. К примеру, А, распространивший о Б порочащие его слухи, достигшие многих ушей, теперь испытывает сожаление и просит Б его простить. Поскольку невозможно вернуть слова, порочащие Б[68], последний имеет право прощать или не прощать. Однако если Б не простит обидчика, эта обида останется с ним навсегда, постоянно вызывая у него злость и недовольство.

Наконец, в некоторых случаях прощать запрещено. К примеру, мы не имеем права прощать обиду, нанесенную третьему лицу, поскольку это не наше дело. Только сам потерпевший, которому был нанесен ущерб, имеет право простить обидчика, причем только за ущерб, нанесенный лично ему. В некоторых ситуациях может показаться, что обида нанесена только самому человеку, хотя на самом деле были задеты интересы его семьи, общины, или третьи лица, которых потерпевший случайно ввел в заблуждение. В этих случаях человек не может и не имеет права прощать.

Рабби Хаим из Брест-Литовска, прославленный талмудист XIX столетия, как-то ехал в поезде, когда к нему подошли два хорошо одетых молодых человека. Решив, что перед ними бедный нищий, они при-

---

[68] В своей книге «Слова, которые ранят, слова, которые исцеляют. Как разумно и мудро подбирать слова», Джозеф Телушкин приводит следующую историю: «Еврей, оклеветавший раввина, почувствовал внезапное раскаяние. Он пришел к раввину и попросил о прощении, а для искупления греха выразил готовность снести любую епитимью. Раввин велел ему взять перьевую подушку из своего дома, разрезать ее, разбросать перья по ветру и потом прийти к нему. Сделав как было сказано, человек вернулся к раввину и спросил:
– Теперь я прощен?
– Почти, – ответил раввин. – Осталось сделать еще одно дело. Пойди и собери все перья.
– Но это же невозможно, – запротестовал человек. – Их уже разнесло ветром.
– Совершенно верно, – ответил раввин. – Несмотря на то, что ты действительно хочешь исправить совершенное зло, уничтожить вред, нанесенный твоими словами невозможно, как и невозможно собрать разнесенные ветром перья».

нялись насмехаться над рабби Хаимом. Когда поезд прибыл в Брест-Литовск, юноши с ужасом поняли, что тот, над кем они издевались – никто иной, как прославленный рабби Хаим! Не теряя ни секунды, они бросились к раввину и стали умолять о прощении. Рабби Хаим, однако, отказался, объяснив, что не имеет на это никакого права – ведь тот, кого они оскорбили, и тот, у кого они просят прощение, совершенно разные люди. Поэтому, раз юноши оскорбили бедного нищего, им следует найти именно такого человека, и попросить прощения у *него*.

Получив прощение, человек достаточно быстро понимает, что ему гораздо проще снова стать полезным членом общества, которого не мучает чувство вины и груз недостойного прошлого. В то же время прощенный получает возможность обратиться к Владыке Мира, чтобы просить у Него о прощении, и исправить свои отношения с Создателем.

Разумеется, сама идея, что отношения с Богом могут быть испорчены, возможна только с точки зрения человека из плоти к крови, живущего в бинарном мире, где есть верх и низ, далекое и близкое, один и много. С точки зрения Бесконечного Единства, не существует такой вещи, как разрыв отношений или любые формы независимого существования. Однако пока мы живем в нашем мире двойственности, тшува – конкретное событие, происходящее в определенное время; это стремление восстановить, исправить испорченные отношения.

Несколько столетий назад некоторые мыслители полагали, что тот, кто согрешил и сбился с истинного пути, должен восстановить внутренне равновесие с помощью жесткой дисциплины и самоистязаний. Считалось, что для того, чтобы тшува была полноценной, необходимо мучить и причинять боль своему телу. Многодневные посты и самоистязании казались эффективными средствами, очищающими тело от духовных последствий телесных грехов.[69] В осно-

---

[69] Подобные самоистязания кающихся грешников красноречиво описаны в рассказе «Корона из перьев» Ицхака Башевиса-Зингера: «Дни напролет Цемах таскал воду. Акша стирала белье. Кроме суббот и праздников оба постились ежедневно и ели только по вечерам. Акша насыпала себе в ботинки песок и мелкие камни и носила грубошерстную рубашку прямо на голом теле. По ночам они

ве этой философии лежала идея, что зло нужно лечить другой разновидностью зла. Этот подход содержит рациональное зерно, поскольку для того, чтобы отучить тело от излишних удовольствий, необходимы определенная строгость и воздержание.[70] Тем не менее, суровый аскетизм полезен только очень немногим избранным, имеющим определенную психологическую предрасположенность. Поэтому сегодня подавляющему большинству из нас путь аскетизма совершенно не подходит.

Ранние еврейские моралисты, например рабби Элиэзер из Вормса или анонимный автор трактата *Орхот Цадиким*,[71] говорили о четырех разновидностях тшувы: *тшуват а-ба, тшуват а-гедер, тшиват а-мишколь* и *тшуват а-катув*.

Тшуват а-ба есть уклонение от греха, когда появляется возможность его совершить. Иными словами, удерживается от греха, совершенного ранее при точно таких обстоятельствах или точно в такой ситуации. Искушение может быть таким же, как прежде, однако человек сознательно решает не повторять прежних ошибок. Подобная сдержанность свидетельствует, что прежнее поведение перестало быть естественным и привычным – человек сумел не только исправиться, но и избавиться от негативных последствий предшествующего жизненного опыта.

спали врозь: он на топчане у окна, она на соломенном тюфяке возле печки. На веревке, протянутой от стены к стене, висели саваны, которые она сама приготовила для них обоих. Цемах отрастил себе длинные волосы, как средневековый аскет. Борода у него была в беспорядке и глаза сверкали во тьме. Он едва прикасался к ужину. Чтобы не получать удовольствия от пищи, он глотал хлеб не разжевывая, пересаливал и переперчивал суп... Цемах первым бросился в снег. Он истово катался туда и обратно. С него свалилась шапочка. Тело у него было покрыто черными волосами, как шерстью. Акша слегка помедлила и тоже повалилась. Она медленно и молча ворочалась в снегу, а Цемах не переставая повторял: «Мы грешили, мы обманывали, мы грабили, мы лгали, мы насмехались, мы восставали.– И затем добавил.– Да будет воля Твоя в том, чтобы моя смерть была искуплением за все мои прегрешения». В трактате Орхот Цадиким, о котором пойдет речь ниже, перечислены все эти и многие другие формы самоистязания.

[70] См. Рамбам, Законы о нравах 2:1-2.

[71] Элиэзер (Эльазар) бен Исаак Великий (990-1060)- известный немецкий раввин и талмудист. Возглавлял иешиву в Майнце, был одним из учителей Раши. Орхот Цадиким – анонимный этический трактат, написанный в Германии в XV веке.

Тшуват а-гедер – тшува «границ», или сдержанности. Она проявляется в том, что человек устанавливает для себя дополнительные ограничения, и воздвигает дополнительные барьеры, чтобы даже случайно не оказаться на опасной территории. Таким образом он оберегает себя от того, что, не будучи формально запрещенным, является нежелательным. К примеру, если вы хотите удержаться от сплетен и злословия, вы можете решить, что вообще не будете говорить о других людях, даже совершенно нейтральным образом. Вы будете готовы поговорить об абстрактных идеях и принципах, а не о каких-либо конкретных людях.[72]

Тшуват а-мишколь, или «тшува меры» – покаяние, призванное «уравновесить» совершенное прегрешение. Кающийся грешник мучает и истязает себя в соответствии с удовольствием, полученном в результате греха. К примеру, те, кто согрешил в порыве страсти, катались в снегу, чтобы «охладиться». На более глубоком уровне бывший грешник должен стремиться получить от духовной жизни – изучения Торы, служения Всевышнему и т.д. – такое же удовольствие, какое он прежде получал в грехе.

Тшуват а-катув, или «тшува от написанного» – ситуация, когда человек подвергает себя наказанию, предписанному Торой за соответствующее преступление. К примеру, если за некоторое прегрешение согласно Торе полагается порка (*малкот*), грешник подвергает себя самобичеванию. Разумеется, в наше время этой духовной практике можно найти более подходящие аналоги. К примеру, некоторые прегрешения, согласно Торе, караются «изгнанием из стана»; тот, кто совершил подобный проступок, должен отдалиться от людей, и провести некоторое время в уединении, размышляя о содеянном. В любом случае, подобная практика может быть только добровольной. Ее цель

---

[72] Автор Орхот Цадиким приводит следующие примеры: «Кто был с чужой женой или помолвленной другому ... пусть не разговаривает о вожделении и не смотрит на женщин, на одежду и украшения их, даже когда они не надеты, и пусть не слушает их песни, и пусть вообще не бывает в обществе женщин, ни намеком и никак, и даже со своей женой в период менструации, и не остается наедине ни с какой запрещенной ему женщиной.... Если кто привык болтать в синагоге и насмешничать, и вести себя легкомысленно, – с того времени, как раскается, пусть остерегается разговаривать в синагоге о чем-либо будничном, даже не во время молитвы».

состоит в том, чтобы повлиять на человека к лучшему, побудив его к самоанализу, самоисправлению и очищению.

Самоистязания и смирение плоти никогда не были неотъемлемыми элементами тшувы. Подлинная тшува подразумевает сожаление о содеянном (*харата*), готовность взять на себя всю полноту ответственности за содеянное (*кабала*), и твердое намерение жить по-другому. *Харата* – глубокое сожаление и искреннее осуждение прежних прегрешений – то есть сожаление, оставившее в нашей душе глубокий след. Слово *кабала* в данном случае означает серьезное обдумывание прошлого, и готовность принять его ради более достойного настоящего и будущего. Готовность принять ситуацию такой, как есть, позволяет примириться с прошлым, найти в случившемся смысл, и подготовиться к тому, чтобы двигаться дальше.

В наши дни среди религиозных авторитетов существует консенсус, что следует избегать излишних постов и других видов самоистязания.[73] В большинстве случаев многочисленные посты приводят лишь к бесполезной трате сил, что, в свою очередь, вызывает нетерпение и гнев. Поэтому вместо того, чтобы смирять плоть и истязать свое тело в надежде достичь духовного просветления, следует работать со своим телом, используя его в качестве инструмента для создания более прочной связи с душой. Тому, кто хочет очиститься, следует прибегнуть к таким «плотским» средствам, как раздача благотворительности, произнесение слов Торы, или исполнение различных заповедей. В своих духовных стремлениях мы должны учитывать и использовать, а не унижать и наказывать свое тело. Духовное исцеление не предполагает пренебрежения к своей плоти. Напротив, «маленькая ранка на

---

[73] См. напр. Послание о покаянии, 3: «Тому, кому вредят многочисленные посты так, что он может заболеть или тяжко страдать от них, да сохранит Всевышний, – как в нашем поколении – запрещается умножать посты, даже [если ему следует] наказание «карет» и смертная казнь по решению суда, и тем более [это запрещается] за нарушение тех позитивных и негативных заповедей, за которые не следует наказание «карет». [В таких случаях посты совершают] в той мере, в какой он решит в душе своей, что это, наверное, совершенно ему не повредит. Ведь даже в давних поколениях, во времена танаим и амораим, так постились только здоровые люди, которые в силах были это вынести. Если же так постится тот, кто этого вынести не может, он называется грешником». В той же главе рабби Шнеур-Залман из Ляд дает ряд советов, как облегчить страдание от постов – например, «отложить их на короткие зимние дни».

теле становится огромной душевной раной». Чтобы достичь внутреннего мира и гармонии, прежде всего необходимо, чтобы душа, разум и тело жили в мире и согласии.

Один хасидский цадик однажды заметил, что его ученик собирается поститься, чтобы заслужить искупление. Подойдя к ученику, учитель хлопнул его по плечу, и мягко, но решительно сказал: «Прекрасно! Кажется, ты решил довершить начатое: сначала ты согрешил и разрушил свою душу, а теперь собираешься поститься, чтобы разрушить свое тело!».

Так же, как тело без души безжизненно, душа без тела совершенно бесполезна. Душа оживляет тело, которое становится ее инструментом, дающим ей возможность взаимодействовать с материальным миром – миром Божественного Творения, где и происходит величайшая духовная самореализация.

Если бы действительно стремимся к цельности, нам необходимо сочетать духовное вдохновение с телесной деятельности. В практическом плане это означает, что нам нужно использовать органы, служившие прежде достижению эгоистических целей и саморазрушению, для деяний, служащих проявлением святости и праведности. Необходимо работать с теми же физиологическими процессами, перенаправляя их энергию на совершение добрых дел.

Как писал рабейну Йона, когда возникает необходимость исправить ущерб, причиненный ложью, нужно следить, чтобы отныне из наших уст исходила правда, правда, и ничего, кроме правды. Если нужно искупить сплетни и пустословие, нужно, чтобы отныне мы ограничивались глубокомысленными речами и хвалебными отзывами. Разумеется, мы всегда должны говорить правду, произносить осмысленные слова, благожелательно отзываться о других людях, и т.д. Однако когда это становится частью исправления, мы очищаем свое тело, делая его участником восхитительного духовного восхождения.

Как и большинство духовных практик, источником которых является Тора, тшува не требует пренебрегать материальным во имя духовного. Трансцендентное можно найти и в материальной, и в духовной реальности. Хотя существует соблазн считать слово «Бог» синонимом слова «дух», это не так. Всевышний – создатель и материальных, и духовных миров, этого измерения и всех прочих измерений, конечного многообразия и бесконечного единства. Так же, как материалистическая жизнь может быть бездуховной, духовная жизнь может оказаться безбожной.

Приблизится к Всевышнему означает стать более богоподобными, а не более «духовными», то есть не от мира сего. Преодолевая ограничения материального мира, необходимо в тоже время принимать самое активное участие в происходящем здесь и сейчас, проявляя как можно больше заботы и творческой активности. Впрочем, необходимое равновесие прекрасно поддерживается соблюдением заповедей, поскольку их влияние превосходит непосредственный эффект от физического действия, совершенного здесь и сейчас. Заповеди соединяют Небо с землей, а землю с Небесами; каждая заповедь соединяет исполнившего ее с его Создателем.[74]

Именно в этом заключается основная идея шестиконечной звезды, которую на иврите называют *Маген Давид* («Шит Давида»). Это символ состоит из двух треугольников, один из которых повернут вверх, а другой – вниз. Треугольник, повернутый основанием вверх, символизирует бесконечные Небеса, которые в результате «сжатия» и «конденсации» (*цимцум*) спускаются вниз по каналу, который в каббале называют Древом Жизни. Подобно воронке, этот треугольник сжимает бесконечную энергию Небес до состояния капли – божественной искры, которая спускается в материальный мир в конкретной индивидуальной точке, порождая ограниченное тело или форму.

Треугольник, повернутый вершиной вверх, опирается своим основанием на четыре стороны конечного мира, и возносится ввысь, подобно волне или горной вершине. Он достигает высшей точки мироздания – бесконечно малой точки высшего Единства. Будучи людьми из плоти и крови, мы находимся в середине двух

---

[74] Олицетворением этой идеи может служить лестница, приснившаяся праотцу Яакову на пути в Арам: «И увидел во сне: вот, лестница стоит на земле, а верх ее касается неба; и вот, ангелы божьи восходят и нисходят по ней, и вот, Господь стоит на ней» (Берешит, 28:12-13).

пересекающихся треугольников. Поэтому мы являемся немыслимой смесью звездного света и земного праха[75]; мы очищаем плоть, превращая ее в пламя, и в тоже время служим раскрытию Всевышнего в этом мире. Мы приносим землю в жертву Небесам, и низводим Небеса на землю; трудимся физически ради служения духовным идеалам, и ощущаем духовное посредством материального. В конечном итоге мы ощущаем единство, и преодолеваем все дихотомии; обретаем единство, становясь собой.

Заповедь тшувы мобилизует и собирает в единое целое все наши врожденные естественные силы, используя их ради достижения одной единственной цели – трансцендентной имманентности. Нам надлежит стать настоящими полноценными людьми, в полной мере проявляющими все свои способности, которые радуются жизни, превращая каждый заурядный земной миг в благородную вечность. Превратив каждое будничное событие в высший Опыт, мы получаем шанс прожить необыкновенную, насыщенную жизнь.

После того, как мы совершили искреннюю тшуву, нам следует думать, что мы прощены. Сразу по окончанию Йом Кипура – дня, целиком посвященную прощению и искуплению – мы начинаем вечернюю молитву словами: «И Он, милосердный, простит прегрешение и не погубит согрешившего». В чем смысл этой фразы? Только что мы завершили Йом Кипур – молились, постились, искренне каялись в своих грехах... Какие прегрешения мы могли совершить за те несколько секунд между окончанием Судного дня и началом вечерней молитвы?

Дело в том, что даже этих секунд вполне достаточно, чтобы в голове промелькнула мысль: «А есть ли в этом смысл? Неужели я в самом деле прощен? После двадцати пяти выворачивающих душу трансцендентных часов Йом Кипура, посвященных раскаянию и самоанализу, величайший грех – подумать, что это была пустая трата времени, и что, возможно, мы так и не удостоились прощения. Поэтому мы говорим *Ве-Ху Рахум* – Боже Милосердный, прости нас!

---

[75] Намек на благословение Всевышнего праотцу Аврааму: «То Я благословлять буду тебя, и умножая умножу потомство твое, как звезды небесные и как песок на берегу моря» (Берешит, 22:17).

Прости, что мы усомнились в себе, что мы усомнились в Твоей способности прощать.

Уверенность в себе и прощение не противоречат друг другу. Гениальный царь Давид говорил: «Ибо преступления свои знаю я, и проступок мой всегда предо мной» (Тегилим, 51:5). Если человек, согрешив, сделал тшуву, однако по-прежнему ощущает влияние прежних проступков, и он по-прежнему считает себя нечистым, недостойным, лишенным надежды из-за прежних злодеяний, то тогда его преступления не *перед* ним, но *внутри* него. Более того, его грехи – в некотором смысле он сам; они считаются частью того, кем человек является «на самом деле», частью определения этого человека («Реувен – вор», «Шимон – убийца», и т.д.). Однако, когда человек начинает серьезно и целенаправленно работать с этими чувствами, отпуская их на свободу, они становятся внешними, отделяясь от базового самоопределения его я. Это напоминает эффект, возникающий, когда мы рассказываем о своих прегрешениях вслух: будучи артикулированы, они выходят наружу, теряя над нами свою власть, позволяя работать над ними и, в конечном счете, совершенно от них избавиться.

Прошлое может удерживать нас, подобно якорю или ядру на ноге каторжника. Обсессия по поводу своего прошлого не позволяет нормально жить в настоящем. Однако человеку необходимо двигаться вперед. Разумеется, с прошлым нужно разобраться, однако нельзя допустить, чтобы оно заполонило наше настоящее. Никто не спорит, что нужно исправить все, что было сломано, но это не должно стать всей нашей жизнью. Иногда необходимо совершенно забыть о прошлом, полностью сосредоточившись на настоящем и будущем; забыть о «несовершенном я», полностью сосредоточившись на «совершенном я». Оступившись, нельзя терять надежду или считать себя павшим. Нужно научиться хотя бы на время забывать о неудачах и двигаться дальше.

По мнению Раши, сразу же после поклонения золотому тельцу евреям, для искупления этого греха, было предписано возвести скинию (переносное святилище). Моше повелел евреям собрать и принести материалы, необходимые для строительства. Когда все необходимое было собрано, старейшины сказали Моше: «Народ больше приносит, нежели нужно для совершения работы, какую повелел сделать Господь» (Шмот, 36:5). По словам рабби Иегошуа из Бельц[76], евреи принесли «больше, чем нужно» не только в материальном, но и в духовном плане. Стремясь сделать тшуву и искупить грех золотого тельца, евреи сделали «больше, нежели нужно.

Быть прощенным означается избавиться от груза своего прошлого, когда прошлое перестает мешать наслаждаться настоящим и принимать его дары. Прощение не означает, что человек снимает с себя ответственность за свои прежние проступки, или многословно доказывает, что ничего такого не было – напротив, он признает, что грех был, и что «проступок мой всегда предо мной». Просто в процессе тшувы то, что прежде оставалось неосознанным и ядовитым, стало осознанным и чистым».

Признайте объективный факт: «Да, я согрешил, но я был прощен, отныне я могу жить свободно». Чувствуйте себя свободными, уверенными в себе, способными двигаться дальше.

Уныние – самая мощная из существующих в мире *клипот* («оболочек», скрывающих божественный свет); сомнение в себе и отчаяние – два главных препятствия духовному росту. Отчаявшийся человек не способен двигаться дальше. Есть люди, сомневающиеся в своих способностях или даже в самих себе. Иногда это связано с прежними поступками, иногда – с воспитанием. Чтобы навсегда избавиться от подобных сомнений и поверить в себя, нужно все время помнить, что Господь, Владыка мира, счел нас достойными появиться на свет, и что если до сих пор Он поддерживает нас, то значит, мы этого заслуживаем.

---

[76] Иегошуа Рокеах (1825-1894) – второй глава бельцких хасидов. Был известен сочетанием глубоких познаний в Торе и здравого смысла; считался одним из наиболее последовательных противников Гаскалы (еврейского просвещения).

РЕЗЮМЕ: ГЛАВА 18

ДВИГАТЬСЯ ДАЛЬШЕ

Тшува не является завершенной до тех пор, пока мы не простили других, и не получил прощение от других людей и Всевышнего. Нужно научиться чувствовать себя прощенными и достойными, а так же научиться прощать самим. Если тот, кто вас обидел, компенсировал ущерб и продемонстрировал искреннее сожаление о случившемся, вам следует его простить, и больше не переживать ни из-за этого человека, ни из-за этого события. Если же вы не смогли простить, то не негативное влияние этого человека остается с вами, мешая вам жить.

ПРАКТИКА

КРУГ ЛЮБВИ

Ежедневно уделяйте несколько минут, чтобы представить себе следующую картину. Закройте глаза и представьте себе, что вы входите в пустую комнату. В этой комнате мирно спит самый дорогой вам человек – например, ваш ребенок или супруг/супруга. Подумайте о безмерной любви, которую вы испытываете к этому человеку, а так же то, как он любит вас. Не должно быть никакого раздражения или осуждения – только любовь. Постепенно «впускайте» в это комнату других людей, с которыми вы не столь близки, но все-таки считаете их своими друзьями, чтобы распространить на них свои чувства. По прошествии определенного времени впустите туда одного из тех, с кем у вас есть трения, и дайте своей любви излиться и на него. Продолжайте расширять свой «круг любви» дальше и дальше.

ГЛАВА 19

ОТВЕТСТВЕННОСТЬ: БЫТЬ ХОЗЯИНОМ СВОЕЙ ЖИЗНИ

Как правило, никто не рождается грешником. Напротив, каждый из нас появляется на свет чистым и незапятнанным – не хорошим и не плохим, но невинным, то есть способным выбрать, каким путем следовать. Поскольку все люди рождаются безгрешными, никто не может страдать или быть наказан за грехи другого.[77] Каждый из нас целиком и полностью ответственен за свою жизнь и за то, какой жизненный путь он выберет.

Тшува происходит, когда, столкнувшись с жизненными трудностями, мы принимаем на себя всю полноту ответственности за ситуацию, в которой мы оказались, и за все действия, которые мы совершили или не совершили. Ответственность означает, что мы признаем и осознаем, что являемся «хозяевами» своих поступков и своей жизни. Подобная ответственность открывает дополнительные возможности: признание и осознание того, что мы сами «дирижируем оркестром» своей жизни, придает нам колоссальные внутренние силы.

Говоря о тшуве, мидраш прибегает к следующей метафоре:

---

[77] См. напр. Дварим, 24:16: «а не будут наказываемы смертью отцы за детей, и дети да не будут наказываемы смертью за отцов: каждый за свой грех должен быть наказан».

Один человек, переплывая бурную реку, понял, что ноша, которую он несет, слишком тяжела и тянет его ко дну. Стоящие на берегу увидели, что он никак не решается бросить поклажу, и стали кричать ему: «Брось свою ношу, чтобы не утонуть».[78]

Аналогичным образом, человек, тонущий духовно, может горько жаловаться, что его прегрешения тянут его ко дну, и тем не менее, по той или иной причине, отказываться расстаться с ними. И тогда Небесный голос говорит ему: «Брось, они только тянут тебя ко дну и не дают двигаться дальше».

«Переплывая» бурные жизненные потоки, мы можем увеличить свою ношу, живя вразрез с собой и с миром, или облегчить ее, усвоив правильный духовный подход и научившись плавать. Волна, которая топит одного, помогает плыть другому. Хотя, согласно Талмуду, обязанность научить сына плавать лежит на родителях (Кидушин 29а), в конечном счете именно на нас лежит ответственность усвоить уроки плавания, которые преподает нам жизнь, и использовать их по назначению. Это справедливо не только в материальном, но и в духовном плане – на нас лежит обязанность научиться справляться с жизненными волнами – чтобы они триумфально несли нас вперед, к поставленной цели.

Мы принадлежим к культуре, которая стремится и найти причину и смысл всего, что происходит. Когда что-нибудь идет не так, подавляющее большинство винит в этом кого-то или что-то. Если человек совершает непростительное преступление, психологи и психоаналитики дружно встают на его защиту, предлагая различные объяснения и оправдания его девиантного поведения: «Он стал преступником потому, что в детстве стал жертвой насилия, издевательства, недостаточной заботы, и т.д.» Вину за преступление возлагают не на преступника, а на родителей, окружение, прежний опыт...

Иными словами, причину случившегося ищут не в самом человеке, но в различных внешних факторах, чтобы тем самым объяснить

---

[78] Ялкут Шимони, Теилим 38.

или даже оправдать преступные действия. Разумеется, в некоторых случаях подобный подход правомерен. Однако в конечном итоге только сам человек, при условии, что он находится в здравом уме и твердой памяти, несет ответственность за все свои поступки. Все время списывать все на внешние факторы – воспитание, окружение, образование, наследственность и т.д. – нездоровый и контрпродуктивный подход и с психологической, и с духовной точки зрения. Вместе с тем, подыскивая различные «оправдания» своим поступкам, мы занимаемся именно этим. В некоторых случаях у нас действительно есть право жалеть себя и жаловаться, что мы были обмануты своим окружениям. Однако даже тогда этот подход никуда нас не приводит.

Допустим, мы выяснили, что у нас есть реальные проблемы, связанные с нашим окружением. Чего мы хотим – жаловаться или решать эти проблемы? Что в данном случае для вас главное. Безусловно, в некоторых случаях полезно выяснить недостатки своего воспитания, влияния среды и других внешних факторов – это позволяет четко обрисовать ситуацию, и выявить проблемы, которые необходимо решить.

Однако нередко за исходной диагностикой не следует ничего, кроме жалоб и бесполезных рассуждений: «Все идет не так по такой-то и такой-то причине». Подобные рассуждения лишают последних сил и парализуют всяческое движение. Поэтому рано или поздно должен быть поставлен другие вопросы: «какова *моя* роль во всей этой истории? Кто я? Что я сделал?», и, самое главное – «что я могу сделать? Как я могу повлиять на свое окружение, мою судьбу, мою жизнь?».

Когда все нужное сказано и сделано, наша жизнь начинает зависеть исключительно от наших желаний и способности выбирать реакцию на различные внешние и внутренние «раздражители». Разумеется, не каждое желание при этом исполнится, однако мы по-прежнему сможем выбирать, как интерпретировать происходящее: как реагировать на людей, с которыми мы сталкиваемся, события, которые с нами происходят, и обстоятельства, в которых мы оказываемся? Мы не всегда можем контролировать то, что с нами происходит, однако наша реакция может быть осознанной, а не только механической или инстинктивной.

Нам не дано выбирать, в какой семье, обществе или эпохе родиться. Однако мы можем выбрать, как использовать имеющиеся ресурсы, чтобы двигаться вперед. Ответственность – это прежде всего способность отвечать, то есть самим решать, каков будет наш ответ в каждом конкретном случае. Жить ответственно означает принимать самостоятельные решения, жить сознательно и активно. Каждый способен расти и развиваться в рамках своего гендера, национальности и семьи. Это напоминает джаз, когда мелодия соответствует заданным параметрам, и вместе с тем каждый музыкант имеет возможность для сольной импровизации, зависящей от его свободного выбора в рамках исходной структуры.

Человек – единственное существо, наделенное способностью и свободой делать осознанный выбор. Когда происходит что-нибудь неприятное, мы способны реагировать рационально и адекватно, не позволяя привычке взять ситуацию под контроль и увлечь нас за собой. Мы также можем не выбирать, оставаясь пассивными наблюдателями, становясь тем самым заложниками ситуации. Контролировать происходящее с нами часто не в нашей власти, однако наша реакция может быть сознательной, а не инстинктивной. К примеру, если что-то идет не так, то первой инстинктивной реакцией будет злость. Однако затем в наших силах сделать выбор: укротить свою злость и действовать хладнокровно, или же дать ей волю, разразившись каскадом гневных слов и поступков.

Способность выбирать – богоподобная сила.[79] Будучи обладателями божественной искры, мы можем создавать и формировать содержание нашей жизни, независимо от контекста. Все прочие создания действуют в соответствии с заданной, предопределенной программой. К примеру, животные, насколько нам известно, являются цельными созданиями; их поступки всегда соответствуют их природе, они всег-

---

[79] См. Берешит 1:26-27: «И сказал Бог: создадим человека по образу Нашему, по подобию Нашему...И сотворил Бог человека по образу Своему, по образу Божьему сотворил его».

да поступают согласно тому, кто они есть. Их поступки – инстинктивны, а не результат подлинного выбора; их поведение запрограммировано их генетикой. Только человек обладает способностью поступать вопреки своей подлинной природе. Множество людей чувствует, что их подлинное я чуждо их действиям и побуждениям. Нередко у нас возникают желания, вызывающие внутреннее сопротивление – из-за наших морально-нравственных ценностей, психологических или материальных соображений, и т.д.

Именно присущая людям способность жить в разладе со своим подлинным я порождает напряжение и беспокойство, которые служат катализатором развития практически во всех областях человеческой деятельности – духовной, творческой или технологической. В определенном смысле прогресс зависит от экзистенциальной неудовлетворенности.

Человек не только обладает способностями, позволяющими отклоняться от естественного инстинктивного поведения и эволюционных процессов, но и наделен уникальными качествами, позволяющими восстановить связь со своим высшим я, и снова зажить, не затрачивая усилий, в согласии со своей природой.

Люди – разумные существа, придумывающие философии и разные способы общения. Одним словом, мы способны изменять окружающую реальность. Хотя частично мы животные, нам так же присуща способность к духовному творчеству. В определенном смысле мы полуангелы – духовны, подобно ангелам, но обладаем плотью, подобно животным.

Мы, люди, способны создавать абстрактные концепции, и строить свою жизнь согласно выбранной философии и символам. В наших силах создать этическую систему, построенную на четко сформулированных принципах. Качество нашей жизни во многом зависит от того, насколько наши поступки соответствуют нашим принципам. Внутренний разлад и борьба присущи далеко не всем людям – многие выбирают жить свободно, руководствуясь высшим сознанием.

Удивительный дар выбирать и творить обладает и другими достоинствами – мы можем создать свою жизнь заново, сделав тшуву. Таким образом мы можем создавать новые парадигмы, и менять философские принципы, лежащие в основе наших действий. Стоит нам захотеть, и мы можем заполнить свою жизнь совершенно другим содержанием, и в полном смысле того слова стать «другим человеком». То, что мы созданы Создателем «по образу и подобию» означает, что как бы далеко мы не удалились от своего подлинного я, мы всегда можем вернуться и вновь стать цельными.

В «Мишне Тора», фундаментальном кодексе еврейских законов, Рамбам подробно рассматривает идею свободы выбора (*бхира*). Этот вопрос он разбирает в контексте законов тшувы[80] – подобно тому, как сама Тора связывает тшуву и выбор.[81] Тшува и свобода выбора тесно связаны друг с другом, поскольку подлинное возможность действительно менять невозможна без способности выбирать.

Если бы люди были созданы лишенными свободы выбора, соблюдение заповедей стало бы предопределенным и механическим, хотя сами заповеди все равно бы остались. Однако в отсутствие свободы выбора не было бы и ответственности – и, соответственно, самой идеи тшувы. Это был бы мир чистого детерминизма, где не было бы никаких причин восстанавливать свою связь с Богом, даже если мы сделали что-то не так. Более того, в мире детерминизма в принципе

---

[80] «Так как человек обладает свободой воли, как мы объяснили – он должен стараться раскаяться и очистить себя от грехов, чтобы закончить жизнь раскаявшимся и удостоиться удела в грядущем мире» (Законы раскаяния, 7:1). Свободу выбора Рамбам считал краеугольным принципом еврейской религии: «Человек обладает свободой воли. Пожелает он пойти по пути добра и быть праведником – ему дано это; пожелает пойти по пути зла и быть грешником – у него есть и такая возможность. Этот принцип имеет основополагающее значение для всей Торы и всех заповедей» (там же, 7:1,3).

[81] См. Дварим, 30:15-19: «Смотри, предложил я тебе сегодня жизнь и добро, и смерть и зло. Заповедуя тебе сегодня любить Господа, Бога твоего, ходить путями Его и соблюдать заповеди Его и уставы Его и законы Его, дабы ты жил и размножился; и благословит тебя Господь, Бог твой, на земле, в которую ты входишь, чтоб овладеть ею. Если же отвратится сердце твое, и не будешь слушать, и собьешься с пути, и поклоняться будешь богам иным, и будешь служить им, то я возвещаю вам сегодня, что наверное погибнете и не долго пробудете на земле, ради которой переходишь ты Ярден, чтобы войти туда владеть ею. В свидетели призываю на вас ныне небо и землю: жизнь и смерть предложил я тебе, благословение и проклятие. Избери же жизнь, дабы жил ты и потомство твое.»

нет места таким концепциям, как «хорошо» и «плохо»[82] – каждый жизненный шаг был бы заранее запрограммированным и предопределенным. Наша жизнь была бы не в нашей власти – соответственно, не было бы и необходимости в желании и способности меняться.

Жить в состоянии тшувы (особенно высшей тшувы, совершаемой из любви) означает жить свободно, осознавая собственные возможности. На этом глубоком уровне у нас появляется действительная возможность принимать решение и делать свой выбор. Когда человек ведет себя ответственно, и двигается вперед, к независимости и самоконтролю, поднимаясь на уровень, когда его поступки не носят предопределенный характер. И наоборот, бессознательная механическая

---

[82] О том, что в детерминированном мире законов природы нет понятий «хорошо» и «плохо», см. Рамбам, Путеводитель колеблющихся 1:2: «Что же касается [понятий] 'плохое' и 'хорошее', то они относятся к [сфере] общепринятого, а не к умопостигаемого. Ведь не говорится: «Небеса сферические – хорошо» или: «Земля плоская – плохо», но говорится «истинно» или «ложно»».

Важно отметить, что детерминизм далеко не всегда неизбежно приводит к фатализму, а также не предполагает, что все человеческие усилия бессмысленны и бесполезны. Напротив, следствием философии детерминизма может стать радикальный активизм и исполнение заповедей. Можно быть детерминистом, и, исходя из этих убеждений, посвятить всю свою жизнь Торе, полагая, что соблюдение Торы – именно то, что предначертано судьбой. Некоторые мыслители вовсе полагали, что человек достигает наивысшего уровня, полностью отказавшись от свободы выбора (см. рабби Симха-Меир из Двинска, Мешех Хохма, Шмот, стр. 75-77). Как свидетельствует история, многие проповедники детерминизма вели высоконравственную жизнь, полагая, что нравственная жизнь служит доказательством, что они принадлежат к числу изначально избранных, которым суждено прожить достойную жизнь на земле, и получить награду в загробной жизни. Как может человек узнать, какая судьба ему уготована? Можно узнать, принадлежишь ли ты к числу избранных, наблюдая, что ты делаешь и чего не делаешь. Исходя из этого, детерминисты с энтузиазмом и рвением служили Всевышнему и совершали добрые дела. С другой стороны, некоторые философы, бывшие последовательными противниками детерминизма и сторонниками свободы выбора, приписывали все человеческие поступки игре случая, тем самым подрывая саму основу идеи личной ответственности.

Впрочем, более глубокое изучение их идей и текстов свидетельствует, что на самом деле эти мистики и философы не проповедовали детерминизма и не утверждали, что у человека нет свободы выбора, но полагали, что у него нет самостоятельной свободы выбор. Они не говорили, что отдельной личности не существует, и что люди – просто «трубы», по которым течет божественная воля, но что существование отдельных личностей – иллюзия, поскольку единственным подлинным я является Я большое, а маленькие я – просто тени большого Я.

реакция на происходящее приводит еще большей порочности, внутренней несвободе, и, в конечном итоге, к полной зависимости от внешних, навязанных обстоятельств.

В наших силах изменять и трансформировать. В чем заключается разница между переменой и трансформацией? Изменение происходит, когда мы исправляем то, что было испорчено; трансформация – когда мы осознаем, что потенциально мы уже сейчас цельны и совершенны.

С другой стороны, каждая перемена несет в себе «трансформационный потенциал». Чтобы изменить, нужно сначала осознать необходимость перемен. Осознание своих ошибок парадоксальным образом ведет к трансформации, поскольку, увидев свои прегрешения, мы понимаем, насколько наше внешнее самовыражение противоречит нашему внутреннему потенциалу. В тот момент, когда мы в полной мере осознаем свое несовершенство – что мы не живем в соответствии со своими возможностями, подлинными стремлениями и внутренним потенциалом – что наша жизнь совсем не такая, как нам бы хотелось – мы начинаем постигать свое потенциальное совершенство.

Рабби Авраам, сын Рамбама[83], поведал следующую историю, случившуюся однажды с его отцом. Однажды Рамбам услышал, как один уважаемый член еврейской общины похвалялся накануне Судного дня: «Я такой безупречный и праведный человек, что совершенно не понимаю, для чего мне нужна тшува». Услышав это хвастливое заявление, Рамбам шепнул сыну: «Возможно, ему необходима тшува просто в силу того, что ему кажется, что она ему не нужна».[84]

Тшува – освобождающее переживание, когда нам больше не нужно перекладывать на других вину за свое недостойное поведение. Обретя свободу, мы приобретаем возможность встать и провозгласить: «Это – моя жизнь, и я отвечаю за все, что со мной происходит». Даже если обстоятельства дают нам все основания предполагать, что нас

---

[83] Авраам бен Моше бен Маймон (1186 – 1237) – врач и философ, придворный медик египетского султана Саладина, глава еврейской общины Египта. В своих трудах активно защищал и развивал философское наследие своего отца.

[84] Рабби Авраам бен а-Рамбам, Сефер а-Маспик ле-Овдей а-Шем, Эрех а-Анава, стр. 68.

обманули или использовали, тшува дает нам возможность позитивной упреждающей реакции. Мы можем использовать энергию, бурлящую внутри нас, чтобы прожить жизнь, максимально раскрыв свой потенциал. Вместо того, чтобы быть рабом жизненных обстоятельств, мы можем стать их хозяевами, выбирая, как реагировать на происходящее с нами.

Мы не хотим сказать, что осознать свою ответственность легко и просто. Даже если на интеллектуальном уровне мы понимаем важность и ценность ответственности, эту идею невозможно автоматически принять и усвоить. Понимание, что мы и только мы являемся творцами своих реакций на жизненные обстоятельства, может быть трудным, порой даже мучительным. Однако в конечном итоге оно оказывается источником энергии и жизненных сил. Такие качества, как свобода выбора и ответственность, являются дарами Всевышнего[85]; воспользовавшись этими качествами, мы раскрываем свой божественный потенциал на всех возможных уровнях.

Быть человеком означает брать на себя ответственность. Наш общечеловеческий день рождения, Рош а-Шана, так же является днем Суда и отчета за свои поступки. Из этого следует, что исконной человеческой природе свойственно отвечать за свои поступки и быть хозяином своей жизни; самому выбирать свой путь, и пожинать плоды своего выбора. Животные, подчиняющиеся инстинктам и обстоятельствам, не могут в полной мере нести ответственность за свои поступки. Для человеческого духа стремление к ответственности является врожденным – ведь мы появились на свет в космический День Ответственности.[86]

---

[85] См. Рамбам, Законы раскаяния 5:4: «Знай, что все – по воле Его; пожелал Создатель, чтобы огонь и воздух стремились вверх, а вода и земля – вниз, небесные сферы вращались, и все творения в мире обладали свойствами, которыми Ему было угодно наделить их; точно так же пожелал Он, чтобы воля человека была свободной, и он был бы властен над всеми своими поступками, и чтобы ничто не вынуждало его к определенным действиям и никакая сила не влекла его к ним; но чтобы он сам, руководствуясь разумом, данным ему Богом, совершал все, что человек в силах совершить».

[86] «В Рош-а-Шана все обитатели вселенной проходят перед Ним словно ягнята – как сказано (Тегилим 33:15): «Создает сердца их разом, вникает во все их дела»» (Рош а-Шана 1:2)

Когда мы берем на себя ответственность за свою жизнь, то обнаруживаем свой истинный потенциал. Человеку предназначено быть гордым хозяином своей судьбы. Действуя бездумно, избегая духовной ответственности, мы подавляем свое божественное начало. И наоборот, ответственность за свои поступки способствует примирению «человеческого» и божественного.

После того, как Адам вкусил плод Древа познания добра и зла, Тора говорит о нем: «И выслал его Господь Бог из сада Эденского, чтобы возделывал землю, из которой он взят, и изгнал (ва-игареш) Адама...» (Берешит, 3:24). Это означает, говорил рабби Дов-Бер Шнеерсон, второй глава Хабада[87], что человек (адам, на идиш менч) был изгнан из райского сада. Когда Адам не прислушался к голосу рассудка, советовавшего не есть плод Древа Познания и Двойственности, он тут же отказался отвечать за случившееся, переложив всю вину на свою жену Хаву.[88] В этот момент его человеческое начало было утрачено, или «изгнано». Поэтому наша задача – в процессе тшувы вновь обнаружить в себе это божественное начало, и начать жизнь так в качестве сознательного и отвечающего за себя человека.

---

[87] Рабби Дов-Бер бар Шнеур-Залман из Любавичей (Миттлер Ребе, 1773—1827) — второй духовный лидер движения Хабад, сын и преемник основателя движения рабби Шнеура-Залмана из Ляд. В 1812, во время наполеоновского вторжения, вместе с отцом покинул Белоруссию вслед за отступающей русской армией. Присутствовал при кончине рабби Шнеура-Залмана, а вернувшись в Белоруссию, стал главой Хабада. Автор многочисленных сочинений, активно поддерживал хасидов, поселившихся в Земле Израиля.

[88] «И сказал Адам: жена, которую Ты дал мне, она дала мне от дерева, и я ел» (Берешит, 3:12). Его жена Хва поступила точно также: «И сказал Господь Бог жене: что это сделала ты? И сказала жена: змей обольстил меня, и я ела» (там же, 13).

РЕЗЮМЕ: ГЛАВА 19

БЫТЬ ХОЗЯИНОМ СВОЕЙ ЖИЗНИ; БРАТЬ НА СЕБЯ ОТВЕТСТВЕННОСТЬ

Довольно часто то, что преподносит нам жизнь, совершенно не в нашей власти. Тем не менее, у нас остается выбор, как реагировать на происходящее. Некоторые из нас постоянно ищут объяснения и оправдания, почему мы никак не можем двигаться дальше. Возможно, эти оправдания действительно справедливы. Можно винить в своих неудачах, своих родителей, учителей, друзей, воспитание и окружение. Однако можно также взять на себя ответственность за свою судьбу. Я, и только я должен решать, каким образом реагировать на вызовы, которые бросает нам жизнь.

ПРАКТИКА

ДАВАЙТЕ ОБЕЩАНИЯ

Обнаружив, что вы заняты поиском отговорок, оправдывающих свое недостойное поведение, сделайте паузы, чтобы подумать о своей ответственности, то есть способности давать ответ за свои дела.

Хороший способ перестать искать отговорки - давать себе обеты или клятвы. К примеру, вы можете пообещать (добавив при этом *бли недер* – «не давая обета»[89]), что на протяжении двух ближайших часов вы не станете искать оправдание своим недостойным поступкам. Когда эти два часа пройдут, дайте новую клятву, что еще два часа вы будете поступать точно также. Удача влечет за собой удачу, поэтому давайте такие клятвы, которые будет не трудно исполнить. Добившись успеха несколько раз, увеличьте «время ответственности» или масштаб поставленной задачи.

---

[89] Согласно Торе, неисполнение формального обета является настолько серьезным грехом, что их лучше, по возможности, избегать.

ГЛАВА 20

ПРИРОДА, ВОСПИТАНИЕ И ТО, ЧТО ВЫШЕ ЭТОГО

Вернемся еще раз к истории об Эльазаре бен Дордая. Согласно Талмуду, это был очень развратный человек, не пропускавший ни одной блудницы. Как-то раз он услышал о проститутке, жившей в далекой стране. Эльазар решил посетить ее, и взял с собой пригоршню монет, чтобы расплатиться с жрицей любви за услуги. Отправившись в путь, наш герой пересек семь рек, и, наконец, прибыл к своей избраннице. В разгар любовных утех женщина неожиданно испортила воздух. Тогда, обернувшись к своему партнеру, она сказала: «Как этот «ветер» не вернется назад, так и Эльазар бен Дордая. Ты зашел так далеко, что никогда не сможешь вернуться к Истоку». Услышав это страшное предсказание, Эльазар почувствовал, что в нем все перевернулось, и им овладело страстное желание «вернуться», то есть сделать тшуву.

Эльазар бежал в пустыню, надеясь найти утешение своей измученной душе. Поселившись между двумя высокими горами, он заплакал: «О горы, заступитесь за меня перед Владыкой мира, и помолитесь за меня». Однако горы ответили ему отказом. Тогда несчастный обратился к небу и земле: «Пожалуйста, помолитесь за меня», однако и здесь его ждала неудача. Эльазар воззвал к небесным светила, солнцу луне и звездам: «Пожалуйста, молитесь за меня». Однако светила так же не откликнулись на эту просьбу. В отчаянии Эльазар опустил голову между колен, и принялся горько плакать. Не выдержав духовного экстаза, душа оставила тело, и в этот миг Небесный Голос провозгласил: «Рабби Эльазар бен Дордая удостоился удела в Мире Грядущем» (Авода Зара 17а).[90]

Мысль о жизненной необходимости перемен может возникнуть в самых неожиданных и даже случайных обстоятельствах. У Эльазара бен Дордая желание сделать тшуву родилось в ходе общения с блудницей, с которой он собирался предаться греху. Независимо от того, насколько человек сбился с пути, и как далеко зашло его духовное падение, рядом с ним всегда находится *Эль-Азар*, то есть «Бог, приходящий на помощь». Даже посреди беспроглядной тьмы и обмана всегда остается слабый луч света, тихий, еле слышный голос, способный изменить нас к лучшему и помочь нам вернуться на путь истинный.

Герой нашего рассказа обрел помощь, оказавшись в самой нижней точке своего нравственного падения. В тот самый миг, когда он собрался согрешить, в самой сердцевине тьмы ему неожиданно пришлось взглянуть в глаза самому себе. Когда это происходит, необходимо заглянуть себе глубоко в душу, и осознать, что все наши решения являются нашими и только нашими. Мы несем ответственность за все свои поступки, и не имеем права винить в своих ошибках кого-то или что-то другое.

Сначала Эльазар надеялся переложить груз ответственности на горы, небо, землю, солнце, луну и звезды – одним словом, на все свое окружение. Только поняв, что в этом деле никто ему не поможет, он действительно приступил к тшуве.

---

[90] Согласно законам жанра мидраша, все «герои» этой истории объясняли свою неготовность помолиться за грешника словами Писания. Так, горы сказали ему: «Ибо горы сдвинутся и холмы зашатаются, а милость Моя не отступит от тебя, и завет мира Моего не поколеблется, – сказал милующий тебя Господь» (Ишаягу, 54:10); небо и земля – «Поднимите к небесам глаза ваши и посмотрите на землю внизу, потому что небеса, как дым, рассеются, и земля, как одежда, истлеет, и жители ее так же умрут, а спасение Мое вовек пребудет, и справедливость Моя не уничтожится» (там же, 51:6); небесные светила – «Тогда посрамлена будет луна и пристыжено будет солнце, потому что Господь Воинств будет царствовать на горе Сион и в Иерусалиме» (там же, 24:23).

Глава 20. Природа, воспитание и то, что выше этого

В науке, известной как возрастная психология (или психология развития) идет непрекращающийся спор, в какой степени природа и воспитание служат причинами, заставляющими человека поступать тем или иным образом. Некоторые исследователи утверждают, что человек полностью зависит от своей «природы», то есть прежде всего наследственности. Согласно этой теории, биология предопределяет все реакции человека, и всю его судьбу; фактически биология становятся его судьбой.

Другие ученые выражают решительное несогласие с этим подходом. Согласно их представлениям, человеческий разум в момент рождения напоминает чистый лист, который затем покрывается записями, возникающими в результате жизненного опыта и привычек; соответственно, наши реакция являются результатом полученного воспитания. В соответствии с этим подходом, даже инстинктивное подсознательное поведение может быть изменено под влиянием любви, внимания, новой информации и дисциплины, а так же под воздействием культуры, окружения, образования и прежних жизненных выборов.

Наконец, третья «фракция» считает, что наша судьба зависит от звезд. Несколько столетий назад эта не самая популярная сегодня точка зрения была практически всеобщей: считалось, что личность и поведения человека зависит от знаков зодиака и движения небесных сфер.[91] Этот подход напоминает «естественную» теорию, согласно которой наш характер является детерминированным и неизменным.

---

[91] Примером такого подхода может служить гороскоп, составленный для некого еврейского мальчика известным еврейским поэтом и комментатором Авраамом ибн Эзрой (1092-1167): «Этот мальчик будет хорошего интеллекта, образованный во всех науках, так как Луна отделилась от оппозиции с Венерой и приближается к оппозиции с Меркурием, а Меркурий управляет домом, из которого доносится божественный дух. Также он будет богатым, но немного. Богатство, которое образуется между Солнцем и Юпитером, служит восьмому и выражается в худом кармане, но почести будут всю его жизнь. К тому же жребий Фортуны с Луной в термах Юпитера, и Юпитер её (Фортуну) созерцает, а сам в могуществе Марса, а Марс созерцает его и между ними аспект любви. И он будет представлен королям и могущественным (людям) своего времени. Об этом свидетельствует Богатство. Таково суждение о молодом человеке» («Суждение о рожденном»). ⟶

Три упомянутых выше теории соответствуют трем объектам, к которым Эльазар бен Дордая обращался в процессе своей тшувы. Неподвижные горы намекают на «природу»: – происхождение и генетику. «Небо и земля» – метафора воспитания, поскольку они заботятся о наших материальных нуждах, подобно отцу (небо) и матери (земля). Наконец, небесные тела представляют знаки зодиака, неизменные и безличные.

Согласно естественной теории – продукт бесконечных генетических «слоев» своих предков, подобно тому, как Альпы покоятся на бесконечных слоях различных пород и минералов, наслоившихся за множество веков. Накопленные поколениями предков, гены предопределяют, каким быть человеку. Когда у Эльазара бен Дордая возникли первые мысли о тшуве, то сначала со своей просьбой о заступничестве он обратился к горам – иными словами, попытался свалить вину за свое недостойное поведение на дурную наследственность. Однако надежда «спрятаться за горами» не оправдалась: наследственность не могла послужить ему оправданием, поскольку не является окончательной причиной нашего выбора.

Тогда Эльазар обратился к «небу и земле», то есть вместо наследственности стал обвинять в своих грехах «среду» – свое воспитание, окружение, образование и т.д. Именно они, полагал Эльазар, стали подлинными виновниками его прегрешений. Если бы родители хорошо о нем заботились, кормили здоровой пищей и помогли сделать достойную карьеру, он вырос бы совершенно другим человеком. Однако «небо и земля» не пришли ему на помощь, поскольку они так же не были главными причинами его недостойного поведения.

Наконец, Эльазар обратился к астрологии, решив, что причина его падения – неудачное расположение светил. Однако и это оправда-

---

Наиболее последовательным и непримиримым еврейским противником астрологии был Рамбам, который, в частности, писал: «Однако же обнаруженное тобой влечение к исчислению по звездам и их скоплениям (их констелляциям) в прошлом и будущем – все это изгони из сердца и из сознания и очисти разум свой, как отмывают от нечистот загрязненные одежды. Ибо это нечто, лишенное подлинности и не признаваемое за истину настоящими мудрецами, даже теми, кому не ведома Тора, а тем более ее приверженцами. Проистекающий от этого вред подробно разъяснен (нашими мудрецами). Их доводы неопровержимы, и нет смысла к этому возвращаться» (Послание в Йемен, или Врата надежды).

ние не помогло. У него не осталось выбора, кроме как заглянуть себе в душу, и понадеяться только на себя – свою способность сделать тшуву и освободиться от своего прошлого.

Частички правды можно найти в каждой из трех вышеупомянутых теорий – наша жизнь является конгломератом различных элементов и факторов. На наш характер безусловно влияют наследственность, образование и воспитание; по мнению некоторых мудрецов, определенное влияние на нашу судьбу оказывает расположение светил в момент рождения (Шабат 156а). Если говорить о генетике, то, как показали научные исследования, дети рождаются с определенными генетическими предрасположенностями, которые «активируются» в процессе воспитания. Некоторые внешние сигналы «запускают» определенные гены, которые в других условиях потенциал может так и не проснуться. Таким образом, мы имеем дело не с «природой», но с «природой, проявляющейся благодаря воспитанию».[92]

Тем не менее, наследственность, среда и астрология – это далеко не весь список. Человек – нечто большее, чем только врожденные или приобретенные качества. Частица того, кто мы есть на самом деле, коренится в бесконечности, то есть превосходит любые определения, структуры и модели. Глубоко внутри нас заключена божественная сердцевина, неподвластная законам природы, и обладающая способностью делать свободный неограниченный выбор, не нуждающийся в воспитании или принуждении.

Благодаря этому формирование нашего характера и поведения может носить упреждающий творческий характер. Мы можем подчинить и научиться контролировать свои импульсы, или, напротив, дать им развиться без всякой меры. Эльазар бен Дордая в конечном счете сумел найти эту трансцендентную точку, находящуюся выше законов природы и причинно-следственных связей. В результате в последние мгновения своей земной жизни он смог удостоиться подлинной внутренней трансформации.

---

[92] Классическим примером может служить врожденный музыкальный слух, который является необходимым, но недостаточным условием для того, чтобы стать хорошим музыкантом – если человек не станет заниматься музыкой, самый большой потенциал останется нереализованным.

Как писал Магараль из Праги[93], если бы имя Эльазара бен Дордая не содержало намек на мораль этой истории, Талмуд, возможно, не стал бы упоминать его вовсе. Однако имя героя намекает на необходимость заглянуть вглубь себя, чтобы избавиться от своего внешнего, поверхностного я. Как мы помним, нашего героя зовут Эльазар бен Дордая, то есть Эльазар Дордаевич. Его имя и отчество олицетворяют, соответственно, его настоящее и прошлое. Как мы уже сказали, имя Эльазар означает «Бог – помощник». Имя Дордая происходит от слова, обозначающего винный осадок, то есть испортившийся остаток вина.

Прошлое Эльазара стало одной из причин его нерадостного настоящего. Вместе с тем, в нем был заключен скрытый потенциал. Благодаря самоанализу Эльазар смог нащупать трансцендентную основу своей личности, и подняться выше всех ограничений наследственности, воспитания и астрологии. Его всеобъемлющая тшува оказалась сильнее его настоящего, его характера и поведения. В один миг он стал хозяином всей своей жизни, ретроактивно исправив все вредные осадки своего прошлого (*дордая*).

Когда вы поймете, что вы и только вы можете круто изменить свою жизнь, вы также сможете изменить свое прошлое, сделав тшуву в настоящем. Превратить недостатки в добродетели возможно благодаря тому, что тшува не подчиняется ограничемниям пространства, времени, грехопадения и разделения. Тшува вводит нас в духовную реальность, где наша душа сливается с бесконечным единством Божественной Природы, которой чужды любые ограничения, помехи и недостатки.

---

[93] Иегудаа Лива (Лёв, Лев, Леб) бен Бецалель (рабби Лёв, Магарал, 1512(?), Познань — 1609, Прага) — крупнейший раввин и галахический авторитет, мыслитель и ученый в XVI веке. Обладал обширными познаниями не только в области раввинистической литературы, но и во многих светских науках, особенно в математике и астрономии. Был знаком со знаменитым астрономом Тихо Браге. Широко известен благодаря легенде о големе – глиняном андроиде, которого он создал для охраны еврейской общины.

РЕЗЮМЕ: ГЛАВА 20
ОСОЗНАЙТЕ СВОЮ ПОДЛИННУЮ ИДЕНТИЧНОСТЬ

То, как мы самовыражаемся в окружающем мире, частично зависит от врожденных предрасположенностей и наследственности, частично – от воспитания, жизненного опыта и образования. Однако наша личность этим не исчерпывается; человек – нечто большее, чем его биология и воспитание. В каждом из нас присутствует божественная частица, стремящаяся к Бесконечному. Пользуясь преимуществами этого неограниченного Высшего Я, мы можем делать действительно свободный выбор и брать на себя ответственность за происходящее, невзирая на любые внешние обстоятельства.

ПРАКТИКА

ДОКАЗЫВАЙТЕ СВОЙ ПОТЕНЦИАЛ

Время от времени у нас возникает ощущение, что наша способность поверить в себя зависит от ограниченной способности окружающих (или даже нас самих) оценить, каковы мы «на самом деле». Однако если мы согласимся с этим взглядом, касающихся наших проблем, недостатков, и других ограничений, но, вне всякого сомнения, мы начнем приспосабливаться к этим ограничениям. Мы станем именно такими, какими себя представляем. Признав, что наши способности и возможности ограничены, чувствуя себя ни на что не способными из-за низкого IQ, дурного воспитания или отсутствия образования, мы в самом деле ничего не сможем сделать. Поэтому вместо того, чтобы доказывать свою ограниченность, нужно начать доказывать свой подлинный духовный потенциал.

Столкнувшись с духовными или материальной трудностями, вместо того, чтобы бессильно опустить руки, поскольку «я ничего не могу сделать», необходимо сосредоточится на том, как решить проблему. Всевышний не ставит перед нами задач, которые мы не смогли бы решить. Поэтому, столкнувшись с проблемой и решив, что у тебя не получится, просто выкинь это из головы. Наш ответ должен быть - «я знаю, что способен справиться с этой работой»

ГЛАВА 21

РАБОТА
НАД СВОИМ ПРОШЛЫМ

Х отя мы живем в настоящем, наша душа крепко связана с прошлым. Прошлый опыт и наши реакции, сделавшие нас такими, какие мы есть сегодня, и служат прологом к тому, какими мы будем завтра. Мы движемся в будущее и в тоже время несем на
плечах груз своего прошлого.

Между тем, в нашем прошлом есть как то, чем мы можем по праву
гордиться, так и темные и даже постыдные моменты. Время от времени эта тьма угрожает сгуститься и заполнить наше настоящее. Неприятные воспоминания напоминают нам о событиях и подступах,
о которых мы предпочли бы забыть – об ошибках и прегрешениях,
когда эгоизм или искушение не позволили нам принять правильное
решение.

Следы прежних поступков могут обременять наше подсознание
бесполезным грузом, упрямо заполняя нашу память и мысли на протяжении многих дней, месяцев и даже лет. К сожалению, некоторые
люди несут груз своего прошлого до конца своей жизни. Даже если
время от времени им удается жить в настоящем, значительная часть
их души безнадежно застряла в прошлом, и поглощена им и только
им.

Путешествие в прошлое может оказаться очень болезненным, поскольку оно связано не только с необходимостью заново пережить

боль и опустошение. Главная цель подобного путешествия – суметь, побывав в прошлом, вернуться назад в настоящее очищенным, просветленным и полным новых сил.

В молодости большинство из нас совершает поступки, кажущиеся немыслимыми зрелому состоявшемуся человеку. Работать со своим прошлым – задача трудная и хитроумная.

По иронии, работа с прежним негативным опытом по природе своей негативна. Как сказано в известном мидраше, «зашедший в мастерскую кожевника – даже если ничего не купил, приобрел неприятный запах, а зашедший в лавку благовоний – даже если не купил ничего, приобрел приятный запах».[94] Когда мы имеем дело с духовным загрязнением, даже преследуя конструктивную цель уничтожить все отрицательные последствия и воздействия, к нам неизбежно пристает «неприятный запах». Обратное, разумеется, тоже верно. Сосредоточившись на трансцендентном и позитивном, мы сами становимся более трансцендентными и позитивными. Простые размышления о хорошем делают наше внутреннее начало сильнее и заметнее.

Сожаление о прошлых проступках жизненно необходимо, если мы действительно хотим изменить свою жизнь. Оно может послужить катализатором необходимых перемен и подлинной трансформации. Однако прошлое не должно стать главным объектом наших помыслов. Хотя тот, кто не помнит прежних ошибок, обречен повторять их снова и снова, следует различать между воспоминанием и повторным переживанием, между памятью и регрессивной проекцией (regressive projection). Воспоминание о прошлом не заслоняет настоящее; размышления о прежних временах не отрицает реальности происходящего здесь и сейчас. Напротив, подобный анализ позволяет воскресить образы прошлого, чтобы избавиться от них и вернуться к сегодняшней жизни.

Напротив, регрессивная проекция предполагает постоянную озабоченность и непрерывное переживание прошлого. Наши мысли постоянно заняты прошлым, которое заполняет настоящее и блокирует любое движение к иному, обновленному будущему. Нужно учиться на

---

[93] Пиркей де-Рабби Элиэзер, 25.

ошибках прошлого, чтобы не повторять их в настоящем. В тоже время необходимо оставлять прошлое памяти – то есть, выучив необходимый урок, складывать его в альбом для памятных фотографий, и двигаться дальше.

Всем людям свойственно ошибаться. Практически все люди совершали в прошлом поступки, в которых позже раскаивались и стыдились, жалея об упущенных возможностях или неправильном выборе. Тем не менее, мы обладаем уникальной способностью все время начинать сначала, с чистого листа. Более того, наше прошлое может послужить компасом, указывающим направление в будущее. Рабби Менахем бен Шломо Меири[95] учил, что осознание, что некий путь никуда не ведет, является половиной решение. Если мы сумеем разобраться в своем прошлом и понять, какой цели оно служит, это уже будет одной из форм его исправления. Нам следует рассматривать прежние ошибки как путевые указатели или знаки дорожного движения; каждая ошибка служит указателем, показывающим безопасный путь, чтобы мы могли спокойно и уверенно двигаться дальше.

Тшува не только позволяет учиться на своих ошибках и осознавать их разрушительный характер, но и дает нам возможность раз и навсегда исправить свое прошлое. На пике тшувы мы достигаем нового измерения, превосходящего любой суд и любое зло. Достигнув пика, тшува приобретает способность проникнуть в прошлое и ретроактивно рассеять любую тьму. Поскольку путь тшувы приводит нас в мир высшего единства (*ихуд*), мы получаем возможность отыскать внутренние достоинства, присущие даже совершенно недостойному, на первый взгляд, прошлому.

Подобная трансформация происходит в тот момент, когда мы приобретаем способность замечать, что всему существующему, будь то «объект» или «субъект», присуща внутренняя искра Бесконечного.

---

[95] Менахем бен Шломо Меири (дон Видаль Соломон; 1243 или 1249, Перпиньян, Прованс, – 1316, там же) - известный талмудист и комментатор Библии. Считается центральной фигурой среди еврейских ученых средневекового Прованса — не только благодаря необычайной плодовитости и широте интересов, но и ввиду того, что его труды подводят итог трехсотлетнему развитию еврейской учености в Провансе. Основной труд Меири — комментарий к Талмуду «Бейт а-бхира» («Дом избрания», Амстердам, 1769), над которым он работал с 1287 г. по 1300 г.

Даже в глубине непроглядной тьмы находится искра благого жизнеутверждающего божественного света, который служит подлинной живительной силой всего сущего. Процесс трансформации становится необратимым, когда мы начинаем видеть следы добра даже в том, что на первый взгляд кажется злом.

Примером подобного недуалистического сознания может служить традиция праздника Пурим. С этим праздником связаны два высказывания: 1) «благословен Мордехай», и 2) «проклят Аман». Это два прямо противоположных утверждение, восхваляющее нашего предка, и проклинающее нашего злейшего врага, имеют одинаковое числовое значение. Это свидетельствует, что, невзирая на внешние проявления, на более глубоком уровне все противоположности и двойственности исчезают, вплетаясь в гармонию космического единства. Это так же намекает на парадоксальное учение, согласно которому даже в проклятье заключается скрытое благословение, ждущее, чтобы его заметили, востребовали и воплотили в жизнь.

В дуальном мире каждая вещь содержит в себе свою противоположность. Внутри самой непроглядной тьмы обязательно присутствует искра света – и, соответственно, внутри самого яркого света непременно окажется частичка тьмы. Окончательного разрыва никогда не происходит – просто наше дуалистическое сознание воспринимает мир бинарными категориями. Встав на путь тшувы, человек осознает, что за внешними дихотомиями скрывается подлинное всеобъемлющее единство – *ихуд*. С осознанием этой истины зло начинает уменьшаться и таять, как дым.

На личном уровне осознание этой истины дает возможность увидеть добро и благо, которые можно извлечь непосредственно из наших недостатков. Даже так называемым отрицательным чертам характера можно найти достойное применение. Гнев, к примеру, можно направить и сконцентрировать на несправедливостях нашего мира, сделав его источником страстного стремления к справедливости. Гордыня может стать нетерпимостью к своему недостойному поведению. В тот момент, когда мы начинаем воспринимать мир с точки зрения всеобъемлющего единства, происходит подлинное исправление всех недостатков, существующих на всех уровнях нашей личности.

Один хасид как-то спросил рабби Моше-Лейба из Сасова[96]: «Если во всем заключена частица добра, то объясните мне, что хорошего есть в ереси». «Ну, это очевидно» – ответил Рабби, – «Когда человек просит помощи, недостаточно сказать ему: "Бог поможет, положись на Него!"». Нужно действовать так, будто в мире нет Бога – будто во всей Вселенной никто, кроме тебя, не в состоянии помочь этому человеку».

Противоположные понятия единства и двойственности – один из основных парадоксов мироздания, хотя, на самом деле, не существует никакой двойственности, но лишь полное и нераздельное единство. Перед лицом сегодняшних и завтрашних несправедливостей и страданий, необходимо придерживаться активной позиции, и бороться с ними так, как будто, кроме нас, некому прийти на помощь униженным и оскорбленным. Однако когда речь заходит о прошлом, необходимо искать добро, пользу и смысл решительно во всем, не исключая даже страдания.

Одно из еврейских слов, обозначающих грех, *хет*, состоит из трех букв, хет, тет и алеф. При этом на слух алеф остается незамеченным, этой букве не соответствует никакого звука. Этот учит нас, говорил Исраэль Бешт, что даже в грехе – недостойной, разрушительном действии – незримо присутствует Святой, благословен Он. Алеф, первая и главная буква еврейского алфавита, намекает на Всевышнего, который незримо присутствует в каждом грехе. Именно осознание этого факта – во всем существующем есть искра божественного блага – позволяет нам воспользоваться этими благами ради приобретения мудрости и личного роста, даже если эти блага заключены в оболочку прежних ошибок и прегрешений.

Еще важнее, чем осознание, что любое качество может быть и достоинством, и недостатком, является понимание, что любое событие прошлого несет в себе огромный положительный заряд. Проще говоря, все, что произошло в прошлом, содержит в себе добро

---

[96] Раби Моше-Лейб из Сасова (1745—1807 гг.) — выдающийся хасидский праведник, оказавший большое влияние на нескольких видных хасидских лидеров. Был близок самым простым людям, учил, что любовь к человеку заключается в понимании его нужд и потребностей.

и благо. В контексте тшувы это означает, что именно недостойное поведение в прошлом стало причиной, что у нас возникло желание сделать тшуву.

Прежние грехи нередко служат главным побудительным стимулом, толкающим нас к тшуве. Парадоксальным образом именно недостойные поступки нередко порождают искреннее и настойчивое желание отыскать истину. Грехи становятся мотором и топливом процесса тшувы. Недостойное прошлое приводит к точке, где человек принимает решение изменить и исправить свою жизнь. Ошибки становятся причиной переосмысления и реорганизации своей жизни. Тем самым все прошлые поступки становятся частью нынешнего процесса тшувы, поскольку именно они стали стимулом происходящей трансформации. Наше настоящее целиком оказывается в прошлом, которое в результате становится фундаментом, на котором будет воздвигнуто будущее.

Ошибки могут вознести нас на небывалую духовную высоту (или глубину), о которой в противном случае мы не могли бы даже мечтать. Поэтому следует уважать и ценить свое прошлое, ради его великого предназначения – быть стимулом, побуждающим человека совершить тшуву. Подобное мировоззрение делает возможным подлинное исправление и интеграцию.

Действуя с позиции всеобъемлющего единства и цельности (ихуд), тшува далеко не всегда предполагает отречение и безоговорочный разрыв с прошлым. Напротив, она дает нам возможность в полной мере задействовать весь наш жизненный опыт. Тшува оказывается наиболее эффективной, когда нам удается собрать все свое прошлое, преобразовать его, и сделать интегральной частью нашего настоящего. Вместо того, чтобы забыть и отказаться от своего прошлого, тшува позволяет включить его в новый, гораздо более широкий контекст. Говоря практическим языком, следует стремиться к тому, чтобы инкорпорировать в свою новую жизнь весь прежний жизненный опыт,

Многие из тех, кто полностью перестроил свою жизнь и радикально изменил систему приоритетов, нередко чувствуют, что хотели бы совершенно забыть о своем прежнем жизненном опыте. Прошлое кажется им далекой, непонятной, и совершенно чужой вселенной. По сравнению с сегодняшним состоянием все прожитое раньше кажется бессмысленной тратой времени и сил, так что лучше об этом не вспоминать. Разумеется, в отношении определенного жизненного опыта, который решительно нельзя «исправить», этот подход можно считать правильным. Однако в принципе подлинное совершенство достигается только в том случае, если человек способен оценить всю изнанку своей прежней жизни, найти в ней хоть что-то нужное и полезное, и использовать эту энергию ради движения к новой, возвышенной цели.

Для того, чтобы родиться заново, нередко необходимо полностью «скрыть», затушевать свое я. Разумеется, если речь идет о человеке, виновном в жестоких убийствах, ему безусловно необходимо решительно порвать с прошлым. Такому человеку недостаточно просто заявить, что он хочет измениться к лучшему – необходимы решительные шаги, позволяющие решительно порвать и навсегда покончить с преступным прошлым. Среди этих шагов могут быть смена места жительства, перемена имени, и полный разрыв некоторых отношений.[97] Однако в идеале, как только человек почувствует, что может снова стать самим собой, он должен постараться восстановить разрушенное – особенно если речь идет о семейных связях и отношениях, которые могли пострадать в процессе тшувы.

В более легких случаях, когда речь идет о подавляющем большинстве добропорядочных граждан, тшува требует лишь временного разрыва со своим прежним я. Для того, чтобы достаточно отдалиться от дурных привычек, нужно постараться порвать с прежним образом жизни. Однако затем должен начаться неизбежный процесс «собирания камней», когда человек вспоминает и заново оценивает весь свой прежний жизненный опыт.

На первом этапе процесс изменения предполагает решительное размежевание с прошлым – *авдала*. Это проявляется в решительном разрыве с прошлым, с которым, в течение некоторого времени че-

---

[97] Ср. Рош а-Шана 16б: «Учил р. Ицхак: четыре вещи отменяют суровый приговор: благотворительность, молитва, смена имени, изменение поведения. Некоторые добавляют: также смена местожительства».

ловек не имеет ничего общего. Прошлое могло умереть, чтобы перерождение стало возможным. И тогда происходит реальное изменение – *амтака* (исправление, дословно «подслащение», «опреснение»). В ходе этого процесса происходит собирание, интеграция и соединения всех осколков прежней жизни и прежнего я в обновленном настоящем.

Английское слово *holy* («святой», «священный») происходит от англосаксонского *whole* – цельный, целостный. Быть святым означает включать все свои душевные качества в единый духовный контекст. Это происходит примерно так. Сначала мы отделяем (и изолируем) достойные и полезные элементы своей духовной структуры от вредных и разрушительных. Это позволяет просеять содержимое свое души, и понять, что там есть – что можно и нужно хранить и развивать, а от чего, напротив, желательно избавиться.

Этот процесс разделения является необходимой частью стремления к святости. На это намекает и еврейское слово *кадош*. В иврите это слово имеет два значения: «святой» и «отделенный». Это свидетельствует, что разделение является неотъемлемой частью процесса достижения всеобъемлющего единства. Только после первоначального этапа разделения мы приобретаем способность понять и усвоить, что и почему принято считать достоинством.

Есть два еврейских праздника, когда мы празднуем национальную и личную свободу – Песах и Суккот (Кущи). И в том, и в другом случае мы совершаем символические действия, символизирующие восстановление и возвращение в настоящее того, что осталось позади, то есть осколков прежней жизни.

В Песах всю Пасхальную Агаду читают над преломленным листом мацы. В начале Седера среднюю мацу[98] ломают на две части. Одну часть откладывают в сторону, прячут и съедают позже, в качестве *афикомана*; другая остается лежать между двумя целыми листами мацы. Согласно обычаю, дети ищут спрятанный кусок мацы, чтобы отдать его взрослым перед завершением трапезы. Дети олицетворяют чистоту личности, еще не знающей разломов и внутреннего раз-

---

[98] На пасхальный стол подают три листа мацы, которые кладут один на другой.

лада. Ребенок, возвращающий афикоман, вместе с ним возвращает и вашу юность, с ее невинностью и чистотой. Ребенок, прячущийся в душе каждого из нас, приносят осколки тому взрослому человеку, каким мы являемся сегодня.

Дети – представители поколения, идущего нам на смену. Этот ритуал служит важным напоминанием, что нашим детям и их потомкам придется иметь дело со всеми разрушениями и всей грязью, которую мы оставим после себя. Таким образом, этот обряд так же можно считать напоминанием, что уже сегодня нам следует действовать ответственно и осторожно. Это особенно важно в связи с новым ощущением свободы, которому настойчиво учит нас Песах – слишком часто новоприобретенной свободой злоупотребляют и на личном, и на общественно-государственном уровне.

Вторая часть разломанной мацы, которая остается на столе между двумя целыми листами, олицетворяет ту часть нашей души, которая, будучи поврежденной и/или затемненной, все равно сохраняет связь с цельностью и единством. Этот «сэндвич из обломков» напоминает нам, что хотя время от времени мы чувствуем себя разбитыми и утратившими связь с Источником, мы рождены в мире цельности, и рано или поздно вернемся в этот мир. Преломленная маца символизирует частицу нашей души, которая, будучи сломанной, все равно остается чистой и сохраняет связь с Источником. Эта часть нашей личности, которую нужно найти для того, чтобы исцелиться; эта частица все время находится внутри нас, уже чистая и просто ожидающая нашего возвращения.

Аналогичным образом, Рош а-Шана и Суккот так же связаны с идеей отбрасывания с последующим возвращением (подобно афикоману, который сначала прячут, а затем получают назад из рук детей).

С Рош а-Шана связан обычай, известный как *ташлих* – «ты выбросишь».[99] Совершая этот ритуал, мы отправляемся на берег есте-

---

[99] Своим названием церемония обязана словам пророка Михи: «И Ты выбросишь в пучину морскую все грехи наши» (7:19). В ходе церемонии читаются стихи из книги пророка Михи (7:18–20), а в некоторых общинах — также псалмы 118:5–9 и 130. В ходе ташлиха многие выворачивают карманы, выбрасывая в воду крошки, символизирующие грехи.

ственного водоема, а затем символически выбрасываем в воду наши грехи. В ходе этого символического действа мы сбрасываем в пучину вод все наши недостатки, избавляясь тем самым от прежних духовно разрушительных поступков. Однако на самом деле мы ничего не «выбрасываем». Мы бросаем их в воду, чтобы дочиста отмыть – очистить и избавить от негативной энергии. Ибо в мире нет ничего полностью отрицательного – любое совершенное действие содержит в себе искру святости, хотя бы ничтожный след нашей жизненной силы.

Через несколько дней после Новолетия, в праздник Суккот, в Храме происходила торжественная церемония, известная как *Симхат Бейт а-Шоэва* – праздник возлияния воды. Во времена Храма эта церемония совершалась буквально, в наши дни – символически.

Во времена Храма церемония начиналась вечером, ритуальным зачерпыванием воды из самых глубоких колодцев. На следующий день эту воду выливали на алтарь.[100] В отличие от обряда ташлих, когда мы бросаем в воду все свои недостатки, на этот раз мы погружаем сосуд в глубины вод, чтобы зачерпнуть оттуда энергию, необходимую для жизни и развития.

Вода – субстанция, которая не может быть испорчена или осквернена. Об этом свидетельствует миква – бассейн для ритуального омовения, служащий для очищения всего, что стало непригодным для использования в Святилище. Несмотря на то, что в микву погружают всевозможные нечистые и некошерные предметы, ее воды остаются источником духовной чистоты.

Итак, вместо того, чтобы отделять и выбрасывать, мы забираем из глубины вод то, что прежде было выброшено, и используем для

---

[100] См. Мишна Суккот 4:9: «Как совершалось возлияние воды? специальный золотой сосуд, вмещающий три лога, наполняли из Шилоаха. Достигли водяных ворот – протрубили протяжно, прерывисто и снова протяжно. поднялся по пандусу и повернул налево – две серебряные чаши стояли там. Рабби Иегуда говорит: из известняка были они – только потемнела их поверхность из-за вина. И нечто вроде тонких носиков было у них, через которые выливались вино и вода – один пошире, а другой потоньше, чтобы и вино, и вода выливались одновременно. западная чаша предназначалась для воды, восточная – для вина. выплеснул из сосуда для воды в чашу для вина или из сосуда для вина в чашу для воды – заповедь исполнил. рабби Иегуда говорит: один лог возливали все восемь дней».

того, чтобы воздвигнуть алтарь. Радость, сопровождавшая эту церемонию[101] – это радость воссоединения, обретения того, что принадлежало нам прежде и было возвращено нам снова; одним словом, радость возвращения. В этом заключается суть тшувы: все, что было разбито, снова починено; даже злодеяние в конечном итоге становится добродетелью.

Этот двойной ритуал, связанный с водой, предупреждает нас о таинственном и многомерном *modus operandi*. Вода может уносить и возвращать; может смыть наши прегрешения, и наполнить наши сосуды жизнеутверждающей преобразующей энергией. Кроме того, вода, как в случае с миквой, может абсорбировать практически любую токсичную энергию, и при этом остаться чистой. Что бы не случилось, вода сохраняет свои очистительные и оживляющие свойства.

Это становится еще интересней, если мы вспомним, что, по словам мудрецов, «нет воды, кроме Торы».[102] Это означает, что, подобно воде, Тора способна очистить от грязи одеяния нашей души, а так же наполнить наши сосуды чистой, незамутненной, живительной энергией и духовной пищей.

Как уже было сказано, на начальном этапе тшувы необходим резкий поворот, тотальный разрыв, полное и окончательное размежевание с прошлым (*авдала*). Лишь после этого появляется возможность действительно эффективного исправления (*амтака*). Однако еще до размежевания и временного разрыва всех связей с прошлым, еще до того, как мы «бросили в воду» все вредные привычки и нежелательные контакты, нужно сделать еще один необходимый шаг – подчине-

---

[101] «Говорили так: каждый, кто не видел симхат бейт а-шоэва, ни разу в жизни не видел веселья. Благочестивые и знаменитые люди плясали перед народом с горящими факелами в руках, распевая перед ним песни и ликуя. А левиты с лирами и арфами, и с кимвалами, и с трубами, и с другими музыкальными инструментами без числа стояли на пятнадцати ступенях, спускающихся из эзрат-исраэль в эзрат-нашим, соответствующих пятнадцати «песнопениям ступеней», что в книге «Тегилим», на которых левиты обычно стоят с музыкальными инструментами и поют» (Мишна Суккот 5:1, 4).

[102] Баба Кама 82а.

ние (*ахнаа*), то есть смирение своего я. Таким образом, тшува, или трансформация, состоит из трех этапов:

1. Смирение (*ахнаа*).
2. Размежевание (*авдала*).
3. Исправлении (*амтака*).

Ахнаа – смиренное состояние покорности и осознание. Это процесс честного анализа всей прожитой жизни, полного и чистосердечного признания всех прежних и нынешних ошибок и недостатков, и смиренное осознание, что все это – наших рук дело. На этом этапе человек должен принять ответственность за свою жизнь и за все поступки, совершенные в прошлом. Лишь в этом случае у него будет возможность перейти ко второму этапу.

Мы не можем забыть того, чего не помним. Поэтому сначала должна наступить *ахнаа* – осознание своего прошлого и принятие того, что есть. Лишь в этом случае мы сможем приступить к подлинному размежеванию, то есть избавлению от всего нежелательного или мешающего двигаться в избранном направлении.

В конечном итоге, закончив с размежеванием, мы сможем насладиться полным и окончательным исправлением – то есть извлечь все искры света, которые были прежде сокрыты во тьме; вознести то, что прежде пало, совершить своего рода «духовный рециклинг». Этот процесс можно уподобить компостной куче, на которой, после того, как все отходы превратились в удобрения, выросли прекрасные цветы.

Ихуд, или всеобъемлющее единство, должен охватить все уровни личности: не только прежние поступки, но и неповторимые личные качества и таланты. Мы должны стремиться к тому, чтобы использовать все свои способности и все стороны своей личности, чтобы сделать подлинную тшуву. В процессе тшувы необходимо отказаться от неправильного жизненного пути, однако ни в коем случае нельзя отказываться от своего я. Хобби, таланты, личные качества и наклонности – например, любовь к музыке или изящным искусствам – ничего из этого нельзя забыть или отбросить. Если мы это сделаем, то станем неполноценными – духовными инвалидами, которым ампутировали жизненно важный орган. Никакой пользы от этого не будет. Необходимо сделать совершенно другое: найти принципиально новое приложение и применение своим способностям и талантам. Не нужно рассматривать свое прошлое как бесполезно потраченное время – это лишь приведет к полной внутренней деморализации, и помешает процессу здоровой и исцеляющей тшувы; встав на путь тшувы, нужно постараться взять в это путешествие всего себя.

Шимон бен Лакиш (Реш Лакиш) был одним из величайших мудрецов Талмуда. Однако его начало было весьма скромным: будучи физически крепким человеком, Шимон, прежде чем стать знатоком Торы, занимался разбоем! Однажды, идя по берегу Иордана, Реш Лакиш увидел купающегося рабби Йоханана[103], и, не в силах сдержать себя, бросился с обрыва в воду. Увидев физическую силу Шимона, рабби Йоханан сказал ему: «Такую силу нужно отдать Торе». Услышав это, Реш Лакиш ответил: «А такую красоту нужно отдать женщинам!». Тогда рабби Йоханан обещал ему руку своей сестры, которая была еще красивее – при условии, что Реш Лакиш согласится учить Тору. В скором времени разбойник Шимон превратился в раввина и мудреца Шимона бен Лакиша (Баба Меция 84а). Стойкость, энергия и хитрость, прежде служившие для разбоя, стали самодисциплиной, изобретательностью и креативностью, необходимыми для изучения Торы.

---

[103] Который был очень красивым человеком. См. напр. Баба Меция 84а: «Кто хочет увидеть красоту рабби Йоханана, пусть принесет серебрянный стакан от ювелира, наполнит его красными зернами граната, обернет его края венком из красных роз, и поставит его между солнцем и тенью, и его сияние будет подобно красоте рабби Йоханана. Рабби Йоханан имел обыкновение сидеть у входа в микву. Когда дочери Израиля выходили после обязательного омовения, он говорил им: смотрите на меня, ваши сыновья были такими же красивыми, как я».

РЕЗЮМЕ: ГЛАВА 21

ЖИТЬ, ГЛЯДЯ ВПЕРЕД, И ОСВОБОЖДАЯ ПРОШЛОЕ

Чтобы двигаться вперед, к светлому будущему, нужно научиться правильно относиться к своему прошлому. Даже если мы ошибались, не следует судить себя слишком строго. Постоянные размышления о прежнем негативном опыте приводят к бесполезной растрате энергии, и не позволяет двигаться дальше. Кроме того, даже в самом недостойном прошлом обязательно скрываются искры добродетели и святости, ждущие, пока мы их отыщем и освободим из плена. Важно научиться извлекать эти искры.

Нам так же необходимо научиться сворачивать с неправильного пути. Однако при этом нив коем случае нельзя навсегда забывать или отбрасывать важные стороны своей личности. В конечном итоге необходимо исправить все уровни нашей личности, включая все наши прошлые я. Задача состоит в том, чтобы мобилизовать и использовать все свои способности, пристрастия и таланты ради исправления и восстановления цельности – не только на личном уровне, но и во всей вселенной.

ПРАКТИКА

ПОДЧИНЯТЬСЯ, ОТДЕЛЯТЬ И ИСПРАВЛЯТЬ

Как мы уже сказали, прежде всего нужна *ахнаа* – подчинение, принятие и смирение. Это требует подробного отчета и признания ответственности за нынешнюю ситуацию. *Ахнаа* так же требует признания, что между вашими поступками и вашим подлинным я существует «дистанция огромного размера» – иными словами, честности с самим собой? Как я живу? Каким я хочу быть? Что нужно сделать, чтобы этого добиться?

В тот момент, когда человек берет на себя ответственность за свое прошлое, его дальнейшее продвижение происходит в два этапа:

1. *Авдала* (размежевание) - в данном случае, со своим прошлым. Это означает избавиться от того, что вы сделали и кем вы стали. Это требует еще более четкого различения между человеком и его поступками. Помните, что речь не идет о *ваших* ошибках и недостатках - ваша душа чиста и непорочна. Поэтому нужно забыть о прошлом, и выбрать новый жизненный путь.

2. *Амтака* (исправление). На этом этапе происходит прощение, и мы с любовью принимаем всего себя. Преодолев свое прошлое, можно включить его в свою нынешнюю жизнь.

На какой стадии вы сейчас находитесь?

ГЛАВА 22

СОЖАЛЕНИЕ
И ПРИНЯТИЕ

Любовь к самому себе и окружающим – один из основных компонентов тшувы. Для того, чтобы любить и хорошо относиться к другим, нужно, прежде всего, любить и хорошо относиться к самому себе – поверить в себя, оценивать свое прошлое снисходительно, с готовностью понять и принять. Тот, кто постоянно испытывает отрицательные эмоции по отношению к самому себе, никогда не сможет действительно изменить свою жизнь и стать более достойным человеком.

Понимание этого базового принципа дает нам великолепную возможность понять смысл заповеди «возлюби ближнего, как самого себя» (Ваикра, 19:18). Дело не только в том, что мы должны любить других людей так же сильно, как самих себя – Тора предупреждает нас, что для того, чтобы возлюбить ближнего, как самого себя, нужно сначала полюбить самого себя. От того, насколько любовно, понимающе и снисходительно мы сможем относиться к себе, зависит количество любви и внимания, которые мы сможем уделить другим людям.

Нужно научиться положительно оценивать самого себя. Это позволит видеть в настоящем непрерывную возможность для трансформации. Невозможно вырваться из удушающего захвата собственных недостатков, если человек считает себя сегодняшнего недостойным и пропащим. Ненависть к самому себе и постоянное самоунижение мешают любому духовному росту. И наоборот, любовь и уважение к себе служат необходимым предварительным условием подлинной здоровой тшувы.

Нужно культивировать в себе уверенность, что человек (то есть и мы, и все окружающие) по своей природе добр, тем самым увеличивая количество добра в своей жизни. И наоборот, если человек считает себя недостойным, пропащим или обреченным, он станет «притягивать» соответствующих людей, идеи или опыт. Как говорил Раши, «тот, на ком проклятие, не может породниться с благословенным».[104] Иными словами, когда человек верит, что он хороший и «благословенный», хотя бы по своей подлинной внутренней природе, это позволяет ему «притянуть» больше добра и любви. Обратное также верно: того, кто постоянно ненавидит и унижает самого себя, рано или поздно будут унижать другие. Все зависит от самооценки и любви к себе.

Разумеется, любовь к самому себе не должна застилать глаза и мешать объективной оценке своего я и своей души; всегда остается много работы, которую необходимо доделать. Тем не менее, здоровые пропорции любви к себе и веры в свою внутреннюю добродетель позволяют не только честно оценить свое прошлое, но и посвятить свое настоящее созданию лучшего будущего.

Конструктивная самокритика, если предаваться ей без меры, может породить нездоровую ненависть к самому себе. Когда подобное случается, причина нередко кроется в детском опыте, приобретенном в семье или в рамках той или иной системы, где человеку довелось воспитываться. К сожалению, отсутствие родительских и педагогических способностей и неудачные социальные эксперименты нередко приводит к тому, что множество людей уже в детстве подвергается нежелательному влиянию и полностью утрачивает самоуважение.

Авторитарная критика не всегда принимает вербальные формы. Иногда родители и учителя просто слишком требовательны, заботливы или властны, и в результате у ребенка возникает ощущение, что он недостаточно хорош, чтобы справиться с реальными жизненными трудностями. Он постепенно начинает сомневаться в себе, чувствует

---

[104] Раши на Берешит, 24:39, цитируя Берешит раба 59.

необходимость спрятать или наказать самого себя. В конечном итоге это может развиться в хроническую депрессию. В некоторых случаях подобные ощущения укореняются в подсознании настолько прочно, что человек чувствует себя виноватым, не зная и не понимая, в чем именно.

Тшува открывает перед человеком новые жизненные возможности. Частью обретения себя является примирение с собой, осознание своих неповторимых способностей и своего потенциала. Любовь к себе служит необходимым условием здоровой тшувы. Разумеется, любовь не должна скрывать того, что нам предстоит еще много работы; принять не означает забыть и простить. Необходимо рационально проанализировать, а не осуждать, все принятые в прошлом решения, которые не удалось осуществить, чтобы понять, что нужно сделать здесь и сейчас, чтобы изменить свою жизнь к лучшему.

Все, что произошло в нашей жизни, должно было случиться, но это относится только к прошлому. Что же касается сегодняшних проблем, то у нас всегда остается свобода выбора. Вчера случилось то, что должно было случиться, однако сегодня и завтра целиком и полностью зависят от выбора, который будет сделан здесь и сейчас. Вместе с тем, именно благодаря нашему прошлому сегодня у нас есть силы, средства и мудрость, чтобы воплотить новое решение в жизнь, или изменить свое поведение.

Полное внутреннее исцеление происходит только в том случае, когда нам удается включить в процесс тшувы всего себя, не ощущая при этом неприятных ощущений и задних мыслей. Можно с любовью принять свое прошлое и осознать его смысл, и при этом трудится, не покладая рук, чтобы изменить себя и свое нынешнее поведение, чтобы обеспечить себе более достойное будущее.

Помимо всеобъемлющей ассимиляции на глубоко личном уровне, холистическая интеграция подлинной тшувы должна распространиться и на сферу межличностных отношений. Односторонний разрыв отношений, прежде всего с родителями, братьями и другими родственниками, не может считаться правильным решением. (Разумеется, бывают крайние случаи, вроде семейного насилия, когда разрыв является оправданной защитной мерой, позволяющей залечить раны и двигаться дальше). Очень печально и даже трагично, если в процессе тшувы возникает ситуация, когда человек, выбрав новый путь и стремясь соответствовать новым требованиям, порывает со всеми, кто его любит, но не разделяет его убеждения.

Поставьте себя на место любящего и заботливого отца (или матери), который потратил на своего ребенка несчетное количество сил, денег и нервов. И вот, в один прекрасный день этот ребенок приходит домой и заявляет, что понял – для того, чтобы жить более осмысленной жизнью, ему необходимо забыть все, чему вы его учили, и вести совершенно другой образ жизни. Представьте себе, что почувствует отец, услышав такие слова: боль, обиду, негодование, ощущение, что его предали... словом, ему будет очень плохо и очень больно. Совершая тшуву, необходимо учитывать эти чувства, дабы не увеличивать отрицательную энергию, затрудняя тем самым процесс самопознания и исправления. Следует помнить – даже занимаясь таким возвышенным делом, как радикальное изменение своей жизни, можно ненароком очень сильно обидеть многих людей.

Разумеется, ребенок может считать, что его обманули, лишив его духовно осмысленного образования. Однако в таком случае и детям, и их родителям необходимо понять, что в этом никто не виноват. Поэтому вопрос состоит не в том, кто прав и кто виноват; всем заинтересованным сторонам нужно научиться принимать, уважать, и поддерживать друг друга.

Именно об этом говорится в четвертой заповеди Декалога: «Почитай отца твоего и мать твою» (Шмот, 20:12). К этой заповеди нет никаких «подпунктов», она не зависит от того, посылали ли вас родители в школу, и в какой синагоге молится ваша семья.[105] Речь идет о безусловном императиве, особенно для *баалей тшува*, выбравших новый жизненный путь – они должны ценить и уважать жертвы, на которые пошли их родители, растя и воспитывая своих детей. Если ваша тшува разрушила вашу семью и заставила вас порвать с самыми

---

[105] «Даже если отец был нечестивым человеком, совершившим множество прегрешений, его следует почитать» (Рамбам, Мишне Тора, Законы о непокорных 6:11).

близкими людьми, то значит, что-то здесь неправильно, или чего-то не хватает.

Наша тшува происходит не в вакууме. Поэтому если духовное пробуждение не подразумевает более острую чувствительность к тому, как оно влияет на окружающих, особенно самых близких, то, возможно, эта тшува не менее эгоистична, чем наше прежнее поведение, с которыми мы так безнадежно пытаемся порвать. Процессу тшувы присуща тонкая динамика, заслуживающая самого пристального внимания, и нуждающаяся в мудром совете. Характер и другие качества человека теснейшим и неразрывным образом связаны с его предшествующим опытом и поступками – не только достойными и конструктивными, но и недостойными и деструктивными. Все, что мы делали в прошлом, оказывает неизбежное влияние на «форму и содержание» того, кем мы являемся сегодня.

Постоянное переживание отрицательного опыта прошлого может оказаться большой помехой искреннему желанию измениться. Если в настоящем все наши мысли заполнены сожалениями о прошлом и чувством вины, прошлое становится камнем преткновения и помехой, мешающим личному росту и уничтожающим малейшую надежду на духовное взросление.

Необходимо внимательно вглядеться в свое прошлого, и тщательно отыскать там все хорошее и полезное, что можно использовать в настоящем. Что же касается абсолютного зла, которое ни коим образом не может быть использовано, то самым разумным будет просто забыть о нем, и совершенно об этом не думать. Прошлое может проникнуть в настоящее, только если мы подсознательно этого желаем; оно обретает силу, только если мы даем ему эту силу. Реально только настоящее, здесь и сейчас – единственное место, где мы действительно находимся.

Нужно жить, не испытывая сожалений и не мучаясь угрызениями совести. Из этого следуют две вещи: во-первых, необходимо достичь определенного уровня ясности и предвидения относительно наших нынешних поступков, чтобы быть уверенными, что в будущем мы не станем сожалеть ни о чем, что сделано в настоящем. Тот, кто живет необдуманной беспорядочной жизнью, неизбежно сеет семена грядущих сожалений и чувства вины. Поэтому надо стараться поступать так, чтобы наши действия не имели нежелательных последствий, как материальных, так и духовных.

Во-вторых, даже если в прошлом мы совершали поступки, достойные сожаления, просто сожалеть о случившемся бесполезно и часто контрпродуктивно. Сожаление о случившемся полезно только в том случае, когда оно служит катализатором трансформации, и уж тем более – в том случае, когда сожаление становится извращенной формой потакания собственным слабостям.

Ретроактивно обдумывать свою жизнь, говоря: «Мне надо было поступить так, а так мне поступать не следовало» – занятие бессмысленное и пустопорожнее. Один из хасидских учителей даже назвал его ересью. И действительно, какая польза сожалеть об уже случившемся, если это лишь ухудшает отношение к самому себе? То, что было сделано в прошлом – уже сделано, и сегодня от этого остались одни воспоминания. Поэтому нет никакой причины рассуждать о том, что «могло быть» и что «должно было случиться». Подобные размышления служат благодатной почвой для неприятных мыслей о себе. А если человек себя не любит, он не стремится сделать больше, чтобы изменить ситуацию к лучшему.

Впрочем, у сожаления о прошлом есть и свои достоинства, поскольку это чувство способно подтолкнуть человека тщательно проанализировать свое прошлое, а также может служить компасом в настоящем. Хотя прошлое невозможно изменить, вспоминать о нем можно по-разному, поэтому мы можем превратить его в надежного защитника более сознательного будущего. Для этого необходимо, с помощью трезвого объективного анализа, порвать эмоциональную связь с прошлым, чтобы мы могли разглядеть потенциальные опасности, подстерегающие нас, если мы будем следовать прежним курсом.

В качестве катализатора тщательного анализа прежних поступков и намерений, сожаление о случившемся оказывается весьма полезным. Трансформация становится возможной, когда недостойное прошлое в настоящем становится светом, освещающим путь, ведущий в многообещающее будущее.

По мнению Рамбама и других классических комментаторов, основными элементами тшувы являются сожаление (*харата*), и *кабала* – принятие на себя обязательства впредь вести себя лучше.[106] На более глубоком уровне *кабала* означает «восприимчивость». Для того, чтобы испытать сожаление, прежде необходимо понять, что в нашем поведении было неправильным, и почему наша жизнь столь чужда нашей сокровенной духовной природе. Твердое решение относительно будущего – наилучшая форма сожаления о прошлом.

Иными словами, искреннее сожаление (*харата*) выражается в искреннем намерении измениться к лучшему. В свою очередь, подлинная *кабала* заключается не только в том, чтобы принять свое прошлое таким, как оно есть, но и в твердом стремлении к спасительному будущему, в абсолютной вере, что Милосердный Бог избавит нас от всех нынешних бедствий, и даст нам силы мудро и сознательно выбрать правильный жизненный путь. В этом контексте *кабала* означает готовность принять милости и наставления Творца.

Хотя сожаление о прошлом может быть хорошим инициатором и катализатором более сознательной жизни, в конечном счете духовный прогресс происходит гораздо успешнее, когда в его основе лежит стремление построить лучшее будущее. Поэтому истинная *кабала* состоит не только в открытости божественному милосердию, но и в том, что мы переносимся в будущее и мечтаем о том, чтобы жить иначе. В этом случае господствовавшее прежде чувство сожаления и обиды, заполнявшее наше внутреннее пространство, вытесняет позитивная жизнеутверждающая энергия, пронизывающая наше сознание, и дающая толчок подлинному личному росту и духовному развитию.

---

[106] «В чем состоит раскаяние? Грешник оставляет свой грех, и удаляет его из мыслей, и принимает в сердце решение не совершать более греха, как сказано: «Да оставит грешник путь свой и преступный человек – замыслы свои...» (Йешаягу, 55:7). И он сожалеете совершенном, как сказано: «Ибо, одумавшись, я начал сожалеть [о содейнном] и, осознав [свою вину], я [в досаде] ударил себя по бедру, устыдился и смутился, ибо покрыл себя позором грехов юности своей» (Ирмеягу, 31:18) – и призывает в свидетели Того, Кому ведомо тайное, что никогда более не совершит этого греха, как сказа но: «Не назовем более богом нашим творение наших рук» (Ошеа,14:4). Кроме того, следует исповедаться и выразить словами все эти мысли, все решения, которые человек принял в сердце своем» (Законы раскаяния 2:2).

На иврите слово *кабала* происходит от глагола *лекабель* («получать», «принимать»). Высшее предназначение кабалы – научиться получать для того, чтобы давать. Иными словами, мы «получаем» правдивую информацию о нашем прошлом, принимаем его таким, как есть, а затем «открываемся», чтобы получить божественные милости и блага, которые позволят нам подарить себе и миру бесценный подарок – полностью самореализовавшуюся и цельную личность.

Как известно, переключение внимания может творить чудеса. Предупреждение о подстерегающем нас зле может лишь подхлестнуть его, подлив масла в огонь. Поэтому один из способов бороться со злом – переключить свое внимание на не связанное с ним добро. Рабби Мендель из Коцка как-то заметил, что когда армия Наполеона была окружена превосходящими силами противника и оказалась на грани разгрома, Наполеон предпринял шумный маневр в стороне от основного театра военных действий. Неприятель отвлекся и утратил бдительность, и в результате Наполеон сумел вывести из окружения и спасти свою армию. Аналогичным образом, лучший способ избавиться от недостойного прошлого – не пытаться сражаться с ним лицом к лицу, но сосредоточиться на чем-то хорошем, позволяющем мысленно перенестись в совершенно иную ситуацию.

Когда Тора использует слово *ве-ата* («и теперь»), она имеет в виду тшуву, поскольку наиболее важный аспект времени – «теперь», вечное настоящее. Разумеется, то, что есть, является непосредственным следствием того, что было. Тем не менее, наиболее важный компонент тшувы – «теперь», то есть здесь и сейчас. «Здесь и сейчас» у нас есть способность преодолеть влияние совершенного в прошлом, и увидеть в настоящем возможность начать сначала, и устремиться в будущее, где есть и цель, и смысл. Возможность увидеть настоящее чистым листом, без всяких следов прошлого, существует постоянно, в любой момент.

Весь потенциал тшувы раскрывается в тот момент, когда человек чувствует себя полностью прощенным – когда он простил себя, и получил прощение других людей и Всевышнего. На пике тшувы человек чувствует себя свободным от любых ограничений, и идет навстречу будущему полностью свободным от прошлых проблем.

Существует «отрицательная» и «положительная» свобода, то есть «свобода от» и «свобода для». «Свобода от» – это избавление от социального, экономического, культурного, внутреннего и любого другого угнетения. «Свобода для» – это возможность выбирать свой жизненный путь, следовать тому, что мы полагаем правильным и необходимым. Встав на путь тшувы, мы обретаем не только «отрицательную свободу» от прежних недостатков, но и «положительную свободу» – возможность выбирать для себя все хорошее, что есть в нашей жизни и в окружающем мире.

Когда человек живет жизнью тшувы – то есть жизнью, полной свободы, обновления и рождения заново – настоящее становится самым важным из всех времен, поскольку настоящее – единственное реально существующее время, в котором мы действительно живем. Настоящее – точка, в которой содержатся как семена нашего будущего, так и преобразующие силы, способные исправить наше прошлое.

РЕЗЮМЕ: ГЛАВА 22
СЧИТАЙТЕ СЕБЯ БЛАГОСЛОВЕНИЕМ

Основа любого позитивного изменения в жизни – принципиальная вера в то, что мы можем что-либо изменить, отличить добро от зла, и сделать свою жизнь достойной. Однако если мы ограничиваемся тем, что пассивно воспринимаем своем прошлое таким, как оно есть, не слишком задумываясь о связанных с ним потенциальных опасностях, мы начинаем прощать все свои прежние поступки, независимо от того, что мы натворили. Поэтому необходимо поддерживать тонкое равновесие между здоровой любовью к себе и здоровым сожалением о прежних ошибках, не позволяя сожалению деморализовать нас. Прошлое можно и нужно использовать в качестве руководства, как поступать в настоящем, то есть находить в нем ответы, что нужно и что не нужно делать, чтобы наше будущее стало лучше и чище.

ПРАКТИКА

ПРИНЯТЬ САМОГО СЕБЯ

Принятие означает осознание того, что мы такие, какие есть; при этом принять не означает простить. Принятие порождает эмпатию и поддержку, поощряя нас жить в соответствии с высшим потенциалом, то есть врожденной внутренней добродетелью. Когда человек принимает себя таким, как есть, и в тоже время сожалеет о некоторых поступках, не начиная при этом ругать и проклинать самого себя, происходит интеграция прошлого в настоящее, и, соответственно, исправление содеянного; в тех самых качествах, которые изначально стали причиной прежних ошибок, мы обнаруживаем их положительную первооснову.

ГЛАВА 23

ИЗБАВЛЕНИЕ ОТ ЧУВСТВА ВИНЫ

Множество людей живет, мучаясь постоянным чувством вины. Независимо от того, чем оно вызвано, чувство вины может оказаться совершенно разрушительным – действуя в полную силу, оно даже способно полностью подчинить себе нашу жизнь. В той или иной степени чувство вины является неотъемлемым следствием социальной жизни.

Когда человек стремится к личной трансформации, ему так или иначе придется иметь дело с этим чувством. Если некоторые способны использовать угрызения совести в качестве катализатора процессов, ведущих к исправлению ситуации, то во многих других случаях чувство вины служит препятствием, которое нужно преодолеть, чтобы у человека возникло искреннее желание перемен. В большинстве случаев тяжкий груз этого пуританского чувства оказывается колоссальной помехой на пути тшувы. Только достигнув определенного уровня невинности и врожденной добродетели, мы можем сознательно выбрать путь тшувы. Пока нам не удалось преодолеть чувство вины, стремление к переменам остается подсознательным рефлексом, возникшим методом «от противного».

Чувство вины обычно сопровождается чувством стыда. Две этих эмоции неразрывно связаны друг с другом, возникая в глубинах нашего сознания. Как только мы почувствуем себя виноватыми, что-то сделав или чего-то не сделав, следом немедленно является стыд – чувство смущение из-за совершенного или несовершенного действия.

При более серьезном анализе между чувством вины и стыдом можно увидеть некоторые тонкие различия. Чувство вины направлено внутрь, тогда как стыд – наружу. Чувство вины – неприятное чувство, которое человек испытывает в отношении самого себя; оно возникает, когда человек нарушает собственные правила поведения. Стыд, напротив, возникает в присутствии других людей, настоящих или воображаемых. Человек чувствует, что другие могут его осудить, и испытывает стыд. В отличие от стыда, чувство вины – самоотносимая эмоция, возникающая в результате психологического конфликта между нашим поведением и нашими намерениями и идеалами. Чувство вины может существовать только в рамках определенного кодекса поведения.

Чувство вины – вредный эмоциональный груз: чем дольше его несешь, тем тяжелее он становится, и тем труднее от него избавиться, так что рано или поздно человек падает под его тяжестью. Чувство вины вытесняет, загрязнет и разрушает любые положительные эмоции, которые мы можем к себе испытывать. В самых тяжелых случаях угрызения совести могут быть настолько сильными, что человек приходит к выводу, что он действительно порочен и недостоин. (Это чувство подпитывает его полная противоположность – слишком легкомысленное отношение к себе). Чувство вины оказывается якорем, который тянет нас назад, увековечивая ненависть к самому себе. В результате возникает разрушительное ощущение паралича – человеку кажется, что он в ловушке. Мучительное чувство вины постепенно сменяется духовным удушьем.

Чаще всего чувство вины возникает в контексте отношений между родителями и детьми. Многим родителям свойственно идеализировать свою роль, поэтому, когда они сталкиваются с тем, что их родительское или обычное поведение неидеально, их начинает мучить совесть – им кажется, что их жизнь не соответствует их требованиям к себе. Чувство вины возникает из-за несоответствия внутреннему идеалу. В свою очередь, дети испытывают те же чувства, когда завышенные ожидания родителей становятся их собственными, однако им не удается соответствовать этим требованиям. Они чувствуют себя виноватыми, что им не удалось стать лучшими из лучших. В результате их жизнь неизбежно будет наполнена чувством вины.

Угрызения совести возникают в тот момент, когда мы чувствуем, что нарушили правило, установленное не нами, отклонились от стандарта, который был нам навязан извне. Тот, кому общество, педагоги и родители с детства внушили, как следует вести себя в той или иной ситуации, неизбежно будет испытывать чувство вины, если в этих обстоятельствах поступит не так, как его учили. Иными словами, это чувство «сидит на запятках» ощущения, что был нарушен некий навязанный поведенческий кодекс. Человек как бы спрашивает себя: «Как я мог так поступить, если это – совсем не то, что я должен был сделать?». Ключевая фраза здесь «должен был». Она предполагает внешнее ожидание, навязанное нам тем или иным способом, например, в виде воспитания, убеждения, общественных и семейных ценностей; подобные экспектации никогда не бывают частью собственного внутреннего кодекса. Чувство вины пробуждается в тот момент, когда наше поведение не соответствует этим ожиданиям.

Бремя вины нередко возникает исключительно в качестве реакции на внешние требования или пожелания. Человек, оказавшийся в подобной ситуации, трудится в поте лица, чтобы думать, чувствовать и действовать в соответствии с тем, как, по мнению окружающих, он должен думать, чувствовать и действовать. Тем самым чувство вины полностью заслоняет его подлинное я. Место я фактически занимает другой. Позабыв о своей подлинной природе, человек живет в соответствии с образом, созданном для него другими людьми. Происходит экстернализация супер-эго (как называют его некоторые) – источником идентичности становится внешнее влияние, а не внутренняя связь с корнями своего я. Все экспектации и указания приходят извне, их источником оказывается некий внешний авторитет, а не собственные внутренние убеждения.

Когда мы сознательно устанавливаем собственные поведенческие стандарты – то есть целенаправленно строим свое поведение в

соответствии с собственными представлениями о том, что правильно и что неправильно – тогда, даже если нам случается нарушить
собственные правила, у нас не возникает невротических ощущений. Если нам случается нарушить собственный кодекс, мы можем
и должны чувствовать разочарование в себе, однако это ощущение
не связано с гнетущим чувством вины. В самом деле, кто станет бесконечно предаваться отчаянию, зная, что может исправить все, что
испортил, и что именно на нем лежит обязанность изменить свое
поведение и систему приоритетов.

Удивительно, но в иврите нет ни одного слова, которое можно
было бы перевести как «чувство вины». В библейском иврите есть
слова *буша* («стыд») и *харата* («сожаление»), однако нет ничего, соответствующего английскому guilt («вина», «чувство вины»). Это,
естественно, не случайно – «чувство вины» не соответствует идеалам Торы. Сожаление – да, соответствует: сожаление может быть полезной эмоцией, если оно связано с совершенным или несовершен-
ным поступком, и сочетается с твердым намерением изменить свое
поведение к лучшему. Однако чувство вины вредно в любом случае,
поскольку, во-первых, его острие направлено внутрь, по отношению
к самому человеку, совершившему неправильный поступок, а во-
вторых, оно не приводит ни к каким полезным действиям. Иными
словами, чувство вины – сугубо вредная эмоция, не дающая никакого стимула как-то решить проблему, из-за которой человек чувствует
себя виноватым. Если чувство не связано с решимостью измениться
к лучшему, оно оказывается выражением статичного ощущения собственной виновности.

На более глубоком уровне, где жизнь наполнена Торой, чувству
вины нет места, поскольку Тора желает, чтобы мы сознательно выбрали ее поведенческий кодекс в качестве собственного, и, соответственно, не чувствовали, что Тора и ее идеалы навязаны нам извне.
Быть преданным Торе означает не чувствовать, что этот образ жизни навязан нам извне, без всякой возможности выбора с нашей стороны. Напротив, мы должны научиться чувствовать, как Тора резо-
нирует в нашей душе, поскольку целиком и полностью соответствует

нашей природе. В этом случае Тора действительно становиться «нашей Торой».[107]

Речь идет о духовном движении «вверх» и «внутрь», когда человек переходит от «я должен» к «я могу», от «я обязан» к «я способен», от «я вынужден исполнять заповеди из-за того, что они были навязаны внешней силой» к «я могу и с радостью исполню любую заповедь, поскольку заповеди – это и есть я». Выбор, который мы делаем – глубоко свободный выбор, исходящий из глубин нашего «я могу». Этот выбор – настолько настойчивый, сильный и очевидный, что возникает ощущение, что в этом вопросе нет и не может быть никакого выбора.

Во время Синайского откровения, когда Всевышний спросил, хотим ли мы получить Тору, евреи с энтузиазмом ответили: «Да!».[108] После этого в Торе сказано: «И вывел Моше народ навстречу Богу из стана, и стали под горой» (Шмот, 20:11) Согласно Талмуду, эти слова следует понимать следующим образом: «Поднял Господь гору Синай над их головами, как бочку, и сказал: Если примите Тору, то будет вам хорошо. Если нет, то здесь будет ваша могила» (Шабат 88а).

Зачем понадобилось навязывать Тору силой? Разве это не противоречит сказанному выше – что евреи приняли Тору в результате свободного выбора, по доброй воле и с любовью? Однако сокровенный смысл этих слов состоит в том, что евреи приняли Тору столь искренне и на столь глубоком уровне, что казалось, что никакого выбора и не было, поскольку Тора – это то, чем мы, евреи, являемся на самом деле.

Это подобно самой жизни. Жизнь – это то, что мы есть, поэтому в жизни у нас нет выбора, выбирать или не выбирать. У нас есть свобода выбора, но нет свободы выбирать или не выбирать. Мы можем выбрать не выбирать, но при этом мы все равно делаем свой выбор.

---

[107] Ср. Авода Зара 19а: «Сказал Рава: в начале слова Торы принадлежат Святому, благословен Он, а в конце – тому, кто ее выучил».

[108] «И пришел Моше, и созвал старейшин народа, и изложил им все эти слова, которые заповедал ему Г-сподь. И отвечал весь народ вместе, говоря: все, что говорил Господь, исполним» (Шмот, 20:7-8).

То же самое справедливо и в отношении Торы. Тора не является чем-то внешним по отношению к нашей жизни – это и есть наша жизнь (*хаейну*).[109]

Таким образом, сначала мы переходим от низшего уровня «я должен – то есть я был принужден» к более возвышенной парадигме: «Я могу – я чувствую себя свободным, чтобы сделать свой выбор». После этого мы можем сделать следующий шаг наверх – «аз есмь». На этом уровне Тора становится настолько бесспорной и очевидной, что человек чувствует, что в этом вопросе у него нет и не может быть выбора. Этот высший выбор не навязан нам какой-либо внешней силой – напротив, он возникает внутри нас. Ведь Тора – наша подлинная природа, то есть сама наша жизнь.

Таким образом, существует три этапа духовного роста:

1. Я должен.
2. Я могу.
3. Это я.

Стоит отметить, что переход от «я должен» к «я могу» и «это я» не является линейной прогрессией от одного этапа к другому. Невозможно, достигнув определенного уровня, удержаться на нем – речь идет о движении, которое повторяется на протяжении всей нашей жизни. Мы начинаем в точке «я должен», затем обретаем способность подняться на уровень «я могу», и в конечном итоге достигаем высшего «это я». Немного продержавшись на этом уровне, мы вновь должны совершить те же три шага, чтобы достичь еще более высокого уровня, или еще более ясного видения мира.

В конечном итоге высшим «это я» становится глубочайшее осознание, что Тора – это то, что мы есть на самом деле, и Тора может быть по праву названа «нашей». Тора была дана каждому из нас, чтобы стать нашей. Поэтому когда мы изучаем Тору и постигаем ее тайны, ее упоминают от нашего имени. Когда мы «прилепляемся» к Торе (*двекут*), Тора становится нашей.

---

[109] См. напр. Маарив (вечерняя молитва), второе благословение перед Шма: «Ты преподал нам Тору и заповеди, уставы и законы. Ибо они (Тора и заповеди) наша жизнь и наше долголетие».

Когда наши дела или взгляды не соответствуют Торе, то это ощущается как несоответствие своему подлинному, высшему я. Тора желает, чтобы мы осознали свои подлинные внутренние желания, соответствующие воле Творца Вселенной, и жили жизнью, в которой наше индивидуальное я стало выражением Высшего Я мироздания.

Мы можем воспринимать высший голос Торы как звучащий снаружи или изнутри. Это зависит от того, насколько цельной личностью является каждый из нас, насколько наша жизнь созвучна нашей душе, нашему сокровенному я. Многим людям голос Торы кажется недружелюбным, резким и чужим, поскольку они не цельны ни «по вертикали», ни «по горизонтали». Эти люди отдалились и отвернулись от своего подлинного я, и воспринимают истину как навязываемую Другим, то есть идущую Снаружи. Всего этого никогда не происходит, когда человек полностью сливается со своим высшим Я, укорененном в Высшем Единстве. Когда мы открываем для себя эти уровни, эти истины становятся тем, кто мы есть, а не тем, как нам следует или не следует поступать.

В жизни есть множество естественных законов, которые мы принимаем безоговорочно, без всякого сопротивления. Некоторые правила кажутся нам не навязанными извне, а действиями, необходимыми для выживания. Дыхание, еда, питье, сон – все это считается «зовом природы» и принимается как реальность, данная нам в ощущение; эти действия кажутся стандартными рабочими процедурами. Мы не бунтуем против них, если же это происходит, то, кроме конкретных случаев вроде поста, это служит симптомом серьезного заболевания.

Тора стремиться «протекать» сквозь и внутри нас *хотя бы* так же естественно и беспрепятственно, не встречая сопротивления со стороны нашего эго. Разумеется, некоторым из нас исходные отношения с Торой кажутся слегка напряженными. Может показаться, что Тора посягает на наши интересы; порой у человека даже возникает желание взбунтоваться против правил, которые, как ему кажется, ему навязывают. Всеобъемлющий страх нередко предшествует любви. Однако по мере того, как человек становится более цельным, он начинает понимать, что «это» – именно то, что «он есть» на самом деле. Постепенно Тора становится для него синонимом жизни.

Разумеется, большинству людей подобный уровень внутренней цельности и единства кажется недостижимой мечтой. К огромному сожалению, во многих случаях чувство вины остается самой деятельной, всепроникающей и направляющей жизненной силой. Тем не менее, нет причин впадать в отчаяние. Как и все существующее, чувство вины не является ни стопроцентно хорошим, ни стопроцентно плохим. Все зависит от того, каким образом мы его интерпретируем и используем. Известно, что во многих случаях чувство вины побуждает людей творить добро.

Существует два крайних взгляда на человеческое поведение. Согласно первой теории, внешнее поведение является проявлением внутренних процессов, и что энергия течет только в одном направлении. Поэтому вредная причина не может породить полезное следствие, и наоборот. Согласно этому подходу, когда поступок был вызван, к примеру, гневом, то даже если результат кажется полезным, на самом деле он изначально порочен. Например, если, став свидетелем явной несправедливости, вы испытываете ненависть к обидчику, и заступились за его жертву, ваш поступок все равно нужно считать недостойным, поскольку его причиной стал гнев. В дальнейшем мы будем называть эту модальность поведения *духовной этикой*.

В рамках этого подхода невозможно найти оправдание любой агрессии, даже если речь идет о насилии в защиту несправедливо обиженного, как в случае с Моше, убившем египетского надсмотрщика.[110] Интерпретация поступка и суждение о нем основываются только на мотиве (в данном случае – импульсивной ярости, породившей насилие), полностью игнорируя социальный, политический и/или революционный контекст этого действия.

Другая крайняя точка зрения судит о любом действии исключительно по плодам, полагая, что значения имеют действия, а не на-

---

[110] См. Шмот, 2:11-12: «И было, в те дни, когда вырос Моше и вышел он к братьям своим, он присматривался к тяжким работам их; и увидел он, что египтянин бьет еврея из братьев его. И оглянулся он туда и сюда, и видя, что нет никого, он убил египтянина и скрыл его в песке».

мерения. Этот подход мы будем называть *прагматичной этикой*. Согласно этой теории, если вы совершили хорошее дело – например, заступились за жертву несправедливости – то даже если его причиной был гнев или гордыня, этот поступок все равно следует считать достойным. Если человек делает доброе дело, то совершенно неважно, каковы были его намерения – главное, что дело было сделано.

Тора одновременно духовна и прагматична, ее интересуют как внешние действия, так и внутренние душевные порывы. Поэтому ее подход можно назвать духовным прагматизмом, или прагматичной духовностью. Духовность Торы реализуется в контексте Галахи, «практического закона». Делайте добрые дела, испытывайте беспокойство и даже ярость при виде несправедливости, а затем творите еще больше добра. Однако процесс не заканчивается собственно поступком, поскольку вслед за рукой, раскрывшейся, чтобы помочь ближнему, раскрывается ваше сердце и ваше сознание.

Независимо от побудительных мотивов, доброе дело всегда остается добрым делом, и должно быть оценено именно так. Для бедняка, получившего денежную помощь, совершенно не важно, руководствовался его благодетель высшими соображениями или чувством вины. Более того, наше внутреннее состояние меняется в соответствии с нашими поступками, поэтому любое «внешнее» доброе дело обладает потенциалом подготовить нас к внутренней трансформации. Когда мы совершаем физическое действие ради доброго дела, это меняет к лучшему нашу душу и наше сознание; как писал автор «Сефер а-Хинух», «сердце следует за делами». Достойное поведение открывает перед нами достойные перспективы. Наши добрые дела расширяют и изменяют к лучшему наше внутреннее духовное пространство.

Каждое внешнее действие влияет на наше внутреннее состояние. Внутреннее (*пним*) следует за *паним* («лицом», то есть внешним). Этот каламбур прекрасно описывает взаимоотношения внутреннего и внешнего. Внутреннее состояние обычно отражается на внешнем, однако процесс может идти и в обратном направлении – внешнее способно влиять на внутреннее, добрые дела могут преобразить наше сознание и нашу душу.

В конечном итоге и добрые дела, и добрые намерения заслуживают самой высокой оценки в рамках мировоззрения Торы. Очень важно просто творить добро, однако не менее важны наши намерения и тот внутренний отзвук, который производит исполнение заповеди.

На иврите чувство горечи называют *марирут*. Чувство горечи, в отличие от чувства вины, нередко помогает человеку измениться к лучшему. При этом важно отметить, что *марирут* не следует путать с депрессией. Депрессия – это чувство беспомощности и безнадежности, отсутствие мотивации вырваться из этого состояния. Она способна погрузить человека в такую тоску, что он вообще перестанет что-либо чувствовать.

В противоположность депрессии, чувство горечи – живительное, пульсирующее эмоциональное состояние. Человек чувствует себя настолько опустошенным и утратившим связь со своим подлинным я, что у него возникает сильная мотивация измениться. *Марирут* способен вывести человека из состояния духовного самодовольства, заставить его проснуться и осознать жизненную необходимость перемен. Чувство горечи – это душевная боль, возникающая, когда мы чувствуем, что отсечены от Источника, и живем жизнью, не соответствующей первооснове нашей личности и нашей души. Душевная горечь связана с ощущением собственного одиночества и отчуждения – ощущением настолько сильным, что в нас рождается твердая решимость измениться к лучшему. Эти душевные муки и недовольство самим собой становятся стимулом к выбору новых жизненных ориентиров. [111]

Чувство горечи подобно боли. Физическую боль можно рассматривать с двух диаметрально противоположных точек зрения. Пер-

---

[111] Некоторые религиозные авторитеты считали чувство горечи неотъемлемым элементом тшувы. См. напр. Орхот Цадиким, Врата раскаяния: «Третье составляющая тшувы – это скорбь. Вздыхать со скорбью и горечью в сердце. Ибо потеряв динарий, человек сожалеет, а потеряв богатство, – скорбит, и в сердце его горечь; и весьма и весьма терзается, если его постигли остальные беды. Как же следует терзаться и скорбеть восставшему против Великого Господина, тому, кто искривил свои пути и совершил преступления пред Ним, Оказавшем ему безвозмездное добро, хесед! Он должен терзаться и скорбеть каждую минуту!»

вой и естественной реакцией на боль является возмущение и обида. Боль неприятна, раздражает, однако далеко не всегда приводит к каким-либо конструктивным действиям. В этом случае боль подобна чувству вины.

Вместе с тем, боль может быть полезна. Если бы не она, мы бы так и не поняли, что страдаем от какого-то заболевания. Боль – средство, с помощью которого организм сообщает нам о возникшей опасности или недуге. Если из-за отсутствия боли мы не заметили полученной травмы, существует риск, что мы так и не займемся ее лечением, и наше будущее окажется под угрозой. В этом смысле боль подобна чувству горечи. Проще говоря, боль защищает наш организм. Биологическое предназначение боли заключается в том, чтобы либо спровоцировать максимально быструю внутреннюю защитную реакцию, которая приведет к исцелению, либо – заставить нас обратиться за внешней помощью.

Все сказанное выше справедливо и в отношении чувства горечи. Человек может страдать эмоциональным или духовным недугом, не замечая своей болезни. В крайнем случае он пытается совладать с самими неприятными ощущениями, не пытаясь разобраться глубже. Это напоминает общий подход западной медицины, которая занимается симптомами, игнорируя потенциальные причины дисбаланса.

С другой стороны, человек, почувствовав боль или горечь, может благодаря этому заметить опасность, оценить ее, и установить ее источник. Тем самым отрицательные эмоции перенаправляются и приводят к исцелению и укреплению. Человек может поставить все свои силы на службу духовного пробуждения и личного развития. Поэтому даже чувство горечи может быть использовано в качестве трамплина, позволяющего обрести более достойное, здоровое и жизнеутверждающее существование.

В рамках этой парадигмы такая вредная вещь, как чувство вины, не успевает «воспалиться», поскольку ее основа очищается и помещается в принципиально иной контекст, где она становится катализатором единственно правильной реакции – самоисцеления. Мы используем чувство горечи, чтобы избрать новое жизненное направление, отделить позитивные стимулы от сопутствующего им чувства вины, и превратить неприятные ощущения в ступени своего духовного роста.

Идеальный вариант духовного развития – полностью избавиться от любых отрицательных эмоций[112], не позволяя внутренним проблемам разрастись и/или воспалиться. Поэтому когда мы чувствуем внутреннее беспокойство или чувство вины, нельзя опускать руки и думать, что мы не в силах ничего изменить. Напротив, нужно постараться непременно сделать что-нибудь хорошее и полезное. И тогда отрицательная энергия постепенно рассеется, как дым.

---

[112] Рабби Шнеур-Залман из Ляд рекомендовал следующий способ избавления от негативных эмоций: «И вот средство, рекомендуемое, для того, чтобы очистить сердце от всякой грусти и от всякого следа заботы о делах этого мира, даже о «детях, здоровье и пропитании». Всем известны слова наших мудрецов, благословенна их память: «Так же, как человек благословляет за добро и т. д.». И Гемара поясняет – принимать [все] с радостью так же„ как радуются добру, раскрытому и видимому, ибо это [- все тяжелое и неприятное -] также к добру, только оно не раскрыто и невидимо взору человека. Ибо оно – из Мира сокрытия, который выше Мира раскрытия» (Тания, гл. 26).

РЕЗЮМЕ: ГЛАВА 23
ИЗБАВИТЬСЯ ОТ ЧУВСТВА ВИНЫ

Многие люди живут, придавленные невыносимым грузом вины, отравляющей любую радость и понижающей самооценку. Многие так же ошибочно считают, что угрызения совести помогут им изменить свою жизнь. Однако чувство вины никогда и никому не может помочь – в отличие от чувства горечи и сожаления, которое может породить радость, уверенность в себе и способность нести ответственность за свою жизнь.

ПРАКТИКА
ОБРАЩАЙТЕ ВНИМАНИЕ

Когда у вас возникнет чувство вины, обратите внимание, сколько полезной энергии оно забирает.

Так же обратите внимание на внутренний монолог, которым сопровождается это ощущение. Отследите, какое влияние это чувство оказывает на ваше сознание и принимаемые решения. Приводит ли оно к радости и большей уверенности в себе или же, напротив, к депрессии и ощущению собственного бессилия? Затем представьте себе поступок, который вы могли бы совершить, и который полностью соответствовал вашим внутренним ценностям. Обратите внимание на прилив сил и эмоциональный подъем, которыми сопровождаются подобные мысли.

ГЛАВА 24

ПРЕОДОЛЕТЬ СТЫД

Подробно обсудив чувство стыда, мы можем перейти к его верному спутнику – идее стыда (на иврите *буша*). Как следует относиться к стыду? Нужно ли стремиться к тому, чтобы окончательно избавиться от этого чувства? В конечном итоге вопрос сводится к тому, можно ли использовать стыд во благо, или же это совершенно вредная эмоция, заслуживающая полного и окончательного уничтожения.

Чувство вины возникает в следствии экзистенциального конфликта, вызванного когнитивным диссонансом между нашими поступками и ожиданиями. В свою очередь, стыд – чувство презрения и враждебности, которое человек испытывает к самому себе. Кроме того, чувство вины возникает непосредственно в нашей душе, тогда как стыд является следствием согласия с суждением окружающих. Иными словами, мы испытываем стыд, когда чувствуем, что нас осуждают извне. Эти суждения могут принадлежать другим людям, или даже более «удаленным» элементам нашей личности.

«И были оба наги, Адам и жена его, и не стыдились» (Берешит, 2:25). Стыд – чувство, которое может возникнуть только в присутствии другого. Поскольку Адам и Хава еще не вкусили от древа познания и двойственности, и у них еще не возникло сильного ощущения покинутости, они не стыдились находиться в своем естественном виде.

Среди всех многочисленных созданий, населяющих земной шар, только людям свойственно стыдиться. Поскольку животные являются целостными натурами, живущими в согласии со своей внутренней природой, у них не возникает необходимости стыдиться. Животные поступают в соответствии с тем, чем они являются, у них никогда не возникает несоответствия между их внутренней природой и внешним поведением. Однако человек обладает свободой выбора, поэтому у него может возникнуть конфликт со своей внутренней природой. Этот конфликт заставляет его стыдиться. Стыд возникает из-за того, что, помимо свободы выбора, людям присуща рефлексия. Свобода выбора дает возможность быть в разладе с самим собой, рефлексия – позволяет заметить это и устыдиться.

Человек достаточно разумен, чтобы заметить противоречие между тем, кто он есть, и своим поведением. Развитые умственные способности служат необходимым предварительным условием, позволяющим в полной мере насладиться предоставленной нам свободой. Поэтому мы – единственные существа, которые стыдятся своих глупых решений, противоречащих нашим подлинным внутренним убеждениям. Если человек, живущий в разладе с самим собой, не стыдится, узнав об этом, то он либо недостаточно умен[113], либо просто бесчувственный чурбан.

Стыд нельзя назвать совершенно бесполезной эмоцией. Напротив, он может быть весьма полезен, по крайней мере на первых этапах духовного восхождения. Еврейское слово *буша* (стыд) состоит из четырех букв, *бет, вав, шин* и *хей*. Те же самые буквы образуют слово *шува* – «возвращение». Иными словами, стыд может стать причиной тшувы.

Стыд может помочь человеку приобрести различные добродетели. На самых ранних этапах своего развития человеческое сознание основывается преимущественно на детском чувстве стыда. Маленькие дети усваивают, что такое хорошо и что такое плохо, наблюдая, какие поступки расстраивают тех, кого они любят, а какие, наобо-

---

[113] См. Орхот Цадиким, Врата стыда: «Сказали мудрецы: «Разум есть стыд /буша/, стыд есть разум. Все животные, кроме человека, не обладают стыдом, потому что у них нет разума».

рот, вызывают у них гордость. Когда мы поступаем неправильно, то стыдимся, прежде всего, тех, кого любим, и переживаем, что их расстроили. Даже когда мы становимся старше, мы проявляем чуткость к чувствам других людей в том числе тем, что стыдимся и даем окружающим понять, что нам стыдно. В определенном смысле наш стыд служит своего рода извинением за наше поведение, которое другие сочли обидным.

С практической точки зрения можно выделить три разновидности стыда.

1. Низший уровень стыда, когда человек стыдится других людей.

2. Более высокий уровень, возникающий в связи с нарушением собственного поведенческого кодекса.

3. Высший уровень стыдливости, связанный с сокровенными глубинами нашего подлинного я.[114]

Чем выше мы поднимаемся в процессе самоисправления, тем реже мы испытываем стыд. В конечном итоге нашей целью является достичь такого духовного уровня, где над нами будут не властны ни стыд, ни чувство вины.

Чем больше мы обретаем уверенности в себе и своих силах, чем меньше зависим от суждений окружающих, тем меньше мы живем ради того, чтобы произвести впечатление на окружающих. Со временем человек достигает здорового уровня хладнокровия (*иштавут*), когда звучащие с разных сторон похвалы и проклятья, восхищение и порицание не способны повлиять на его самооценку и самомнение. В результате мы не принимаем близко к сердцу никакие слова, обращенные к нам извне – неважно, идет ли речь о похвале или о насмешке.

---

[114] Ср. Орхот Цадиким, там же: «Существуют четыре уровня стыда. Первый уровень – стыдиться грешить открыто, но не грешить тайно. Это как бы попытка обмануть Всевышнего, ибо человек стыдится людей, а не Всевышнего, и в этом заключается великое зло. Второй уровень – открыто и втайне избегать преступления ради стыда перед людьми, опасаясь того, что это станет известно людям и навлечет позор перед людьми. Об этом сказали: от «не во Имя» он перейдет к «во Имя». Третий уровень – подумать: «Могу ли я втайне согрешить и тем показать, что раба стыжусь больше, чем господина, и обману Всевышнего?» Таким способом избежать преступления – великое качество. Четвертый уровень – открыто и втайне стыдиться лишь Всевышнего подобно тому, как человек стыдится людей. Нет выше этого!»

Будучи маленькими, ни на что не способными детьми, мы неизбежно судим о себе в соответствии с мнениями и суждениями окружающих. Возможно, речь идет о врожденном механизме, гарантирующем биологическое выживание – ведь в начале жизни мы полностью зависим от окружающих во всем, что касается пропитания и выживания. Проблема, однако, заключается в том, что некоторые люди так и не вырастают выше этого уровня – они постоянно ищут у окружающих подтверждения и одобрения своих действий. Их поведение целиком и полностью определяется мнением окружающих, как им следует и как не следует поступать. В своих решениях они никогда не исходят из собственного опыта – как они сами думают или чувствуют.

Естественно, что эти люди испытывают стыд и смущение прежде всего в присутствии других. Более того, подобная жизнь приводит к тому, что они все время ждут, что им за что-нибудь станет стыдно. Поскольку их единственным стимулом достойного поведения остается стыд перед окружающими, задумав что-нибудь плохое, такой человек прежде всего удостоверится, что его никто не видит. Когда рядом никого нет, он поступает так, как ему угодно; его морально-нравственный уровень зависит исключительно от внешнего наблюдения и одобрения. У него нет внутреннего компаса, показывающего, что такое хорошо и что такое плохо.

Гораздо менее острое чувство стыда возникает, когда человек чувствует, что его поведение не соответствует «высшим предначертаниям», которые он принял в качестве своего жизненного кодекса. Это еще нельзя назвать наиболее «рафинированным» уровнем стыда, поскольку он все еще зависит от внешних стимулов.

Наивысшая разновидность стыда возникает, когда человек настолько уверен в себе, что совершенно не интересуется, как его действия будут восприняты окружающими. Единственное, чего он стыдится, это несоответствие своему подлинному я. По-русски это называется «позволить себе». Какая-то сила внутри нас, назовем ее совестью или внутренним голосом, сообщает нам о замеченных несоответствиях, когда мы совершаем что-нибудь недостойное. Именно это осознание и заставляет нас стыдиться. Умение прислушиваться к себе, к еле слышным голосам, звучащим в нашей душе, служит гарантией, что мы будем последовательны в своих поступках. Если же мы отклонимся от этого внутреннего вектора, то немедленно почувствуем стыд, соответствующий по своей интенсивности серьезности прегрешение. Это чувство послужит гарантией, что этот неидеальный поступок никогда не будет повторен.

Идеальным вариантом духовного роста было бы достичь такого состояния, когда у нас вовсе не будет нужды в отрицательных или неприятных ощущениях, чтобы задуматься о духовном. Подобное духовное состояние основано на инклюзии и любви. На этом уровне нет необходимости в угрызениях совести или стыде, чтобы обратиться к всевышнему и своему подлинному я. Движущей силой здесь служит любовь – величайшая объединяющая сила, способная победить все наши проблемы и трудности. Враждебность и горечь уходят в прошлое; вместо бессильного и бесправного человека перед нами предстает активная и деятельная личность, уверенная в в себе и наслаждающаяся жизнью. Этот новый человек с восторгом и пылом стремиться воссоединиться с Создателем, то есть установить отношения с Высшим Партнером с помощью величайшей в этом мире жизнеутверждающей силы – любви.

Поскольку такие эмоции, как стыд и чувство вины, не приносят ни пользы, ни удовольствия, возникает вопрос: если мы все-таки испытываем стыд, как нам его преодолеть? Не лучше ли полностью избавиться от столь низменных эмоций, чтобы жить жизнью, свободной от неприятных ощущений? И если да, как этого достичь?

Существует множество советов, которые можно дать человеку, стремящемуся избавиться от стыда. Судя по всему, общей для всех существующих подходов является предпосылка, что человек испытывает чувство стыда, когда чувствует, что у него что-то не получается, и что он несовершенен. В подобном случае советуют следующее: когда мы чувствуем собственную «неполноценность», то нужно не стыдиться этого, но понять, что несовершенство – неотъемлемая часть человеческой природы. Людям свойственно ошибаться – именно ошибки и делают нас людьми.

Иными словами, чтобы избавиться от стыда, нужно понять, что нам нечего стыдиться. Источником стыда является вера в достижимость совершенства. Поняв и приняв, что мы не можем и не должны быть совершенными, мы перестанем стыдиться.

Стыд впервые упоминается в Торе после рассказа о том, как Адам и Хава вкусили от древа познания добра и зла. Именно тогда они впервые почувствовали постыдность наготы.[115] Из этого следует, что «исправление» (*тикун*) стыда заключается в возвращении в «сад» сознания; нужно вернуть запретный плод обратно на дерево, то есть пережить воссоединение и единение с окружающим миром и с самим собой.

Говоря теологически, люди не должны испытывать стыд в присутствии Творца.[116] Поскольку Бог сотворил каждого из нас, то Он знает нашу жизнь лучше любого другого. И поскольку Создатель досконально знает все свои творения, нам совершенно не нужно себя стыдиться.

Несмотря на явные достоинства, присущие этому подходу, его главная трудность состоит в том, что в основе стыда лежит ощущение своей неадекватности, компетентности и бессилия. Перед лицом Источника всего существующего это действительно так. Хотя этот подход может принести временно облегчение и избавить от наиболее острых симптомов, в долговременной перспективе он может лишь укрепить и фактически подтвердить ощущение собственной неполноценности. Когда человек убедил себя, что перед лицом Всевышнего ему нечего стыдиться, то это может облегчить муки совести здесь и сейчас, однако долговременное ощущение своей неадекватности, скорее всего, только усилится. Получив внешнее подтверждение собственной беспомощности, человек рискует погрязнуть в ней еще больше; его уверенность в себе не только не увеличится, но даже уменьшится.

---

[115] «И увидела жена, что дерево хорошо для пищи, и что оно приятно для глаз и вожделенно, потому что дает знание; и взяла плодов его и ела; и дала также мужу своему, и он ел. И открылись глаза у них обоих, и узнали они, что наги, и сшили смоковные листья, и сделали себе опоясания» (Берешит, 3:6-7).

[116] Ср. Берешит, 3: 8-10: «И услышали голос Господа Бога, ходящего в саду в прохладе дня; и спрятался Адам и жена его от Господа Бога среди деревьев сада. И воззвал Господь Бог к Адаму, и сказал ему: где ты? И сказал он: голос Твой я услышал в саду, и убоялся, потому что я наг, и спрятался».

Более инклюзивный подход предлагает бороться со стыдом, противопоставив ему жизнеутверждающую силу. Решив не анализировать причины стыда и не погружать в него с головой, а сделав вместо этого какое-либо доброе дело, мы нейтрализуем неприятные чувства, которые испытываем к себе, и начинаем чувствовать себя хорошо и уверенно.

Стыд возникает из ощущения собственной беспомощности и неэффективности. Он негативно воздействует на человека, понижая его самооценку. Стыд заставляет хуже относиться к себе; это лестница, ведущая только вниз. В конечном итоге человек впадает в духовную летаргию, и становится неспособен к любому движению. Поэтому правильнее всего будет бороться со стыдом с помощью действий и эмоций, возвращающих уверенность в собственных силах.

Если вы чувствуете смущение из-за какого-либо совершенного или несовершенного поступка, и ощущаете себя слабым, поскольку не сумел устоять перед мимолетным искушением, нужно принять это чувство, а затем избавиться от него, почерпнув силы, совершив какое-либо доброе дело. Даже если каждый раз мы будем делать всего один шаг, со временем за этим последуют и внутренние изменения: добрые дела постепенно изменят характер того, кто их совершает.

Если же вы хотите сразу что-то, что может дать незамедлительный эффект – встаньте на путь тшувы, и вместо того, чтобы ощущать бессилие, бесполезность и некомпетентность, начните считать себя сильным, компетентным и способным на все. На высшем уровне тшувы происходит внутренний переворот, за которым естественным образом следуют добрые дела. Тшува преобразует внутреннюю динамику, что автоматически приводит к изменению наши поступки и сигналы, посылаемые наружу.

В конечном итоге вершиной духовного развития является жизнь, начисто лишенная чувства стыда, подобно тому, как в райском саду жили Адам и Хава, пока не вкусили от древа познания. В мире «Древа Жизни», где человек живет цельной жизнью, и его внутреннее я полностью проявляется в его внешнем поведении», стыду нет места. Если же происходит сбой, и мы совершаем поступок, несовместимый с нашей душой, на это следует немедленно ответить положи-

тельными ощущениями и искренней тшувой. Чтобы дать отрицательным эмоциям взять ситуацию под контроль и парализовать любое движение, нужно стремительным ответным действием подавить
эти чувства еще в зародыше. Лучшее лекарство против неприязни
и даже ненависти к самому себе, пуританского чувства вины, само-
осуждения и самоедства – сделать что-нибудь хорошее и продуктив-
ное, чтобы почувствовать себя смелым, достойным, и способным на
труд и подвиг.

РЕЗЮМЕ: ГЛАВА 24
ИЗБАВИТЬСЯ ОТ СТЫДА

Когда человека переполняет стыд, это может закончиться духовным параличом. Стыд является естественным следствием неспособности отличить то, что мы делаем, от того, что мы есть. Вместе с тем стыд за себя – чувство, не только возникшее в результате заблуждения, но и несправедливое. Точно так же, как вы заступаетесь за жертву несправедливости, вы обязаны вступиться за того базово достойного и благородного человека, каким на самом деле являетесь.

ПРАКТИКА
ДЕЙСТВУЙТЕ!

Если вы стыдитесь того, что сделали, или в гневе считается себя слабаком, поскольку капитулировали перед собственным эго – немедленно заступитесь за того человека, каким вы являетесь на самом деле. С тем же душевным пылом, с каким вы обвиняли себя во всех грехах, сделайте доброе дело – исполните какую-нибудь важную заповедь. При этом вы даже можете позволить себе праведный гнев, подобно политическому активисту, требующему освободить невинно осужденного узника.

ГЛАВА 25

СМИРЕНИЕ
И УВЕРЕННОСТЬ В СЕБЕ

Печаль и радость, меланхолия и эйфория – вот типичные эмоции, возникающие, когда человек решает изменить свой образ жизни. Поскольку тшува, в определенной степени, предполагает разрыв с прошлым, она может оказаться достаточно рискованным предприятием. Не имеет значение, сколько счастья и восторга испытывает человек, выбравший новый, более осмысленный жизненный путь – в его памяти навсегда сохраняются воспоминания, заставляющие ностальгировать по тому, что было. Любой разрыв вызывает боль, физическую или эмоциональную. То, что сейчас человек счастлив, не мешает ему испытывать боль и грусть, возникающие вследствие отказа от привычного образа жизни.

Каждая новая фаза рождения или перерождения неизбежно сопровождается соответствующей формой смерти и распада. Никакое начало невозможно, если прежде что-нибудь не закончено. Если говорить о личностном росте, то переход к новому жизненному этапу означает окончание предыдущего. Именно поэтому многие предпочитают оставаться в неприятных, удушливых обстоятельствах, вместо того, чтобы сделать решительный шаг к новой жизни. Перемены неизбежно вызывают двойственные чувства, даже если это перемены к лучшему.

Когда мы переживаем внешние или внутренние изменения, то они почти всегда сопровождаются смешанными чувствами боли и утраты, даже если они идут нам на пользу. Выпускник школы, знающий, что перед ним открывается взрослая, более ответственная жизнь, испытывает радость и возбуждение, к которым, однако, примешиваются грусть и ностальгия. С тшувой происходит то же самое.

Расставание с прошлым и движение вперед, даже если это был собственный сознательный выбор, может, тем не менее, оказаться невеселым путешествием. Когда определенное поведение и мировоззрение становятся привычкой, то даже если она угрожает его благополучию, порвать с ней оказывается серьезной эмоциональной проблемой.

Унижение – еще одно психологическое состояние, с которым приходится бороться в процессе тшувы. Тшува может оказаться весьма унизительным опытом. Одним из основных компонентов тшувы является честность. Проблема заключается в том, что когда человек оказывается в ситуации, когда возникает необходимость честно оценить самого себя и свои недостатки, всегда возникает опасность самообмана или излишней честности. Между тем, когда в жизни происходят радикальные изменения и избавление от всех внешних оболочек, наше я, оказавшееся «голым», может быть особенно уязвимо.

Внутреннее унижение, вызванное близким знакомством с темной стороной своего я, необходимым при объективном анализе своих недостатков, ошибок и упущенных возможностей, может оказаться слишком сильным, чтобы с ним справиться. Достоинства и светлые стороны личности могут быть совершенно забыты в результате слишком близкого и интенсивного знакомства со своими вредными привычками и другими недостатками.

В силу этой потенциальной динамики существует опасность, что все закончится тем, что человек придет к выводу о собственной испорченности и некомпетентности. А это – вредное и парализующее чувство, лишающее нас воли и даже самой веры в то, что мы можем вырваться из этой бездны и изменить свою жизнь к лучшему. Поэтому необходимо бороться и победить это вредное самоощущение, чтобы сделать необратимый шаг навстречу всеобъемлющей интегральной тшуве, где все прежние недостатки, нераскрытые способности и уникальные душевные качества будут перенаправлены для решения новых духовных задач.

Чтобы жить здоровой уравновешенной жизнью, нужно научиться поддерживать правильный баланс между самоуважением и верой в себя, с одной стороны, и осознанием и признанием своих прежних ошибок и проступков с другой. Необходимо научиться быть «брутально честными» относительно своих недостатков, и в тоже время честно видеть свои сильные стороны. Сокровенная часть нашего я всегда остается чистой и цельной, однако более внешние аспекты нередко нуждаются в тшуве. Правильный жизненный курс (на иврите *дерех*) состоит в том, чтобы уметь контролировать не только свое высшее, но и свое низшее я. Нужно уметь контролировать свои взлеты и падения, творчески маневрируя и балансируя в рамках своей двойственной природы.

Гематрия слова *дерех* – 224 (далет – 4, рейш – 200, хаф – 20). Гематрия слова *баки* («компетентный», «глубоко знающий») – 112 (бет – 2, куф – 100, юд – 10). Компетентность в обоих мирах, высшем и низшем, в сумме дает 224. И действительно, единственно правильный жизненный путь – жить одновременно в обоих мирах, ныть цельной, непротиворечивой личностью.

В процессе честного и последовательного самоанализа человек может почувствовать себя подавленным, почувствовав резкое отвращение и стыд из-за того, что он натворил или, наоборот, не сделал. Чтобы противостоять этим разрушительным самоощущениям, нужно помнить что в глубине души есть неразрушимая точка, где человек всегда остается совершенным праведником (*цадик*). Внешнее я может грешить, однако внутреннее я остается чистым и непорочным, не прибавить и не убавить. Необходимо научиться поддерживать хрупкое равновесие между двумя аспектами нашей личности, один из которых совершенен, а другой – нуждается в постоянном исправлении.

Существуют разные уровни тшувы. Для некоторых тшува – радикальное изменение всей жизни, поворот на сто восемьдесят градусов. В других случаях это просто более скрупулезное следование уже выбранному жизненному курсу. Чем решительнее перемены, тем больше шансов, что этот опыт окажется унизительным. Еще одним побочным продуктом тшувы, возможно, связанным с чувством страха, является ощущение собственной неполноценности, слабости и/или одиночества.[117]

Когда человек решает пойти другим путем и начать новую жизнь, ему может показаться, что все, что он делал в жизни прежде, ничего не стоит и было пустой тратой времени. Это вызывает чувство уныния и ощущение собственной неполноценности. Особенно часто это происходит, когда человек сравнивает уровень своей религиозности с уровнем тех, кто родился и вырос в мире Торы. Это сравнение вызывает у него комплекс неполноценности; ему кажется, что те, кто родился в правильном месте, обладают несомненным жизненным преимуществом.[118]

Этот невроз – одно из самых распространенных, хотя совершенно неоправданных ощущений, свойственных многим, вставшим на путь тшувы. Впрочем, бывают и прямо противоположные случае. Человек, переживший духовное прозрение, начинает ощущать психологи-

---

[117] Некоторые авторы полагали ощущение собственной неполноценности нормальным состоянием во время тшувы. См. напр. Орхот Цадиким, Врата раскаяния: «Седьмая составляющая тшувы – это смирение всем сердцем и униженность. Ибо знающий своего Создателя понимает, как низок и унижен тот, кто преступает Его веления. И Давид, исповедуясь, признал свою вину, когда пришел к нему пророк Натан, и сказал: «Жертвы Всевышнему – дух сокрушенный; сердце сокрушенное и удрученное, Всевышний, презирать не будешь» (Тегилим 51:19). «Сокрушенный дух» – это униженный дух. Из этого мы заключаем, что смирение есть одна из основ раскаяния, потому что этот псалом- основа основ принципов раскаяния. Смиряясь, человек становится желанен Всевышнему, как сказано: «И на этого смотреть буду: на смиренного и сокрушенного духом» (Ишаягу, 66:2)».

[118] Этому нередко способствуют отдельные религиозные люди, не упускающие случая напомнить раскаявшемуся грешнику о его прошлом. Ср. Рамбам, Мишне Тора, Законы раскаяния 7:8: «Если глупец стыдит их за их прежние дела: «Вчера ты поступал, так-то, вчера говорил то-то» – не должны они обращать на него внимания, но – слушать, радуясь и зная, что это на благо им, ибо всякий раз, когда человек испытывает стыд за прежние поступки, заслуга его возрастает и достоинство увеличивается. Большой грех – говорить раскаявшемуся: «Вспомни о своих прежних деяниях», рассказывать о них в его присутствии, чтобы устыдить его, говорить о поступках, подобных тем, которые он совершал, чтобы напомнить ему о них, – все это запрещено наряду с другими видами оскорбления словом, как сказано: «Не оскорбляйте друг друга» (Ваикра, 25:17)».

ческое и духовное превосходство перед теми, кто не удостоился этого опыта. Самодовольство и ощущение собственной святости может
стать нормальным состоянием подобного неофита.[119]

Здоровая тшува возможна, только если человек сохраняет душевное и эмоциональное равновесие. Он должен сожалеть о своем прошлом, и в тоже время чувствовать внутреннюю радость, что живет
в настоящем более сознательной жизнью. Иными словами, помимо
смирения и покорности, он должен испытывать здоровую толику са-
моуважения и уверенности в себе. Человек на пути тшувы может чувствовать себя слабым и недостойным из-за своих прежних поступков,
однако вместе с тем ему необходимо культивировать в себе чувство
собственного достоинства и самодостаточности. Это даст ему силы
преодолеть потенциальное отчаяние и позволит ему двигаться вперед, следую новому жизненному курсу.

Здоровый человек пребывает в состоянии физического, эмоционального и духовного равновесия. Равновесие дарует личную свободу.
Интересно отметить, что греческое слово *libra*, от которого происходит английское *liberation*, означает «равновесие». Быть свободным
означает жить сбалансированной жизнью. Древние философы описывали здоровье как следствие равновесия четырех основных элементов, из которых состоит человеческое тело.[120] Все существующее,
и в том числе человеческое тело, состоит из четырех первоэлемен-
тов: огня, воды, земли и воздуха. Для того, чтобы жить гармоничной

---

[119] Именно поэтому Рамбам постановил: «Возвратившиеся ко Всевышнему должны
быть смиренны и предельно скромны» (там же).

[120] См. напр. Рамбам, Законы основ Торы 3:10: «И сотворил Он четыре формы для
этой субстанции, не похожие на формы небесных сфер. Каждой из этих форм
соответствует определённая часть этой субстанции. Первая форма – форма
огня – соединилась с частью субстанции и получилось вещество огня. Вторая
форма – форма воздуха – соединилась с частью субстанции и получилось вещество воздуха. Третья форма – форма воды – соединилась с частью субстанции
и получилось вещество воды. Четвертая форма – форма земли – соединилась с
частью субстанции и получилось вещество земли».
Концепцию здоровья как гармонии или равновесие противоположно направ-
ленных сил (isonomia ton dynameon), в качестве которых он рассматривал
первоэлементы, впервые сформулировал греческий мыслитель и врач Алкмеон
(V в. до н.э.).

жизнью, необходимо, чтобы эти элементы находились в равновесии. Только в этом случае человек может быть здоров.

Иными словами, физическое здоровье зависит от внутреннего равновесия четырех метафизических элементов. Это справедливо и в отношении психического и духовного здоровья. Чтобы вести здоровую сознательную жизнь, необходимо сохранять душевное равновесие. Нужно стремиться быть скромными, не впадая в самоуничижение; напористым и уверенным, не становясь тщеславным или напыщенным. Необходимо научиться быть счастливым, не испытывая превосходства над окружающими, и довольствоваться тем, что есть, не впадая в меланхолию.

Одна из заповедей праздника Рош а-Шана – трубить в шофар, специальный рог барана или козла. В Торе не приводится никаких объяснений, почему нужно трубить в шофар. Там просто сказано: «И в месяц седьмой, в первый день месяца, священное собрание должно быть у вас; никакой работы не делайте; днем трубления (*йом труа*) да будет он у вас» (Бемидбар, 29:1). Тем не менее, Рамбам утверждал, что звуки шофара пробуждают у слушателей мысль о раскаянии.[121]

Сегодня Трубление в шофар состоит из трех видов звуков:

1. *Ткия* – протяжный непрерывный звук.

2. *Шварим* – три отрывистых трубления, напоминающие стоны.

3. *Труа* – прерывистое трубление, как будто человек заходится в рыданиях.

Мощный протяжный звук *ткия* предваряет и завершает каждое стокатто *шварим* или *труа*. Это служит намеком, что перед и после каждого периода интенсивного самоанализа, предпринятого с целью осознания своих прегрешений, необходимо наслаждаться ощущением устойчивой, неразрывной, перманентно достижимой связи с Все-

---

[121] «Хотя повеление трубить в рог в Рош а-Шана – воля Всевышнего [и потому не нуждается в дополнительном обосновании], оно содержит в себе намек. Трубный звук как бы зовет: «Восстаньте от сна своего, пробудитесь от дремоты своей, обдумайте свои поступки; вернитесь [ко Всевышнему] с раскаянием и вспомните о Творце вашем! Вы, забывшие об истине в повседневной суете, погруженные весь год в тщету и бессмыслицу, которые не приносят пользы и спасения, – позаботьтесь о душах ваших и исправьте поступки и деяния ваши! И да оставит каждый из вас свой грешный путь и замысел недобрый»» (Законы раскаяния 3:4).

вышним. Это похоже на ток, непрерывно текущий по сети – достаточно щелкнуть выключателем, чтобы получить доступ к этой энергии.

Длинные протяжные звуки *труа* напоминают, что наша вечная и неизменная природа находится в постоянной связи с Источником, и наделена творческим потенциалом. Это должно стать стимулом погрузиться в «стоны и рыдания» *шварим/труа*, необходимые для настоящей тяжелой работы ради тшувы и трансформации.

Смирение – наиболее явно проявляющаяся эмоция, возникающая у человека, вставшего на путь тшувы. Когда происходит изменение внутреннего образа, неважно, в лучшую или в худшую сторону, человек в той или иной степени ощущает беспомощность и уязвимость, которые и символизируют звуки *шварим и труа*. Однако затем звучит исцеляющий звук *ткия*, который укрепляет и наполняет нас уверенностью в своих силах, позволяющей взять себя в руки и двинуться вперед.

В процессе тшувы многие как бы испытывают неприятное пробуждение, будучи вынуждены взглянуть правде в глаза. Такой человек может почувствовать себя сломленным, разбитым на мелкие кусочки, напоминающие короткие прерывистые звуки *шварим/труа*. Поэтому подобные ощущения нужно «обложить мягкими подушками» уверенности в себе и своих силах – долгим, протяжным звуком *ткия*. Если мы позволим смирению растекаться без границ и берегов, все закончится изнурительным самобичеванием и самоунижением. В отсутствие здоровой дозы чувства собственного достоинства смирение порождает чувство собственной ничтожности и неполноценности. Подобные чувства еще больше подавляют дух и лишают последнего желания жить – явно не самый лучший результат духовного пробуждения.

Рабби Саадия Гаон[122] учил, что трубление в шофар в Рош а-Шана подобно звукам труб в день коронации. В Рош а-Шана нам выпадает величайшая честь и в тоже время колоссальная ответственность – ко-

---

[122] Саадия Гаон (Саадия бен Иосеф, 882, Дилас, оазис Файюм, Египет – 942, Багдад) – крупнейший галахический авторитет эпохи гаонов, основоположник раввинистической литературы и еврейской рационалистической философии, языковед и поэт.

роновать Трансцендентного Создателя вселенной и Имманентного Владыку мира. Именно ради этого мы трубим в шофар.

Это невероятно вдохновляющее и воодушевляющее ощущение – знать, что все зависит от нас, смертных и на первый взгляд незначительных существ, что именно нам предоставлена честь короновать Бесконечного Владыку вселенной. Это чувство радости и уверенности в себе сопровождается ощущением острой необходимости духовного исправления – на первый взгляд, прямо противоположным ощущением. Оба этих чувства пробуждаются при звуках шофара, и оказываются не взаимоисключающими, но взаимодополняющими друг друга.

Смирение, возникающее в процессе тшувы, не следует путать с самоунижением. Между этими ощущениями существует очевидная разница. Самоунижение – разрушительная подавляющая сила. Смирение, напротив, придает силы и освобождает. Жить смиренно означает жить более полной жизнью, быть свободным от ограничений, налагаемых эго, иметь возможность подлинного личного роста, и трепетать перед Создателем и Его созданиями.

Иными словами, смирение не превращает человека в тряпку. Напротив, оно открывает новые перспективы, прежде блокированные защитными реакциями эго, доказывая, что нам есть куда расти и к чему стремиться. Благодаря смирению мы можем увидеть, что окружающий мир воистину бесконечен в том, что касается предлагаемых им возможностей неограниченного духовного роста.

«Так же, как нам необходимо знать свои ошибки и недостатки», говорил шестой Любавический ребе рабби Йосеф-Ицхак[123], – «мы должны осознавать свои сильные стороны и достоинства». Главная

---

[123] Йосеф Ицхак Шнеерсон (9 (21) июня 1880, Любавичи, Могилёвская губерния, Российская империя — 28 января 1950, Бруклин, Нью-Йорк, США) — шестой глава Хабада. Единственный сын р. Шолома Дов Бера, пятого Любавического ребе и его двоюродной сестры Штерны Соры Шнеерсон. За активную деятельность по сохранению еврейской жизни в советской России 14 июня 1927 года был арестован органами ОГПУ и препровождён в Шпалерную тюрьму (Ленинград). На третий день был приговорён к смертной казни (его собственное свидетельство), которая под давлением общественности была заменена сначала на ссылку в Кострому, а затем на высылку из СССР. С 1927 жил сначала в Риге, а затем в Польше; в 1940 сумел покинуть занятую немцами Варшаву и переехать в США.

трудность состоит в том, чтобы осознание своих недостатков и достоинств уравновешивало друг друга.

У мужских штанов обычно два кармана. В одном из них, советовал рабби Симха-Буним, нужно носить записку со словами «весь мир создан для меня» (Сангедрин 37а), а в другом – другую, со словами «даже комар был создан раньше меня» (там же, 38а).[124]

Нам нужно все время помнить оба этих противоположных по смыслу утверждения. «Весь мир создан для меня» означает, что солнце встает и садится только ради меня, в этом мире у меня есть крайне важное предназначение, я – уникальный и незаменимый человек, жизненно необходимый для реализации высшего замысла мироздания. В свою очередь, слова «даже комар был создан раньше меня» означают, что мы вышли на сцену после насекомых – даже комар был сотворен раньше Адама и Хавы.

Одновременное осознание двух этих противоположных истин «из разных карманов» позволяет создать необходимое равновесие между чувством собственного достоинства и смирением. Тот, кому удалось уравновесить эти противоположности, сумеет совершить искреннюю тшуву, не утратив при этом ощущение своей значимости в этом мире.

Выше мы уже говорили, что тшува неразрывно связана с исповедью (*видуй*). Обычно под исповедью мы понимаем устное перечисление своих ошибок и недостатков, неправильных поступков или, наоборот, бездействия.[125] Однако, помимо перечисления своих грехов, Тора предполагает и другую разновидность устной исповеди – перечисление своих достоинств и добрых дел. Это называется «искать в себе хорошие качества» – открытое признание, какими хорошими людьми мы являемся или должны быть.

---

[124] Согласно Торе, человек был сотворен последним (Берешит, 1:1-26).

[125] Текст еврейской молитвы Видуй («Исповедь») звучит так: «Мы виновны: предавали, грабили, изрекали хулу, вводили [других людей] в грех, и делали [других людей] злодеями, намеренно творили зло ,присваивали чужое, присоединялись ко лжи, давали дурные советы, лгали, высмеивали, бунтовали, оскорбляли, были непокорны, извращали [свои пути], грешили, притесняли, упорствовали, творили зло, развратничали, делали мерзости, заблуждались» .

Одна из заповедей Торы – отделять десятину от своих доходов. Во времена Храма люди приносили в святилище различные приношения, и произносили специальную молитву, отделяя десятину от своих доходов. Эта молитва называлась *видуй маасер* – «исповедь десятины»[126]. В этой исповеди ни разу не упоминались какие-либо грехи – напротив, она была сплошным перечислением добрых дел. Человек, совершивший пожертвование, перечислял все правильные поступки, совершенные им в процессе исполнения заповеди: «Убрал я священное из дома и уже отдал я это левиту и пришельцу, сироте и вдове, вполне по повелению Твоему, которое Ты заповедал мне; не отступил я от заповедей Твоих и не забыл. Не ел я в скорби моей от него и не убирал его в нечистоте, и не давал из него для мертвеца; я слушал голоса Господа, Бога моего, поступил вполне, как Ты заповедал мне». В конце молитвы еврей обращался к Богу с такими словами: «Воззри же из святого жилища Твоего, с небес, и благослови народ Твой, Израиля, и землю, которую Ты дал нам, как клялся Ты отцам нашим, землю, текущую молоком и медом» (Дварим, 26:13-15).

В этой молитве еврей просил у Бога милости и благословения в награду за совершенные им добрые дела. В этом случае исповедь не имела ничего общего с очищением от грехов или какими-либо другими неприятными мыслями и действиями. Напротив, это была возможность сосредоточиться на своих достижениях, признать свои достоинства и свой потенциал дальнейшего личного роста. Заповедь давала возможность глубже сознать, что мы живем перед лицом Творца вселенной, и даже «потребовать» у Него милости и благословения в награду за добродетель – свидетельство четко уравновешенного смирения.

Многократно совершив одну и туже ошибку, многие начинают казнить себя, предаваться самобичеванию, и постепенно приходят к выводу, что они конченные, пропащие люди. Если культивировать эти чувства достаточно долго, то рано или поздно человек окончательно укрепится во мнении, что он безнадежно плох и не способен сделать

---

[124] *Видуй маасер* – объявление о правильном отделении десятин – делалось каждым евреем во время минхи в последний день Песаха четвертого и седьмого годов каждого семилетнего цикла и, если это было возможно, происходило в Азаре (переднем дворе Храма).

ничего хорошего. Влияние недостойных поступков на внутреннее ощущение может оказаться столь сильным, что «грешник» сочтет себя безнадежным и неисправимым, и что у него нет решительно никаких достоинств. Между тем, в тот момент, когда человек приходит к выводу, что совершенно не способен творить добро, он фактически предает свою человеческую природу – тот божественный образ, в соответствии с которым он был создан.

Аналогичным образом, если человек заметает все свои прегрешения под ковер, и не готов нести ответственность за свои поступки, то ни о каком ответственном поведении не может быть и речи. Необходимо тонкое равновесие между полным признанием все своих проступков и четким пониманием, что любые наши прегрешения не имеют никакого отношения к тому, каковы мы на самом деле.

Человек, чьи поступки соответствуют категории *раша* («злодей», «нечестивец»), может и должен испытывать искреннее чувство глубочайшего сожаления. В то же время он ни на секунду не должен забывать своего внутреннего «праведника» (*цадик*) – божественный аспект своей личности. В противном случае мысль о чудовищности прежних поступков окажет парализующее влияние, лишив его возможности измениться к лучшему и двигаться дальше. Поэтому куда полезнее и здоровее считать себя праведником, стремясь жить в соответствии с этим имиджем, чем, наоборот, полагать себя злодеем и непрерывно тратить силы на преодоление этого образа. В конечном итоге мы становимся такими, какими себя представляем.

Люди, полагающие себя ограниченными – например, считающие себя ни на что не способными в силу прежних поступков и решений, низких интеллектуальных способностей, плохого воспитания или отсутствия образования – так и остаются в тесном замкнутом пространстве. Защита существующих ограничений делает нас еще более ограниченными. Поэтому для нормальной жизни куда полезней, если мы будем считать себя теми, кем, потенциально, является каждый из нас – совершенными праведниками, то есть цельными и непорочными людьми. Живя в соответствии с таким образом, человек не сможет грешить просто потому, что, как говорят на идиш, *эс паст нихт* – так никто не поступает. Руководствуясь духовной гордостью, человек сможет устоять перед любыми искушениями, сказав себе – «как я могу это сделать?».

Если мы действительно представим себя праведниками, то многие автоматические реакции отпадут сами собой, поскольку *эс паст нихт* – так никто не поступает. Мы сможем себе: «Я гораздо выше этого. Как я могу врать, если я такой честный человек? Как могу влезть в бессмысленную склоку, если я человек мирный и милосердный? Подобные глупости ниже моего достоинства». И даже если, несмотря ни на что, мы все-таки оступимся, то автоматически будем знать, что подобные поступки нехарактерны для нас, и никак не связаны с тем, кем мы на самом деле являемся. Постепенно образ собственной праведности настолько глубоко отпечатается в душе, что даже инстинктивное поведение станет проявлением нашего подлинного совершенства.

РЕЗЮМЕ: ГЛАВА 25
БУДЬТЕ УВЕРЕНЫ,
ВЫ СПОСОБНЫ ИЗМЕНИТЬСЯ К ЛУЧШЕМУ

Смирение должно быть уравновешено уверенностью в себе. Так же, как необходимо осознавать свои недостатки, следует помнить (и всячески поощрять) свои сильные стороны и достоинства. Человек ведет себя в соответствии со своими представлениями о себе. Если мы считаем себя слабыми, то, скорее всего, будем проявлять слабость; если сильными – то сможем защитить и себя, и окружающих. Поэтому вместо того, чтобы пассивно предаваться пустым мечтаниям ни о чем, следует думать и мечтать о святости. Нужно представить себя совершенным праведником – в потенциале каждый из нас является таким праведником. Это придаст нас силы жить в соответствии со своими духовными возможностями.

ПРАКТИКА

ПРЕДСТАВЬТЕ СЕБЕ

Прямо сегодня найдите время, чтобы представить себя благородным, счастливым, и в высшей степени достойным человеком. Представьте себе, что вы делаете то, что действительно хотите делать, в месте, где вам хотелось бы находиться. Во время молитвы или исполнения какой-либо заповеди представьте, что вы - величайший и в тоже время скромный праведник, который с радостью служит Всевышнему. В течение своей повседневной жизни продолжайте представлять себя совершенным праведником, исправляющим мир каждым своим поступком.

ГЛАВА 26

ЖИТЬ
СОЗНАТЕЛЬНОЙ ЖИЗНЬЮ

Мы будем потрясены, если задумаемся, как многое в нашей жизни происходит как бы само собой, независимо от того, насколько мы к этому готовы. Даже внутренние процессы – мысли, эмоции, реакции на внешние раздражители, нередко происходят как бы сами по себе, чуть ли не случайно. Многие из нас живут не задумываясь и как бы непреднамеренно. Эмоции сами собой возникают и исчезают по собственной прихоти. Человек может чувствовать любовь к одному и ненависть к другому просто в силу того, что первый оказался, а второй – не оказался в нужном месте в нужном месте.

Со временем автопилот превращается в тирана, подавляющего любые проявления индивидуальности и лишающего человека свободного выбора. Таким образом, тшува становится освобождением, избавлением от оков, дающим возможность жить осознанной жизнью, полной смысла. Разумеется, некоторые жизненные обстоятельства – например, страну или семью, где нам суждено было родиться[127]– изме-

---

[127] Ср. Рамбам, Шмоне праким (предисловие к комментарию к трактату Авот): ««Все в руках Небес, кроме страха перед Небесами» (Брахот, 33б). Словом «все» законоучители пользовались, чтобы обозначить только природные явления, которые не подвержены влиянию человеческой воли, как-то: высокого или низкого роста человек, идет ли дождь или сухо, чист или грязен воздух и все другие подобные вещи, происходящие в мире, которые не связаны с поведением человека».

нить невозможно, в жизни есть много всего, что мы можем изменить и исправить.

Возможность изменить свою жизнь сводится, в первую очередь, к нашим реакциям в различных жизненных ситуациях – то есть к тому, как мы реагируем на обстоятельства, в которых оказываемся. Это – неотъемлемая часть того, что называют ответственностью. Быть ответственным означает отвечать за все свои поступки, хорошие и плохие, и жить с ощущением, что ты и только ты можешь в случае необходимости исправить или изменить свою жизнь.

Читая книги пророков, можно заметить, что царь Давид, на первый взгляд, многократно оступался и совершил множество духовных ошибок. Его предшественник, царь Шауль, ошибся всего один раз, однако, в отличие от Давида, так и не был прощен. Возникает вопрос – почему?

Как объясняет Талмуд (Йома 22б), все дело в том, как реагировал каждый из этих царей, когда ему сообщали о совершенной им ошибке. Когда пророк Шмуэль упрекнул Шауляя, что тот не послушался слова Всевышнего, тот ответил: «я послушал гласа Господа и пошел в путь, куда послал меня Господь» (I Шмуэль, 15:20).[128] Его первой реакцией на предъявленное обвинение стало желание оправдаться; только потом он осознал и признал, что был неправ.[129] Напротив, Давид, когда пророк Натан обвинил его в недостойном поведении, немедленно признал свою вину.[130]

Взяв на себя ответственность за свои поступки, Давид тем самым совершил тшуву. Проявив готовность увидеть свои недостатки, мы обретаем способность их исправить. В отличие от Давида, Шауль был не готов отвечать за свои поступки. Тем самым он отсек себя от преобразующей энергии тшувы. Находясь в настоящем, он лишил

---

[128] Шаулю было предписано уничтожить все имущество амалекитян «от вола до овцы, от верблюда до осла» (I Шмуэль, 15:1). Шауль, однако, не стал уничтожать скотину: «Но Шауль и народ пощадили лучших из овец и волов и откормленных ягнят» (там же, 15:9).

[129] Там же, 15:30.

[130] «И сказал Давид Натану: согрешил я пред Господом» (II Шмуэль, 12:13). Пророк обвинил Давида в том, что тот, полюбив Бат-Шеву, жену своего офицера Урии, послал его на верную смерть.

себя возможности изменить к лучшему свое будущее, исправив собственное прошлое.

В эпоху Храма человек, случайно совершивший определенное преступление, должен был совершить жертвоприношение (*корбан*). Это кажется странным. Почему Тора требует принести жертву для искупления проступка, совершенного ненамеренно? Однако в этом-то все и дело. Тора, пишет рабейну Бахья, стремится научить нас жить осознанно, а не бездумно, быть внимательными, а не рассеянными. Тора учит нас, как контролировать свою жизнь, не позволяя жизни контролировать нас. Поэтому тот, кто скрупулезно следует законам и наставлениям Торы, может считать себя достаточно защищенным от случайных ошибок: «Не приключится праведнику никакого зла, нечестивые же будут преисполнены зол» (Мишлей, 12:23). Даже если такой человек случайно отклонится от своей внутренней праведности, это станет для него опытом, который Тора рекомендует использовать себе во благо.

Если человек искренне стремится жить упорядоченной, сознательной жизнью, стремится «прилепиться» к Всевышнему и его Торе, то нет лучшего времени задуматься и глубже усвоить учение Торы, чем когда он стыдится совершенного проступка и чувствует необходимость вернуться к Источнику. В момент поражения и ошибки человек нередко бывает особенно восприимчивым.

Кроме того, существует огромная разница между умонастроением того, кто согрешил сознательно и с умыслом, и того, кто сделал это случайно и ненамеренно. Тот, кто просто сбился с пути, будет гораздо более восприимчив к конструктивной критике и укорам совести, чем тот, кто сознательно поступил вопреки своим истинным интересам.

Однако подавляющее большинство из нас не живет дисциплинированной, сознательной, цельной жизнью. Нередко мы ощущаем воздействие внешних или внутренних сил, о существовании которых даже не подозреваем – сил, которые могут оказаться противодействующими по своей природе. Время от времени наши поступки удивляют даже нас самих – оглядываясь назад, мы не можем понять, как и почему сделали так, а не иначе. Будучи следствием одномоментного настроения, тот или иной поступок впоследствии может показаться совершенно нехарактерным для нашей подлинной природы. Неразвитость сознания, которую не следует путать с честностью, приводит к разладу между различными проявлениями личности. Именно поэтому Тора возлагает на нас ответственность даже за случайные прегрешения.

Благодаря внутреннему раскаянию, сочетающемуся с физическим действием (жертвоприношением), мы возвращаемся к своему чистому безгрешному я, и вновь обретаем цельность. Цельность предполагает, что ничего не остается снаружи. Никто и ничто не может предъявлять свои права на человека, вставшего на путь тшувы. В этом контексте он перестает быть объектом какого-либо внешнего влияния, но причиной всего, что происходит в его жизни, создателем всех возможных будущих влияний (разумеется, в той мере, в какой это возможно для смертного существа из плоти и крови).

Если мы хотим действительно разобраться в самих себе, объективно оценив свое духовное состояние и имеющиеся недостатки, необходимо обратить пристальное внимание на свои автоматические, импульсивные реакции. Какова наша немедленная реакция в случае возникновения той или иной проблемы? Какие первые мысли приходят нам в голову, какие чувства при этом возникают? Все это – важные индикаторы, помогающие понять, что на самом деле происходит у нас внутри. Эмоции, возникающие автоматически, и ощущаемые и наблюдаемые впоследствии – это именно те аспекты нашей личности, которые наиболее влиятельны здесь и сейчас. Поэтому непреднамеренные поступки нуждаются в более интенсивной тшуве, чем тщательно спланированные действия. Бессознательные недостойные поступки наглядно свидетельствуют, что в глубине души человек все еще тесно связан с этими негативными тенденциями.

То, что естественным образом всплывает на поверхность нашего сознания – отнюдь не случайные мысли, возникающие из ниоткуда. Напротив, они все время присутствуют в контексте нашего мышления. Любые поступки, особенно непредсказуемые, являются проявлениями состояния человека на момент этого действия. Именно поэтому тот, кто стремиться к подлинному личностному росту, должен обратить самое пристальное внимание именно на эти вещи.

Разве вы не замечали, что люди с дурным характером после очередной истерики или скандала часто говорят: «Я ничего не мог сделать – я совершенно себя не контролировал»? Очень может быть, что подобное поведение действительно не является для них результатом сознательного решения – гнев возникает у них автоматически, в ответ на определенный раздражитель. Однако с помощью серьезной работы над собой можно достичь определенного уровня самоконтроля, и изменить свою психологическую роль – из куклы, дергающейся на ниточках своих эмоций, превратиться в мастера-кукловода, контролирующего направление и интенсивность своих эмоций, и использующего их сознательно и в соответствии с ситуацией.

Ученик рабби Исраэля из Ружина[131] как-то пришел к своему учителю, чтобы исповедоваться и спросить совета, каков лучший путь, ведущий к тшуве. Улыбнувшись, рабби мягко сказал ему: «Когда ты делаешь то, что обычно делаешь, ты кого-нибудь спрашиваешь, как это сделать? Скорее всего, нет: ты просто делаешь то, чего тебе в этот момент захотелось. С тшувой все тоже самое. Не спрашивай, как, где и когда ее лучше сделать – просто сделай, и все».

Трансформация на самом глубоком уровне происходит в тот момент, когда человек может искренне сказать: «Я помог этому человеку, и даже не знаю, почему – я просто себя не контролировал». Вместо того, чтобы «терять себя» во время недостойной эгоистической выходки, человек приобретает «вторую натуру» (соответствующую его подлинной внутренней природе) – и начинает «терять себя» во время естественных добрых порывов. Он обнаруживает, что творит добро непреднамеренно, без всяких предварительных размышлений. Исполнение заповедей и добрые дела становятся для него таким же

---

[131] Исраэль Фридман (Исраэль из Ружина (Рижина), 1797, Погребище, Киевская губерния, – 1850, Садагора, ныне — часть города Черновцы), правнук р.Дова Бера из Межирича, основатель Ружинско-Садагорской хасидской династии. Обладая незаурядными организаторскими способностями, он уже в ранней молодости основал в Ружине хасидский двор. Вел блестящий образ жизни, выезжал в роскошной карете, запряженной четверкой лошадей, и держал множество слуг. Много сделал для еврейской колонизации Палестины, в частности, предоставил средства для постройки синагоги Тиферет Исраэль в еврейском квартале Старого города Иерусалима.

естественным делом, каким прежде были предосудительные поступки или погоня за эфемерными наслаждениями.

Несмотря на то, что, как уже было сказано, Тора стремится научить нас жить сознательной и осмысленной жизнью, в некоторых случаях автоматические реакции тоже полезны и необходимы. Совсем не все, что происходит в жизни, должно быть экзистенциальной дилеммой. Человек не может, да и не должен каждый раз принимать сознательное решение, как входить в дом, в дверь или в окно. Автопилот – полезная и необходимая вещь, если он настроен на добрые конструктивные поступки. И поскольку время от времени мы не можем не жить на автопилоте, лучше, если мы будем автоматически творить добро, а не совершать предосудительные и разрушительные поступки.

Одна из заповедей Торы состоит в том, чтобы оставлять беднякам сноп, забытый в поле. Эту заповедь можно исполнить только в случае забывчивости: «Когда будешь жать на поле твоем, и *забудешь* сноп на поле, то не возвращайся взять его; пусть он остается пришельцу, сироте и вдове» (Дварим, 19:7). Невозможно исполнить эту заповедь, сознательно оставив в поле несколько снопов. Хотя и это будет альтруистический поступок, это совсем не тоже, чем сначала забыть, а затем решить не возвращаться за своим имуществом – то есть совершить поступок, предписанный данной конкретной заповедью.

В Тосефте приводится рассказ о хасиде (в Талмуде так называют тех, кто отличался ревностным благочестием) который забыл в поле сноп, и тем самым получил возможность исполнить заповедь оставить забытое нуждающимся. Вне себя от радости, он послал сына в Храм принести благодарственную жертву, а дома закатил пир на весь мир в честь этого знаменательного события. Этот хасид был настолько внимательным человеком, что у него никогда не было никаких неудачных случайностей. Поэтому даже когда он совершил непреднамеренный поступок, в результате он исполнил еще одну заповедь.

Один из способов научиться инстинктивно творить добро – просто делать как можно больше добрых дел. Постепенно внешнее поведение окажет влияние на характер; деяния изменят того, кто их совершает. Во времена Храма для искупления непреднамеренного проступка нужно было принести жертву. Сегодня, когда у нас нет Храма, мы должны стремиться совершать как можно больше добрых дел и заповедей, пусть даже и несознательно, чтобы тем самым компенсировать последствие любых непреднамеренных прегрешений.

Каждое действие, высказывание или мысль создают определенную атмосферу, и в том числе атмосферу беспечности. Заповедь или доброе дело создают атмосферу райского сада (*ган эден*) – ощущения, что нас окружает и обволакивает свет святости. Напротив, предосудительные поступки создают атмосферу преисподней (*геином*), погружая нас во тьму и обман. Когда мы постоянно творим добро, пусть даже монотонно и механически, мы создаем благоприятную среду – защитный кокон света и святости. Этот свет укажет нам путь, и наш кокон постепенно наполнится достойными и благородными поступками. Совершая хорошие дела, мы постепенно научимся быть добрыми людьми.

Исполнение заповедей укрепляет наше духовное я, придает нам силы, и дает возможность жить с открытым сердцем и полностью отдавая себе отчет во всех своих действиях. Даже совершенное инстинктивно, доброе дело создает доброжелательную и благоприятную атмосферу, в которой впоследствии возникнут сознательные добрые поступки, мысли и чувства.

Выше мы уже говорили, что в некоторых вопросах у нас нет выбора. Например, мы не можем выбрать, в какой семье, стране и окружении нам родиться. В этом случае лучше всего последовать примеру нашего праотца Авраама, который, послушав голоса Всевышнего, покинул свое отечество и свою страну.[132] Будучи взрослыми людьми,

---

[132] «В природе человека – подражать в образе жизни и действиях близким людям и друзьям и следовать обычаям своих соотечественников. Поэтому обязан человек выбирать в друзья праведников и всегда быть среди мудрецов, чтобы учиться от их поступков, и отдаляться от грешащих, блуждающих во тьме, чтобы не научиться от них. И если человек живет в стране, обычаи которой дурны и жители которой ведут себя непорядочно, должен уйти в место, жители которого праведники и ведут себя хорошо. Если же во всех известных ему странах, о нравственности которых он имеет сведения, жители ведут себя плохо, как в наше время, или у него нет возможности переехать в место, обычаи которого хороши, из-за военного положения или по болезни – должен уединиться и прекратить общение, как сказано: «Должен сидеть в одиночестве и молчать...» (Эйха 3:28). Если же жители места до того дурны и грешны, что не дают ему жить в этой стране, если он не хочет смешиваться с ними и перенимать их плохие обычаи – должен уйти в пещеры, или в дебри, или в пустынные места, только не вести себя как грешники» (Рамбам, Законы о нравах, 6:1-2).

мы можем выбирать, и в том числе найти себе социальное окружение и духовную атмосферу, в которой нам хотелось бы жить. Мы так же можем сделать окружающую среду максимально благоприятной для личного роста и взросления..

По словам одного из мудрецов Талмуда, когда человек чувствует, что не может совладать со своим дурным началом, он должен облачиться в черное, пойти туда, где его никто не знает, и там совершить все, что его душе угодно, чтобы прилюдно не позорить Имя Всевышнего (Моэд Катан 17а).

Пороки расцветают в атмосфере грубости и легкомыслия. Поездка в другое место, переодевание в черные одежды ассоциируются с трауром и скорбью – это должно ослабить накал изначального желания согрешить. Создав обстановку, неблагоприятную для греха, мы уменьшаем желание грешить.

Мудрецы говорили: « Никто не грешит, если прежде в него не войдет дух глупости (*руах штут*)» (Сота 3а). Когда человек встает на путь духовного саморазрушения, он становится как будто одержимым, его сознание окутывает мрак; отныне его поведение целиком и полностью контролирует «дух глупости». Поэтому вопрос в этом случае состоит в следующем: если человек утратил свободу выбора, поскольку бразды правления забрал в свои руки «дух глупости», то можно ли в такой ситуации говорить об ответственности? Ответ на этот вопрос достаточно прост: только сам человек несет ответственность, что оказался в подобных обстоятельствах, иначе ничего бы не случилось. Из этого следует, что если вы допустили, что оказались в ситуации, когда полностью утратили власть над происходящим, и довели себя до последней крайности, то вы и только вы несете ответственность за то, что приложили руку к возникновению изначальных условий, позволивших «духу глупости» вступить в игру.

Это напоминает человека, который, почувствовав надвигающийся приступ гнева, позволил этому чувству усилиться, пока, наконец, не утратил контроль над собой. Ответственность за случившееся все равно целиком и полностью лежит на нем – он не должен был доводить ситуацию до точки кипения. В некоторых случаях необходимо физически покинуть неблагоприятное окружение, чтобы избежать нежелательных ситуаций и искушений.

Разумеется, для того, чтобы быть хозяином своей жизни и жить сознательно, недостаточно переехать из одного места в другое. Нужно «вывести» свое сознание из состояния слабости и уязвимости на новый духовный уровень, придающий силы и дающий уверенность в себе.

Мы можем погрузить свое сознание в сокровенные глубины своей души. Оттуда оно сможет сознательно реагировать во всех возможных ситуация, какие только можно себе представить. Если внешние обстоятельства и происходящие события часто не в нашей власти, наша реакция, наше отношение целиком и полностью зависят от нас. И именно эти реакции делают уникальной нашу жизнь и жизни других людей. Именно в этом заключается ответственность, которую должен взять на себя каждый, кто хочет, чтобы в его жизни были цель и смысл.

Настоящая жизнь состоит не в том, чтобы придумывать себе оправдания, выяснять, кто прав и кто не прав, или искать, на кого возложить вину за случившуюся неприятность. Есть ровно один настоящий вопрос: готовы ли мы взять свою жизнь в свои руки? Хотим ли мы нести ответственность за все свои поступки, или же будем искать, кого обвинить в случае неудачи?

Наша реакция и восприятие происходящего – вот то единственное, что действительно важно (гораздо важнее, чем само событие). В этом – наше главное испытание; именно здесь мы можем в полной мере продемонстрировать мастерство. Как мы воспримем то, что происходит с нами в жизни? Как мы интерпретируем эти события? Станем ли мы взрослее и мудрее, взяв на себя ответственность за происходящее, или уподобимся маленьким детям, обвиняя в случившемся всех и вся, и пуская свою жизнь на самотек? Выбор всегда в наших руках. Пусть же он будет мудрым.

РЕЗЮМЕ: ГЛАВА 26
БУДЬТЕ ВНИМАТЕЛЬНЫ

Духовная зрелость требует внимательности; нельзя расслабляться, нужно все время быть на чеку. Только если наше сознание бодрствует, мы сможем взять бразды правления в свои руки, и самостоятельно выбирать свой жизненный путь.

Правильный выбор возможен только тогда, когда мы осознаем, что нам свойственно реагировать бессознательно, рефлекторно. Тем самым мы освободимся от оков «неизбежного». Вместо того, чтобы безнадежно увязнуть в следствиях, мы сможем заняться причинами происходящего в нашей жизни.

Момент, когда утром мы впервые осознаем, что уже не спим, а бодрствуем, является, если так можно выразиться, «истоком» наступающего дня. В это мгновение мы оказываемся в «точке причины»; наши самоощущения в эту секунду предшествуют любым условиям и обстоятельствам, предшествуют даже словам и мыслям – мы просто существуем, и все.

Поэтому мгновение, когда мысли впервые облекаются в слова, обладает колоссальным потенциалом оказать влияние на весь последующий день. Зная об этом, мы можем воспользоваться им, чтобы посеять семена духовного успеха, которые прорастут и дадут плоды на протяжении дня.

ПРАКТИКА

ДЕКЛАРАЦИЯ

Религиозные евреи начинают свой день короткой молитвой *Моде Ани* («Я благодарю»). Произнося эти традиционные слова благодарности Всевышнему, даровавшему нам еще один день жизни[133], вы можете вспомнить, что находитесь в присутствие Владыки вселенной. Смиренно признайте, что Бог верит в вас, милосердно вернув вам вашу душу после продолжительного ночного сна. Ибо Бог верит, что каждый новый день вы сможете использовать для реализации своего высшего предназначения.

Вот полный текст молитвы Моде Ани:

Оригинальный текст:

מוֹדֶה (מוֹדָה) אֲנִי לְפָנֶיךָ מֶלֶךְ חַי וְקַיָּם. שֶׁהֶחֱזַרְתָּ בִּי נִשְׁמָתִי בְּחֶמְלָה. רַבָּה. אֱמוּנָתֶךָ

Транслитерация:

Модэ (для женщин – Мода) Ани Лефанэха, Мэлэх Хай Векайам, Шээхэзарта Би Нишмати Бэхэмла, Раба Эмунатэха.

Перевод:

Благодарю я тебя, Царь живой и вечно существующий, что ты, смилостивившись надо мной, вернул мне душу мою. Велика Твоя верность!

---

[133] См. Кицур Шулхан Арух, 1:2: «Когда человек ложится спать, он также должен знать, в чьем присутствии он спит. И утром, едва проснувшись, он должен сразу же вспомнить милость Всевышнего, да будет благословенно Его имя, по милости своей вернувшего ему душу, которую вечером тот вручил Ему уставшей, а утром получил новой и отдохнувшей, готовой для служения Богу всеми силами и весь день, ибо в этом — все назначение человека. Каждое утро Бог творит человека заново. И пусть человек всем сердцем возблагодарит Бога за это».

ГЛАВА 27

ИНТЕГРАЦИЯ
И ВКЛЮЧЕНИЕ

Бааль тшува – почетный титул того, кто встал на путь тшувы. В буквальном переводе с иврита эти слова означают «хозяин тшувы». Как и во всех других случаях, человек может быть либо хозяином, либо подчиненным и даже рабом. Невзирая на фантастические возможности, предоставляемые тшувой, часто случается, что процесс тшувы, сопровождающийся погружением в хаотичное и потенциально опасное прошлое, может оказаться деморализующим опытом. Тшува, которая должна была принести освобождение и свободу, на первых порах может погрузить человека в более глубокую депрессию, чем прежде. Этот опыт может оказаться настолько тяжелым, что кающийся грешник может совершенно обессилить и рухнуть под его тяжестью. Вместо того, чтобы почувствовать себя хозяином тшувы, ему может показаться, что он стал ее рабом.

Хотя это и звучит парадоксально, можно оказаться раздавленным тшувой. В процессе тшувы человек может совершенно утратить себя, став рабом этого грандиозного процесса. Чтобы управлять тшувой, стать ее хозяином, нужно быть уверенным, что в процессе тшувы мы не потеряли самих себя. Для этого необходимо собрать воедино и включить в процесс тшувы весь свой прежний жизненный опыт. Необходимо сделать участником игры всего себя, чтобы сделать этот синтез жизненных энергий началом своего духовного восхождения.

Нельзя оставить позади ни одной «крупинки» своего я. Хозяин тшувы – этот тот, кто смог использовать тшуву для создания новой жизненной формы, которую впоследствии он наполнит своим собственным содержанием.

Остановимся на этой мысли подробнее. Наша жизнь состоит из содержания и формы. Обычно форма использует нас для того, чтобы выразить себя. В жизни всегда присутствует форма: либо мы выбираем ее сами, либо она выбирает нас, чаше всего с помощью культурных кодов и окружения, в котором мы живем.

Если мы выбираем тшуву, то все, что прежде было содержанием нашей жизни – наше прошлое, таланты и стремления – постепенно приспособится к новой форме – новой космологии, сознанию и привязанностям, возникающим в процессе тшувы.

Многие из тех, кто делает первые шаги на пути тшувы, полагают, что, начиная новую жизнь, полную святости и чистоты (*кдуша ве-тагора*), следует вести себя очень серьезно и ощущать уныние. В результате, отрекаясь от старого мира и избавляясь от нежелательного прошлого, человек нередко утрачивает жизненно важные элементы своего я. Внешне это часто проявляется в утрате чувства юмора и легкости бытия.

Многим свойственно считать радость и веселье синонимами фривольности и дурачества, а мрачность и уныние – проявлениями святости и чистоты. Однако эта предпосылка в корне неверна. В мире, который создал и поддерживает сам Всевышний, нет и не может быть место унынию, мрачности и неприязни к самому себе.

Человек становится хозяином своей жизни только тогда, когда весь его жизненный опыт, прошлый и настоящий, удается включить в новую парадигму. Разумеется, для того, чтобы не сойти с новоизбранного пути, необходима строгость и самодисциплина. Однако гораздо важнее сохранить вкус к жизни, а так же свои таланты, здоровые интересы и чувство юмора. Возвращение становится окончательным только тогда, когда будет описан полный круг. Трагедия может разрушить негибкие представления о самом себе, создав возможность для переоценки ценностей и смены жизненных ориентиров. Смех может послужить той же цели, которая в результате будет достигнута гораздо менее болезненным образом. Смех может стать началом тшувы.

Веселый праздник Пурим можно представить как день тшувы. День искупления, Йом Кипурим, можно прочесть как *йом ке-пурим* – день, подобный Пуриму. Ибо суть тшувы заключается именно в том, чтобы избавиться от прежних масок и личин, и явить миру свое внутреннее, истинное, гораздо менее ограниченное я.

Трагедия расшатывает форму; смех освобождает нас от формы, позволяет нам вырваться на волю, жить не напрягаясь, подняться над своим отрицательным имиджем в поисках своего подлинного я.

Необходимо непрерывно пребывать в радости[134], особенно для того, чтобы сделать тшуву. Шутка помогает освободиться от ограничений собственного сознания и обрести ясность, необходимую, чтобы двигаться дальше.

Идя как-то раз по мосту, рабби Симха-Буним увидел в воде человека, который отчаянно пытался удержаться на плаву. Бедняга выбился из сил, но все никак не мог выплыть на мелководье. Рабби Симха-Буним крикнул ему: «Передавай привет левиафану» (мифическому морскому чудовищу, обитающему в океанских глубинах). Через несколько секунд утопающий сумел ухватиться за кусок дерева, и выплыл к берегу. Позже рабби Симха-Буним объяснил, что этот человек не мог спастись раньше, поскольку отчаялся и пал духом. Однако стоило прозвучать шутке, капелька веселья предала ему силы, и он смог выплыть и спасти свою жизнь. Аналогичным образом, испытывая стресс, мы часто упускаем полезные возможности. Чувство юмора приносит нам облегчения, давая возможность предпринять необходимые действия.

Бааль тшува может переживать болезненный метаморфоз. Однако ему не нужно впадать в уныние для того, чтобы стать мудрее. В принципе, на жизненном пути радость и веселье должны быть нашими постоянными спутниками. Высшие духовные тайны можно по-

---

[134] См. Тания, гл. 26: «В борьбе с дурным влечением невозможно победить при лености и тяжеловесности, возникающих из-за грусти и отупения сердца, [ставшего] как камень, а лишь при проворности, вызываемой радостью и раскрытием сердца, чистого и свободного от всякого следа заботы и грусти в этом мире».

стичь, только когда на душе спокойно. Поэтому нужно всеми силами избегать любых эмоций, напоминающих меланхолию или депрессию – этих духовно и душевно изнурительных эмоций, парализующих любую деятельность и убивающих любую мысль или ощущение личного роста.

Радость и смирение тесно связаны друг с другом. Только действительно скромный человек может наслаждаться счастьем, просто радуясь тому, что жив. Как гласит старая пословица, *ангелы летают* потому, что легко к себе относятся.[135] Было бы разумным взять урок у ангелов и научиться относиться к себе не слишком серьезно.

Тот, хочет узнать, сумел ли он совершить полноценную тшуву, должен проследить, стал ли он скромнее вследствие этого опыта, или же, напротив, он преисполнился самодовольством и ощущением собственной праведности. Если в результате тшувы вы почувствовали себя свободнее, раскрепощеннее, и понимающим больше, то значит, вы на верном пути. Если же с вами происходит нечто прямо противоположное, то, видимо, в какой-то момент вы сбились с верной дороги.

Никто не спорит, что *тмимут*, то есть серьезность и искренность – важный компонент тшувы. Однако серьезность и искренность не обязательно должны проявляться в виде мрачности или уныния. Тшува должна сделать человека более, а не менее открытым себе, окружающим и всему миру. В конечном итоге этот опыт должен оказаться приятным, а вовсе не горьким.

Идти путем тшувы вовсе не означает, что мы должны пребывать в мрачном, печальном и угнетенном состоянии. Напротив, необходимо излучать энергию, восторг, бодрость и жизненную силу. Тшува вовсе не должна быть ужасающим опытом, понижающим самооценку и оставляющим ощущение неполноценности, бессилия и вины – напротив, она должна стать источником очищения, жизненной силы и омоложения. Человек достигает пика тшувы в тот момент, когда чувствует себя полным жизненной силы, способным на все и цельным. Полная, всеобъемлющая тшува (*тшува шлема*) охватывает как доброе,

---

[135] Автор этого афоризма – известный английский писатель Г. К. Честертон.

так и дурное начало (*йецер а-тов* и *йецер а-ра*); наше духовное я (душу), и наше материальное я (тело).

Людям, меняющим свою жизнь, естественным образом свойственно бежать от всего, что связано с их прошлым. В результате многие совершают тшуву с участием одного лишь доброго начала, принимая различные заповеди и достойные обычаи, но совершенно игнорируя при этом дурное начало. Врожденные качества и предрасположенности игнорируются, и со временем постепенно отмирают. Однако это нельзя назвать всеобъемлющей тшувой (*тшува шлема*), поскольку она достигается «всем сердцем своим» (Дварим, 6:6). Это означает, что в процессе тшувы необходимо использовать оба вида сердечной энергии, то есть как доброе, так и дурное начало[136] – духовное я, стремящееся в трансцендентные выси, и вместе с тем стремление, стойкость и жизненную энергию наших плотских желаний.

Источником порока является *хешек* («желание», «вожделение»). Даже если мы сделали тшуву на уровне действий и исправили свои поведенческие модели, это еще не окончательная тшува, ибо наши желания не изменились. Полная тшува включает выпалывание корней вожделений. Только когда нам удастся найти и уничтожить источник предосудительных желаний, мы преисполнимся благодарностью за полученный нами бесценный дар – жить, поддерживая связь с Источником Жизни.

Элул – месяц еврейского календаря, целиком посвященный самооценке и честному самоанализу. За элулом следуют десять дней раскаяния, предназначенные для очищения, искупления, и, как мы надеемся, внутренней трансформации. Десять дней раскаяния начинаются Рош а-Шана и заканчиваются Йом Кипуром. Буквально через несколько дней после Йом Кипура начинается праздник Суккот, наполненный радостью и весельем – в молитвеннике он так и назван «время веселья нашего».

Вполне может случиться, что после изнурительного элульского самокопания и последующих десяти дней трепета человеку необходимо освежиться, вновь почувствовав радость и веселье. В результа-

---

[136] См. Раши ad loc: «Всем сердцем твоим» означает: двумя побуждениями твоими [Сифре; Брахот 54а]».

те мучительного самоанализа можно почувствовать себя даже более опустошенным и менее цельным, чем прежде. Поэтому «время веселья нашего» воспринимается как глоток свежего воздуха. Переход от Йом Кипура к Суккоту – возможность почувствовать себя свободнее, дышать полной грудью. «Время веселья нашего» возвращает нам внутреннее ощущения цельности и радости, которое могло быть утрачено в Грозные дни. Суккот – праздник, посвященный оживлению и омоложению сломленного и смиренного духа.

Независимо от тяжелой психологической усталости, накопившейся в течение элула и десяти дней раскаяния, тшува может вызвать утрату связи с прежними представлениями о самом себе, и даже собственной идентичности, так что человеку будет трудно найти себя снова. Отказавшись от прежнего мировоззрения, казавшегося незыблемым, человек чувствует себя потерянным в бесконечном *эйн* – пустоте, вакууме. Обнаружив и обнажив свое внутреннее я в процессе глубоких, медитативных, вдумчивых молитв Грозных дней, он может почувствовать себя страшно уязвимым и совершенно беззащитным.

Именно для того, чтобы восстановить равновесие и гарантировать, что мы не потеряем почву под ногами, за Йом Кипуром следует праздник Суккот, позволяющий нам перегруппироваться и перевести дух.

Мы снова выходим наружу – в прямом и переносном смысле – после того, как долгое время находились внутри: внутри синагоги и внутри собственных помыслов, собственной души. Мы строим, творим, украшаем, держим, взмахиваем, обоняем, едим, поем и спим под звездным небом.[137] Мы возвращаемся к жизни, и просим у Всевышнего защиты и безопасности не только для себя, но для всего мира.

Пребывать в сукке означает жить в божественном пространстве. Когда мы входим в сукку, то понимаем, что попадаем в освященное

---

[137] В праздник Суккот евреи переселяются из своих домов в специальные шалаши (кущи, на иврите – сукка, мн. числ. суккот) с крышами из веток или тростника. Согласно еврейскому закону, в идеале сквозь крышу сукки должны быть видны звезды: «Когда укладывают покрытие, нужно постараться сделать это так, чтобы между ветвями были небольшие промежутки, через которые были бы видны звезды; однако, если покрытие настолько плотное, что звезды через него не видны, сукка кошерна» (Кицур Шулхан Арух 134:5).

пространство; нас как будто обволакивает кокон святости. Переступая порог сукки, мы обретаем способность выйти из внутреннего пространства новым человеком – свежим, помолодевшим, с новообретенным здоровым самоощущением. В некотором смысле сукка напоминает материнскую утробу – это «утроба» Шехины, божественного Присутствия (в противоположность божественной Трансцендентности).

Элул и Грозные дни – время преодоления прежних ошибок и недостатков. «Время веселья нашего» – обретения нового ощущения жизни и нового уровня понимания. Вместе эти праздники образуют полный цикл *еш–эйн–еш*, или *я–ты–я*. В этой связи представляется интересным и совсем не случайным, что вслед за насыщенным, будоражащим месяцем тишрей наступает «пустой» месяц хешван. Тишрей буквально набит самыми разными праздниками, начиная с сурового Новолетия и Судного дня, и заканчивая веселыми днями Суккота. Хешван – единственный месяц еврейского календаре, в котором нет ни праздников, ни памятных дат. Корень слова хешван – хав, «спокойный». Это самый спокойный еврейский месяц.

Бурлящая энергия месяца тишрей не позволяет окончательно удостовериться, что наша трансформация оказалась успешной. Это происходит в спокойный месяц хешван – перенос возвышенных идей в сферу обыденной повседневной жизни позволяет усвоить и переварить уроки и благословения тишрея.

Способность абсорбировать возвышенные идеалы и вернуться к повседневной рутине хешвана свидетельствует, что наша трансформация приняла окончательный и необратимый характер. В противном случае можно было бы утверждать, что и тшува, и религиозное вдохновение носили сиюминутный характер, и не стали ни подлинными убеждениями, ни, тем более, долговременными изменениями, повлиявшими на всю нашу жизнь.

Хешван – месяц опустошительного одиночества. Он кажется чудовищно унылым и с религиозной, и с общечеловеческой точки зрения. Это не только месяц, начисто лишенный памятных дат (в отличие от насыщенного, загруженного тишрея), но и начало холодной зимы, когда дни становятся все короче, а ночи – длиннее. Даже когда в эти

Глава 27. Интеграция и включение

дни светит солнце, его лучи еле-еле пробиваются сквозь густые облака наступающей зимы.

Вполне логично, что зодиакальным знаком месяца хешван является скорпион. Это ядовитое, не слишком популярное насекомое олицетворяет трудности нового цикла, начавшегося в хешване – жизнь, начисто лишенную духовности и праздников, приближающуюся холодную тьму, разъедающую ощущение собственного благополучия... Однако именно в хешване наша тшува проходит проверку на прочность и долговременность.

На более глубоком уровне, высшая цель личной трансформации состоит в том, чтобы достичь самодостаточности, когда мотивация двигаться вперед возникает внутри нас, а не в качестве реакции на какие-либо внешние раздражители. Согласно нормативной логике, если праздники служат источником вдохновения, то отсутствие праздников должно повергать в уныние. Нам необходимо разорвать эту связь.

Ответственность – краеугольная идея тшувы. Ответственное поведение состоит в том, чтобы, не пытаясь свалить вину на других, научиться быть хозяином и кормчим своей жизни. Для этого нам необходимо научиться руководствоваться в своих действиях внутренней мотивацией. (При этом следует помнить, что это здоровое поведение не навязано нам извне, но развивается из внутреннего потенциала, которым мы обладаем с рождения). Поэтому, если нам удастся прожить холодный месяц хешван в состоянии духовного подъема, это станет лучшим доказательством, что тшува стала интегральной частью нашей основополагающей жизненной конструкции. Хешван – «полигон», где испытываются на прочность результаты тишрея.

В Йом Кипур настоятельно рекомендуется напоминать себе о судьбе сыновей Аарона, умерших именно в этот день. Согласно Торе, эти молодые люди погибли, когда «приблизились к Господу» (Ваикра, 16:1).[138]

---

[138] «И взяли сыны Аарона, Надав и Авигу, каждый свой совок, и положили в них огня, и возложили на него курений, и принесли пред Господа огонь чуждый, какого Он не велел им. И вышел огонь от Господа, и пожрал их, и умерли они пред Господом» (там же, 10:1-2).

273

Как объясняет Ор а-Хаим[139], их души покинули тело, когда они достигли величайшего духовного экстаза – состояние, которой на иврите называют *рацо бли шув* – «уход без возврата». Вспоминая обстоятельства их смерти, мы напоминаем себе, что важнейшая составляющая трансцендентного опыта Йом Кипура состоит в том, чтобы наполнить этим вдохновением свою повседневную жизнь. Умение бежать, чтобы вернуться обратно, составляет особый духовный опыт *рацо* («бега»), состоящий в том, чтобы, поднявшись к духовным вершинам (и, соответственно, погрузившись в сокровенные глубины своей души), вернуться затем обратно, сделав этот духовный опыт частью своего пребывания в материальном теле и в материальном мире.

Душа спускается в мир и попадает в тело из плоти и крови ради того, чтобы в наибольшей степени реализовать свой потенциал посредством физических действий. Самореализация души с помощью органов и желаний человеческого тела возможно только в настоящем, здесь и сейчас. Трансцендентный опыт наиболее полезен, если, будучи вершиной духовного подъема, он в тоже время придаст нашей повседневной жизни новые перспективы и идеалы.

Значимый трансцендентный опыт должен добавлять нам мудрости и понимания, как лучше служить Всевышнему и Его творениям, раскрывая их подлинное предназначение. В противном случае это просто духовная конфетка, сладкая и приятная на вкус, однако не способная насытить; подобный опыт не может обеспечить ни прочных, надежных, долговременных результатов.

Чтобы понять, насколько всеобъемлющей (если вообще) оказалась наша внутренняя трансформация, нужно проверить, какое изменилось наше поведения, после того, как очарование праздников померкло, и жизнь вернулась в обычную колею. Тшува, в подлинном значение этого слова, означает, что человек, совершив полный круг,

---

[139] Ор а-Хаим («Свет жизни») – библейский комментарий Хаима бен Атара (1696, Сале, Марокко — 1743, Иерусалим), известного раввина и каббалиста. Комментарии Ор а-Хаим к Торе углубленно изучают во многих хасидских общинах. Основатель хасидизма Бааль Шем-Тов говорил, что если бы он удостоился встретиться с Хаимом бен Атаром, сразу бы пришел Машиах.

готов использовать новоприобретенный возвышенный духовный опыт и вдохновение в своей повседневной рутинной жизни.

Настоящим хозяином своей жизни можно назвать только того, кто, мечтая и стремясь к трансцендентному (*рацо*), никогда не забывает при этом, что целью этого восхождения является именно возвращение (*шув*) назад, к имманентному.

Подлинная трансформация происходит в тот момент, когда мы обретаем способность жить здоровой полноценной жизнью столь же бодро и энергично, как в те времена, когда мы ограничивались удовлетворением сиюминутных потребностей своего эго. Только в этом случае мы сможем использовать во благо жизненную энергию, служившую прежде иным целям. Мобилизовав всего себя – то, как мы думаем, чувствуем, радуемся и т.д. – мы даем возможность более глубоким, духовным и трансцендентным сторонам нашей личности проявиться здесь и сейчас.

Внутреннее единство достигается в тот момент, когда две крайности нашего существования – материальный «базис» и духовная «надстройка» – сливаются в более широком контексте. Быть хозяином тшувы означает гармонизировать все уровни своей личности, и жить уравновешенной, хорошо сбалансированной жизнью.

Наше я – результат синтеза тела и души, эго и трансцендентности, конечного и бесконечного, преходящего и вечного. Аутентичная индивидуальность возникает, только если человек совершенно уравновешен, то есть способен гармонизировать все стороны своей личности.

В конечном итоге цельность вполне достижима; тшува должна наполнять каждый день нашей жизни, час за часом, секунду за секундой. Ощутимое изменение, привносимое тшувой в нашу жизнь, заключается в том, что тшува высвобождает колоссальный объем энергии, которая прежде уходила на то, чтобы удерживать вместе различные проявления нашей личности, нравиться и окружающим, и жить в ужасающей скудности, духовной и не только.

Попытавшись стать теми, кем мы являемся с рождения – слугами Духа Бесконечности – мы предъявляем тем самым требование предоставить в наше распоряжение огромный могущественный источник энергии. Парадокс заключает в этом, что мы пытаемся получить то, что и так принадлежит нам по праву. Тшува просто меняет наше восприятие, давая возможность воспользоваться этим даром. Все, что для этого нужно, это призмнать истину, и жить в соответствии с ней.

РЕЗЮМЕ: ГЛАВА

ПРЕБЫВАТЬ В РАДОСТИ

Тшува предполагает, что мы станем мудрее, а не угрюмее, скучнее и печальнее. Напротив, тшува приносит свет и радость, как будто мы нашли давно потерянную, очень дорогую для нас вещь – в данном случае, самих себя (или свою душу). Именно радость приводит нас на путь к тшуве. Поэтому что бы не случилось, нужно сохранять легкость бытия. Необходимо принять сознательное решение сохранять бодрость духа и оптимизм, и тогда постепенно все изменится к лучшему.

ПРАКТИКА

НИГУН (НАПЕВ)

Когда вы чувствуете грусть или упадок сил, напойте себе что-нибудь веселое и жизнеутверждающее.

Постарайтесь найти напев (*нигун*), содержащий слова утешения или ободрения. Напевайте до тех пор, пока не почувствуете, что ваше настроение изменилось. Даже лишенная слов, музыка способна проникать глубоко в душу, вызывая ощущение духовного подъема и упоения.

ГЛАВА 28

РАЗМЫШЛЯЙТЕ И ИССЛЕДУЙТЕ, ДАЛЬШЕ И ГЛУБЖЕ

Никто не станет утверждать, что операция на открытом сердце – дело несложное, особенно если оперировать нужно самого себя. В жизни перед нами открывается множество дорог. Многие из них пересекаются, так что мы никогда не оказываемся в безвыходном тупике – количество доступных вариантов практически бесконечны. Однако как выбрать путь, наиболее подходящий нашему бесценному я, нашей душе? Как можно гарантировать, что мы действием в интересах всего себя, а не только души или тела, нередко за счет другого?

Поэтому свой жизненный выбор нужно ежедневно проверять ежедневно. Нужно выделить время для пребывания в «освященном пространстве», куда практически не проникают звуки окружающего мира, чтобы, оказавшись на этом островке вечности, прислушаться к собственному голосу, звучащему из сокровенных глубин. Это время необходимо использовать для настройки музыкального инструмента своего я, чтобы мелодия нашей души гармонично вплелась в космическую симфонию.

В конце каждой главы мы поместили небольшой раздел «Практика». Удалось ли вам найти упражнение, подходящее именно вам? Возможно, некоторые упражнения могут, на первый взгляд, показаться странными или требующими от нас слишком многого. Однако после нескольких повторений вы обнаружите, что в них заключен глубокий смысл. Поэтому не останавливайтесь! Решите, что вы будете делать эти упражнения – те, которые сразу пришлись по душе, или те, которые заинтересовали, однако на первых порах не принесли никакой пользы, или даже те, которые показались вам задачей, с которой нужно справиться хотя бы из чисто спортивного интереса. Пусть ваше сердце послужит вам компасом. Постарайтесь попрактиковать какое-либо из этих упражнений хотя бы несколько недель. Но самое главное – начните прямо сейчас!

28 ШАГОВ К ВНУТРЕННЕЙ ТРАНСФОРМАЦИИ

1. Жить в настоящем: Кавана – намерение.

2. Жить с чувством постоянного обновления: дыхание.

3. Оставайтесь оптимистами, никогда не отчаивайтесь: решительность.

4. Контролируйте ситуацию: контролируйте то, что потребляете.

5. Не обманывайте себе: медитируйте о своем божественном я.

6. Сохраняйте уникальность своего жизненного пути: хладнокровию (хиштавут).

7. Все время двигайся вперед: задавайте вопросы.

8. Будьте оптимистами: читайте.

9. Осознай свое совершенство и несовершенство: будьте честными.

10. Перенаправь свои желания: медитируйте о своих желаниях.

11. Не замыкайтесь: слушайте свой внутренний голос.

12. Осознай свои достоинства: ищите в себе хорошее.

13. Стремись к единству: отслеживайте происхождение.

14. Говорите правильные слова: утверждайте.

15. Осознай силу своих помыслов, слов и действий: Таанит дибур (воздержание от разговоров).

16. Помните, что вас любят; проснитесь.

17. Вооружитесь терпением, настоящие изменения занимают время: дневник.

18. Двигаться дальше: круг любви.

19. Быть хозяином своей жизни; брать на себя ответственность: давайте обещания.

20. Осознайте свою подлинную идентичность: доказывайте свой потенциал.

21. Жить, глядя вперед, и освобождая прошлое: подчиняться, отделять и исправлять

22. Считайте себя благословением: принять самого себя.

23. Избавиться от чувства вины: обращайте внимание.

24. Избавиться от стыда: действуйте!

25. Будьте уверены, вы способны измениться к лучшему: представьте себе.

26. Будьте внимательны: декларация.

27. Пребывать в радости: нигун (напев).

28. Анализируйте свой жизненный путь.

ПРИЛОЖЕНИЕ

ТРИ УРОВНЯ ЛИЧНОСТИ И ПОНИМАНИЕ КОНЦЕПЦИИ *ЭЙН*

Существует три основных способа восприятия и существования:

1. Конечное оформленное: *еш* – «нечто» – я как эго.

2. Бесконечное бесформенное: *эйн* – ничто – нет никакого я, никакой индивидуальности, никакого эго.

3. Превосходящее и включающее все существующее: *еш амити* – подлинное существование, когда мое маленькое личное я становится проявлением Высшего Я Всевышнего, сказавшего о себе: «Я – Господь»

Первый уровень восприятия осуществляется с помощью органов чувств. На этом уровне восприятия мы ощущаем и воспринимаем окружающую реальность как совокупность противоположных явлений: внешнее – внутреннее, выше – ниже, правое – левое, черное –белое, прошлое – будущее, я – ты, субъект – объект... Это – реальность, какой мы воспринимаем ее с помощью органов чувств. Это мир формы и движения. На иврите эту реальность называют *еш*. *Еш* – олицетворение вещности, существования, проявления и т. д. На этом уровне наше я проявляется в качестве эго, и человек в полной мере ощущает себя самостоятельной независимой личностью.

На втором уровне восприятия двойственность исчезает, и мы ощущаем только единство. С этой точки зрения противоположности сливаются, а индивидуальное я исчезает. Больше не существует вешнего и внутреннего, объекта и субъекта, верха и низа, прошлого и будущего, я и Ты. Все воспринимается как безличное бесформенное целое, где не существует пространства, времени, движения и самостоятельного существования. На иврите этот мир называется *эйн* – небытие, пустота, не-двойственность. На этом уровне не существует самостоятельного я, и царит безличие.

На третьем, самом глубоком уровне восприятие происходит преодоление различие между формой и бесформенностью. Это высший уровень, охватывающий все проявления и их отсутствие, движение и покой. На иврите этот мир называют *еш амити*, «подлинное существование». В этом мире Бог виден во всем, и нет ничего, кроме Создателя. Не все существующее – Бог, но «все существующее – часть Бога». На этом уровне вновь появляется отдельное я, или эго. Однако это высшее эго является прозрачным, то есть свободно и без помех пропускает сквозь себя свет Высшего Я.

www.ingramcontent.com/pod-product-compliance
Lightning Source LLC
Chambersburg PA
CBHW030813150426
42813CB00069BA/3346/J